U0455917

国家社会科学基金教育学一般课题"中小学课堂教学实践样态40年变迁的教育族志学研究（1977—2017）"（BHA160082）成果

改革开放 40 年中小学课堂教学实践样态研究

（语文卷）

陈旭远　等◎著

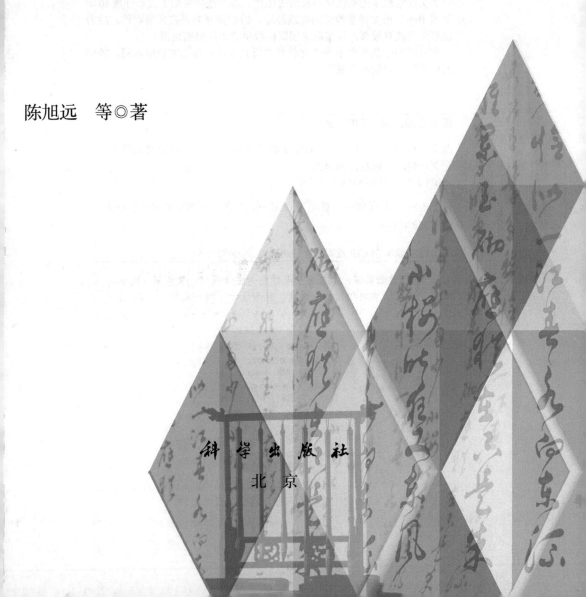

科学出版社

北京

内 容 简 介

改革开放40年中，我国中小学语文课堂教学实践可以划分为4个时期：教学恢复时期（1978—1984年）、素质教育时期（1985—2000年）、新课程改革时期（2001—2010年）、核心素养时期（2011—2017年）。本书从每一时期的中小学语文课堂教学目标、教学内容、教学方法、教学环境与教学手段、教学评价等方面，对所搜集到的语文教学视频、文本实录、教案、教学设计、教研笔记以及访谈资料等进行分析，总结和归纳每一时期的课堂教学各方面的具体特征以及各时期的基本特征，描绘出4个时期中小学语文课堂教学的实践样态及历史图景。本书概括总结了改革开放40年中我国中小学语文课堂教学的实践经验，旨在探寻其内在发展规律，致力于讲好中国教育故事，以推动中国课程教学改革的健康发展。

本书适用于从事中小学语文教育的研究者及一线语文教师参阅，能够为他们提供一定的借鉴或启示。

图书在版编目（CIP）数据

改革开放40年中小学课堂教学实践样态研究. 语文卷 / 陈旭远等著.
—北京：科学出版社，2024.3
ISBN 978-7-03-078348-6

Ⅰ. ①改…　Ⅱ. ①陈…　Ⅲ. ①语文课－课堂教学－教学研究－中小学
Ⅳ. ①G632.421

中国国家版本馆 CIP 数据核字（2024）第068206号

责任编辑：孙文影　冯雅萌 / 责任校对：贾娜娜
责任印制：徐晓晨 / 封面设计：润一文化

科学出版社 出版
北京东黄城根北街16号
邮政编码：100717
http://www.sciencep.com
北京建宏印刷有限公司印刷
科学出版社发行　各地新华书店经销
*
2024年3月第 一 版　开本：720×1000　1/16
2024年3月第一次印刷　印张：17
字数：310 000
定价：128.00元
（如有印装质量问题，我社负责调换）

前　言
FOREWORD

改革开放40年中，课堂教学一直处于不断更新之中。教学实践是教学理论研究的"原点"，教学论研究应该"转向"并"回归"教学实践，积极回应实践中的现实问题。1978—2017年是我国社会发生重大变革的40年，也是我国基础教育发生重大变革的40年，站在这样一个历史节点上进行回望和反思，对于总结我国基础教育课程改革经验、探索基础教育课堂未来的变革方向具有重要意义。通过挖掘40年中我国中小学课堂教学实践样态的真实性和代表性数据，拯救、保存名校和名师丰富的研究成果、教学经验与教学思想，不仅可以为课堂教学研究提供重要的史料参考，还可以还原真实课堂的实践样态，揭示其本质规律，有助于课程改革的进一步深化和发展。

本研究团队长期从事中小学课堂教学研究，对于中小学课程改革后的课堂教学实践变化与课程改革的根本要求是否一致仍存一定疑惑。为了破解这一疑惑，揭示课堂教学实践样态变迁的基本规律，本研究团队申请了国家社会科学基金教育学课题"中小学课堂教学实践样态40年变迁的教育族志学研究（1977—2017）"（编号：BHA160082）。其中，子课题"中小学语文课堂教学40年变迁研究"以语文学科为研究对象，探究改革开放40年中我国中小学语文课堂教学的实践样态。这一研究将有助于保存及弘扬老一辈优秀教师的教学思想、敬业精神、专业功底、人文素养和教学成果，同时这一研究揭示了40年间中小学语文课堂教学实践的变化趋势、发展规律，有助于推动我国的课程与教学改革。

笔者通过教育族志学的口述史、档案法、访谈法、现场观察等多种方法搜集了中小学语文课堂教学实践样态变革的"车辙马迹"，力图系统呈现教学恢复时期（1978—1984年）、素质教育时期（1985—2000年）、新课程改革时期（2001—2010年）、核心素养时期（2011—2017年）这4个时期中小学语文课堂教学的实践样态。本书以图文并茂的形式呈现出40年间中小学语文课堂教学实践的变迁。具体来说：第一，通过多种资料全方位趋近中小学语文课堂教学的历史现实，如课堂教学视频、教案、教学反思、教研笔记等，以及大量真实的教学案例集，将这些资料汇聚在一起，就能够透视不同历史时期课堂教学的真实面貌。更重要的是，本书呈现了课堂教学变迁的广阔图景，能够丰富人们对课堂教学的认识和观念。第二，视频是课堂教学实践样态最直观、最真实的记录。本研究团队搜集了不同年代的中小学课堂教学视频资料，时间跨度为1988—2019年，空间上包括东部发达地区、中部地区、西部地区，兼顾城市和农村地区。本书呈现了不同历史时期大量珍贵的课堂教学图片资料，可供语文教育研究者参考和借鉴。

改革开放以来，随着教育教学改革的不断深化，语文课堂教学实践样态发生了一系列变化：教学目标从"双基"到"三维目标"再到"核心素养"，越来越重视素养整合；教学内容从重视"知识"到"工具性与思想性的统一"再到"工具性与人文性的统一"，呈现形式从单篇到单元再到任务群，越来越关注内容的整合性；教与学的关系从"教师主导"到"教师主导、学生主体"再到"学生主导"，师生之间的协同效应越发明显，学生的主体地位越来越凸显；教学评价从"标准化"到"形成性"再到"个性化"，评价方式越来越多样，越来越重视学生个性差异的培养。在教学实践嬗变中，语文课堂教学越来越关注作为"整体人"的学生的发展。

本书由陈旭远等著。本书写作分工如下：范会敏第一章，胡洪强第二章，张娟娟第三章，王洋第四章。

感谢科学出版社孙文影、冯雅萌等编辑为本书出版付出的辛勤努力！

本书引用了许多实践资料，在此向原作者表示衷心的感谢！

限于作者水平，书中难免存在不足之处，恳请读者批评指正。

陈旭远

2022年3月于东北师范大学教育学部

目 录
CONTENTS

前言

教学恢复时期（1978—1984年）：重回正轨的课堂实践

1977年8月8日，邓小平在科学和教育工作座谈会上发表了《关于科学和教育工作的几点意见》的讲话，提出了教育战线的工作方向。同年9月，教育部在全国高等学校招生工作会议上做出了恢复高考的决定。1978年1月的《教育部颁发全日制十年制中小学教学计划试行草案的通知》，揭开了教学恢复时期的大幕。之后，党的十一届三中全会召开，我国重新明确了马克思主义的思想路线，做出了把全党的工作重点转移到社会主义现代化建设上来的战略决策。党的十一届三中全会使思想得到解放，经济、政治、文化得到发展。这次会议后，解放思想、实事求是的思想路线得以贯彻，也为教育改革提供了机遇。各级教育行政部门根据国家工作重点转移的要求，加快推进中小学教育领域各方面的工作。在这一时期，教育与教学逐步恢复到正常秩序，故将其称为"教学恢复时期"。若以时间计算，大致可将其划定为1978—1984年。

第一节　课堂教学改革背景

党的十一届三中全会召开之后，我国在教育上重新审视轻视知识、不要文化、否定学校教育的谬论，重新强调科学文化知识是生产力的组成要素和教育在社会经济发展中的重要职能，强调学校必须以教学为中心。这对于扭转读书无用、轻视知识等思潮，调动亿万青年为祖国"四化"建设而努力学习文化科学知识的积极性，起到了巨大的激励作用。1983年10月1日，邓小平为北京景山学校题词："教育要面向现代化，面向世界，面向未来。"[①]这指明了我国教育体制改革的方向，为素质教育的开展奠定了基础。

一、中小学学制的讨论与制定

1978年1月18日，教育部发布《全日制十年制中小学教学计划试行草案》。该草案提出了中小学教育是基础教育、要大力加强文化课教学、学校不得随意停课等要求，并将十年制作为我国中小学的基本学制，即小学五年、中学五年；中学又分为初中、高中两段，初中三年，高中两年。随后，国家又对该草案进行了多次修订，对中小学学制、农村与城市的学制进行了调整。1980年12月3日，中共中央、国务院颁布《关于普及小学教育若干问题的决定》。该决定提出，在80年代，全国应基本实现普及小学教育的历史任务；普及教育，涉及学制问题；中小学学制，准备逐步改为十二年制；今后一段时期，小学学制可以五年制与六年制并存，城市小学可以先试行六年制，农村小学学制暂时不动。[②]1981年3月13日，《教育部关于在城市试行六年制小学问题的意见》发布。该意见指出，鉴于现行全日制五年制小学各科教学大纲和教材的程度已经不低，有相当一部分教师还不适应，因此，试行的全日制六年制小学的教学程度原则上和现行五

---

① 邓小平. 1993. 邓小平文选（第三卷）. 北京：人民出版社，35.

② 何东昌. 1998. 中华人民共和国重要教育文献（1991～1997）. 海口：海南出版社，1878.

年制小学一样，不再提高。①

1981年，教育部发布关于颁发《全日制六年制重点中学教学计划（试行草案）》《全日制五年制中学教学计划（试行草案）的修订意见》的通知。该通知提出，中学学制定为六年，多数地区可争取在1985年前把中学学制改为六年。该通知的附件一中还规定，该教学计划适用于重点中学，也可适用于条件（包括师资、设备和学生的学习基础等）比较好的中学。1984年8月，教育部颁发《关于全日制六年制小学教学计划的安排意见》，强调为了适应新时期总任务的需要，迎接新的技术革命的挑战，我国初等教育必须以"三个面向"为指导思想，积极进行改革。该意见要求各地注意解决的主要问题包括：一是全面贯彻党的教育方针，促进少年儿童在德、智、体、美诸方面，更加生动活泼地主动地发展；二是加强基础知识教学和基本技能训练，开展丰富多彩的活动，发展学生的智力，培养他们的能力；三是教育、教学工作安排要留有余地，减轻学生过重的课业负担，减小小学和幼儿园衔接的坡度；四是要适应城乡的不同需要，照顾农村小学的特点，在教学要求基本相同的前提下，城乡实行两种教学计划。该文件还指出，当前初等学校教学改革的重点，应当首先研究如何减轻学生过重的课业负担。②随后，《全日制六年制城市小学教学计划（草案）》《全日制六年制农村小学教学计划（草案）》颁布。

二、中小学语文教学大纲的颁布与修订

教学大纲是课堂教学实践的纲领性指导。1978—1984年，小学语文与中学语文各有两版教学大纲，即1978年的《全日制十年制学校小学语文教学大纲（试行草案）》（以下简称 1978年版小学语文教学大纲）和《全日制十年制学校中学语文教学大纲（试行草案）》（以下简称1978年版中学语文教学大纲）（两者合称1978年版语文教学大纲），以及1980年的《全日制十年制学校小学语文教学大纲（试行草案）》（以下简称1980年版小学语文教学大纲）和《全日制十年制学校中学语文教学大纲（试行草案）》（以下简称1980年版中学语文教学大纲）（两者合称1980年版语文教学大纲）。1980年版语文教学大纲是在1978年版语文教学大纲的基础上修订而成的。总体来看，两版教学大纲对语文学科性质的规定差

① 何东昌. 1998. 中华人民共和国重要教育文献（1991～1997）. 海口：海南出版社, 1915.
② 何东昌. 1998. 中华人民共和国重要教育文献（1991～1997）. 海口：海南出版社, 2207.

别不大，均突出语文学科的思想政治教育功能，但1980年版语文教学大纲在强调思想政治教育的同时，选文文质兼美的标准、语文学科的本体性质得到关注。

1978年版小学语文教学大纲重视语文学科的思想政治教育功能，提出语文这门学科，它的重要特点是思想政治教育和语文知识教学的辩证统一。在语文教学中，教师要坚持无产阶级政治挂帅；要在培养学生读写能力的过程中，注意课文的思想内容与表现形式的内在联系，正确地进行思想政治教育和语文知识教学。1980年12月，教育部对1978年版小学语文教学大纲进行了修订，在"前言"部分删去了紧密联系当时政治形势的内容，更加突出了语文的特点。与1978年版小学语文教学大纲相比，1980年版小学语文教学大纲对思想政治教育与读写训练关系的表述更明确，更符合语文教育本质，在选文标准上不再将思想政治教育放在第一位，而是恢复文质兼美的选文标准，同时选文数量有所增加。

1978年版中学语文教学大纲中将语文课程性质定位为"基础工具"，即语文是人们常常用得着的基础工具。这版大纲同样重视语文的思想政治教育功能，提出学生语文学得好，对于他们学好其他各门学科、提高思想政治觉悟和掌握文化科学知识、迅速成长为又红又专的人才有着重要的作用；语文课在对学生进行读写训练的同时，还必须对其进行思想政治教育。这版大纲更加重视语文的基础工具性质，明确提出"语文是从事学习和工作的基础工具"，对初中和高中学生分别提出了读写训练的要求。在选文上，"以政治标准放在第一位，以艺术标准放在第二位"，要求"政治和艺术的统一，内容和形式的统一，革命的政治内容和尽可能完美的艺术形式的统一"。1980年版中学语文教学大纲沿袭了1978年版中学语文教学大纲对于语文学科是基础工具和强调思想政治教育的学科性质，但也提出，思想政治教育必须根据语文课的特点进行，必须在读写训练的过程中进行，读写训练也必须以正确的观点为指导，二者是相辅相成、相互促进的。可见，1980年版中学语文教学大纲关注到了语文学科的本体性质，思想性训练要在语文学科读写训练中开展，并在此基础上提出要以文质兼美作为主要标准，选文数量从250篇增加到300篇，注重加强课外阅读和写作的指导。

三、国外教学理论的影响与借鉴

进入20世纪80年代，我国教育学者及一线教师不断地进行探索与改革。在探索中，我国开始借鉴国外的教育教学理论，以丰富中小学教育教学。国际上比较先进的教育思想、各种流派的教育理论和方法被大量地介绍到我国，如凯洛夫的教师主导作用理论、赞科夫的教学与发展理论、巴班斯基的教学过程最优化理论、布鲁纳的发现教学法理论等。这些教学理论在开阔教师视野的同时，也促使教育工作者从教育心理学理论出发，探讨教学过程中教学与发展的关系、教学设计、教学方法等问题。在这一时期，对中小学课堂教学影响较大的还是苏联的教育教学理论。

（一）沿袭凯洛夫的教师主导作用理论，遵循固化教学模式

凯洛夫的教育思想主要体现在其著作《教育学》中。20世纪50年代，《教育学》传入我国，立即引起巨大反响。凯洛夫的《教育学》被广泛应用于我国的大、中、小学，后因其脱离劳动、脱离实际而受到了批判。改革开放初期，各界学者对凯洛夫的《教育学》进行了重新评价，其积极影响被肯定，例如，汪莲如在《驳"凯洛夫阴魂不散"》中提出"凯洛夫《教育学》强调课堂教学是教学的基本形式，教师在教学中起主导作用，调动学生学习的自觉性和积极性，重视教学的直观性、系统性，加强基础知识、基本技能和熟练技巧的教学，等等，对我国教育界开展教学研究工作，提高教学质量，起了一定的积极作用"[1]。凯洛夫提出的"教学法就是教师的工作方法，教师凭借着这些方法使学生精通知识、技能和熟练技巧，并发展他们的智力和才能"[2]再次被重视。教师在课堂中的主导地位被沿袭下来，"复习—导入—授新—练习—作业"教学环节也成为主要的教学模式。

（二）引进赞科夫的教学与发展理论，探索语文教学改革

赞科夫在1957—1977年进行了新教育体系的实验。这个实验的核心就是教学与学生发展的关系问题，即赞科夫提出的"一般发展"。"所谓一般发展，就是不仅发展学生的智力，而且发展情感、意志品质、性格和集体主义思想。"[3]1978年第6期的《外国教育资料》期刊上刊登了一篇名为《列·符·赞科夫的教学论思想》的文章，这是赞科夫的教学理论第一次出现在我国刊物上，该文章介绍赞科夫的"一般发展""高难度、高速度、理论知识起主导作用"等教育思想、教学原则，之后，《上海教育》连续刊登了关于赞科夫教学思想的文章。1980年，

---

① 汪莲如. 1979. 驳"凯洛夫阴魂不散". 江西师院学报，(4)：91-95.
② 凯洛夫. 1950. 教育学（上）. 沈颖等译. 北京：人民教育出版社，162.
③ 列·符·赞科夫. 1980. 和教师的谈话. 杜殿坤译. 北京：教育科学出版社，142.

吴立岗教授发表了《列·符·赞可夫谈小学语文教学》的文章，从"培养精细的观察力扩大儿童的知识面、创造诱人的情景激发儿童说话和写作的动机、提倡'读读议议'的方法，养成儿童独立思考的习惯"①3个方面介绍了赞科夫的语文教学指导思想，这成为当时小学语文教学改革的教育学和心理学理论支撑与实践指引。到了1982年，关于赞科夫教学思想和理论的研究逐渐增多。有些学校在赞科夫理论的基础上进行了教学改革和实验，如湖南省华容县一中的付治平老师依据赞科夫的"高难度、高速度"教学原则，围绕"知识的发展"在初中语文教学中进行了教学改革的尝试。②

（三）借鉴巴班斯基的教学过程最优化理论，进行教学过程改革

1982年，我国学者吴文侃等翻译的巴班斯基的代表作《论教学过程最优化》出版，标志着巴班斯基的教学过程最优化理论被介绍到我国。1983年，《外国教育资料》杂志接连发表6篇文章，对该理论进行了介绍。这一理论认为，"最优化思想的依据是关于科学在提高人类活动效果中的作用这一方法论原理"③。教学过程最优化理论一经介绍到我国，就引起了教学论学者和一线教师的高度关注。有些学校基于这一理论开展了教学过程改革实验，如湖南师范学院附属中学等3所中学和湖南师范学院附属小学等5所小学选取实验班开展教育实验。这些实验主要从"坚持'两全'，明确教学目的；实事求是，端正教学线路；用系统理论，搞活教学过程；两个标准，检验教学效果"4个方面展开，并将实验扩展到高中阶段。④

（四）研究布鲁纳的发现教学法理论，进行教学方法改革

发现教学法是美国教育心理学家布鲁纳于20世纪60年代提出的。1978年第5期的《外国教育资料》杂志介绍了布鲁纳的研究经历及其课程理论，这预示着布鲁纳的教学理论被引入中国。布鲁纳的理论与赞科夫的教学与发展理论一样，

---

① 吴立岗. 1980. 列·符·赞可夫谈小学语文教学. 小学教学研究，（3）：62-68.

② 付治平. 1983. 从高难度、高速度中求发展——初中语文教学改革的几点尝试. 岳阳师专学报，（Z1）：158-161.

③ 尤·克·巴班斯基. 2007. 教学过程最优化——一般教学论方面. 张定璋译. 北京：人民教育出版社，5-6.

④ 喻立森，万勇. 1984. 巴班斯基的教学论思想及其对我们的借鉴意义——专题学术讨论会论文与发言摘要. 外国教育资料，（10）：1-11.

均关注学生的发展，尤其重视学生的智力。为了发展学生的智力，布鲁纳提出，不论我们选教什么学科，务必使学生理解该学科的基本结构，学生懂得基本原理可以更容易理解学科知识。在教学方法上，布鲁纳提倡广泛使用发现法。布鲁纳认为，所谓发现，一般是指现存事物的加工改组以及已知的各种要素的重新配置；在教学中采用"探究-发现"式方法，引导学生像科学家那样探求知识，而不是被动地接受教师的灌输。①布鲁纳课程理论的研究为中小学语文课堂教学方法的改革提供了心理学基础。

第二节　中小学语文课堂教学目标

教学目标（下文也称教学目的）是教学实践的方向指引，为课堂教学提供了实施依据。改革开放初期，受当时的政治、经济、文化等诸多因素的影响，语文承担着重要的思想政治教育功能。无论是在中小学语文教学大纲等文件中，还是在中小学语文课堂教学过程中，语文学科的思想政治教育作用都被特殊强调。在当时的语文教学过程中，思想政治教育与语文知识教学紧密结合，语文学科的思想政治教育功能凸显。1980年，中小学语文教学大纲修订之后，这种局面有所转变，虽然语文教学仍重视思想政治教育，但语文学科自身的人文性、语文学科的知识与技能得到了一定程度的重视。语文教学能够从语文本质出发，将思想政治教育与语文知识教学结合起来，突出语文基础知识和基本技能的教学，"双基"成为语文课堂教学的主要目标。

一、教学目标的纲领性规定

1978—1984年存在 4本教学大纲，分别是1978年版小学语文教学大纲、1978年版中学语文教学大纲，以及上述两个教学大纲的1980年修订本。这 4本语文教学大纲对语文学科的指导思想、性质、教学目的和要求、教材编排原则和方法等进行了规定，并对识字写字教学、阅读教学、作文教学、基础训练以及语文教学的改进措施等提出了教学要求，其中关于教学目标的规定主要体现在思想、知识与能力方面。

① 杰罗姆·S. 布鲁纳. 1973. 教育过程. 上海师范大学外国教育研究室，译. 上海：上海人民出版社，8，41.

（一）思想目标

1978年版小学语文教学大纲中提出：小学语文教学必须高举毛主席的伟大旗帜，完整地准确地贯彻毛主席的思想体系，重视从小培养学生的无产阶级世界观。[①]1980年版小学语文教学大纲中将上面的表述修改为：小学语文教学必须重视从小培养学生的无产阶级世界观。两者虽然在表述上有所不同，但其思想教育的核心都为"培养小学生的无产阶级世界观"。

1978年版中学语文教学大纲中提出：用马克思主义的立场、观点和方法指导学生学习课文和必要的语文知识，进行严格的读写训练，使学生在思想上受到教育，不断提高社会主义觉悟，增强无产阶级感情，逐步树立无产阶级世界观。[②]1980年版中学语文教学大纲中将上面的表述修改为：中学语文教学必须用马克思主义的观点指导学生学习课文和必要的语文知识，进行严格的读写训练，使学生能够正确地理解和运用祖国的语言文字，具有现代语文的阅读能力和读写能力，具有阅读浅易文言文的能力；在读写训练的过程中，要注意提高学生的社会主义觉悟，培养无产阶级的情操和共产主义的道德品质。[③]无产阶级感情或情操的培养是两版中学语文教学大纲中都重视的目标，1978年版中学语文教学大纲侧重无产阶级世界观的树立，1980年版中学语文教学大纲注重共产主义道德品质的培养。

（二）知识与能力目标

1978年版小学语文教学大纲中对知识与能力目标做了如下表述。

小学语文教学的目的是培养学生识字、看书、作文的能力，初步培养准确、鲜明、生动的文风。

小学语文教学的要求是使学生基本掌握常用汉字，初步打好阅读和写作的基础。1.学会汉语拼音，以帮助识字和学习普通话；2.学会常用汉字3000个左右，掌握常用的词汇；3.会用铅笔、钢笔写字，学习写毛笔字；4.学会查字典；5.能读懂适合少年儿童阅读的书报，理解主要内容，有初步的分析能力；6.会写简短的记叙文和常用的应用文，做到思想健康，中

---

① 课程教材研究所. 1999. 20世纪中国中小学课程标准·教学大纲汇编：语文卷. 北京：人民教育出版社，177.

② 课程教材研究所. 1999. 20世纪中国中小学课程标准·教学大纲汇编：语文卷. 北京：人民教育出版社，437.

③ 课程教材研究所. 1999. 20世纪中国中小学课程标准·教学大纲汇编：语文卷. 北京：人民教育出版社，458.

心明确，内容具体，条理清楚，语句通顺，书写工整，注意不写错别字，会用常用的标点符号。

1980年版小学语文教学大纲中增加了以下内容：能听懂普通话，听人讲话能抓住主要意思；能说普通话，能当众说清楚自己的意思。这一时期小学语文的知识与技能教学目的以打基础为主，识字是低年级的主要任务，注重基础训练。

中学语文教学目的和要求分为初中和高中两个部分，具体包括阅读和写作两大方面的基础训练。在阅读方面，初中阶段要求学生能够阅读通俗的政治、科技读物和文艺读物，正确领会词句的含义和文章的内容，抓住文章的中心和要点。高中阶段要求学生能够比较熟练地阅读一般的政治、科技读物和文艺读物。对高中阶段学生在阅读方面的要求有所提高，从"能够阅读"到"能够比较熟练地阅读"、从"阅读通俗的政治、科技读物和文艺读物"到"阅读一般的政治、科技读物和文艺读物"，但未对阅读理解做出明确规定。在写作方面，初中阶段要求学生能写一般的记叙、说明、议论的文章，做到观点正确，内容具体，条理清楚，语句通顺，会使用标点符号，字写得正确整齐；学会使用一般的工具书。高中阶段要求学生能写比较复杂的记叙、说明、议论的文章，做到观点鲜明，内容充实，结构完整，中心明确，语句流畅。

1980年版中学语文教学大纲中将初中阶段"领会……文章的内容"和"抓住文章的中心和要点"内容删掉，改为"理解文章的内容"；高中阶段在原来表述的基础上，将从初中到高中变化部分的"能够阅读浅易文言文"作为高中阶段的阅读要求；将"学会使用一般的工具书"改为明确要求"使用一般的字典和词典"。总体来说，两版教学大纲中对中学语文知识与能力的要求没有太大区别，都是围绕阅读和写作两大方面进行规定的。

二、教学目标的实践样态

语文课堂教学中确立什么样的教学目标会直接影响整个课堂教学的方向，影响教学内容的选择和组织，影响教学方法的使用。1978—1984年这一时期，语文课堂教学目标的实践样态如何？是否与教学大纲中的教学目的与要求一致？是重视思想教育目标，还是强调语文学科的知识与技能的掌握？本研究对所搜集到的这一时期的 1189篇教学经验总结、教学札记、教学体会、教学反思等资料

（详细资料数据见表1-1）进行了词频分析，从知识与能力、思想3个维度对80篇教案中的教学目标进行了分析，并对该时期F小学特级教师的访谈资料进行了归纳，在此基础上本研究阐释了中小学语文课堂教学目标的实践样态。

表1-1　1978—1984年中小学语文课堂教学文献统计表

类别	1978年	1979年	1980年	1981年	1982年	1983年	1984年
文献篇目（篇）	62	64	158	194	195	238	278

（一）资料的词频分析

本研究对搜索到的1978—1984年的教学经验总结、教学札记、教学体会、教学反思等 1189篇文献进行了词频分析。对1978年发表的62篇文献的词频统计结果表明，"朗读""能力""知识""革命"排在出现频次较高的前4位，"主席""识字"并列第5位。可见，在刚刚恢复课堂教学的时期，学习"主席"的革命精神，在语文课堂教学中占有一定的地位。对 1979—1984年的语文教学文献进行的词频统计分析得出了相近的结果，"能力""阅读""知识""基础"大多排在前4位。可见，自1979年起，"基础知识""能力"的培养在语文课堂教学中占据了主导地位（表1-2）。

表1-2　1978—1984年语文教学文献词频统计表

排序	1978年	1979年	1980年	1981年	1982年	1983年	1984年
1	朗读	能力	能力	能力	能力	能力	能力
2	能力	识字	阅读	阅读	阅读	阅读	阅读
3	知识	阅读	朗读	知识	知识	知识	知识
4	革命	知识	识字	练习	基础	基础	思维
5	主席	思维	知识	识字	练习	识字	基础
6	识字	规律	练习	基础	思路	练习	活动
7	阅读	基础	基础	思维	思维	活动	练习
8	基础	练习	启发	想象	朗读	启发	兴趣
9	人民	朗读	生字	活动	活动	思维	课堂
10	启发	人民	规律	兴趣	启发	汉字	自学

（二）教案中的教学目标分析

教学目标主要出现在教案中。本研究搜集到的这一时期的教案有80篇，其教学目标主要从知识、能力、思想3个维度加以阐述。在80篇教案中，每篇教案都设计了知识目标，且有的教案中包含不止一个知识目标。在所分析的教案中，知识目标有154个参考点，即出现了154次，涵盖率达到192.5%。有72篇教案设计了能力目标，且有些教案中设计了不止一个能力目标，既包括听、说、读、写等语文能力的培养，也包括观察、注意、分析、思维等能力目标的设计。有65篇教案包含思想目标，每篇教案一般只包含一个思想教育目标。65个思想目标中，通过伟人、英雄、平凡人等培养学生热爱祖国、热爱科学、热爱自然等品德的有52个（表1-3）。

表 1-3　教案中教学目标分析统计表

目标类型		教案（篇）	参考点（个）
知识目标		80	154
能力目标		72	73
思想目标	思想教育（13）	65	65
	品德培养（52）		

（三）特级教师对于教学目标的看法

课题组对F小学4位小学语文特级教师进行了"教学目标看法"的访谈。其中，Y老师在访谈中提到了"双基"教学目标，认为：

基础知识、基本技能是我们那个年代流行的说法和做法。最初是20世纪60年代提出来的，但是一直到八九十年代都在延续，甚至可以说，是在八九十年代的时候做得更好，因为又融入了时代的新思想。直到现在，我也不觉得"双基"是过时的，语文是工具学科，不把握"双基"，怎么能有学习的后劲儿？一提"双基"，就会让人联想到大量的训练。其实，关键看怎样训练了，训练本身没有错，是做的时候走了样儿。不是一提"双基"，就不要语文的情趣了，就不要思想教育了，用现在的话说，就是不要人文性了。我们那个年代提得最多的是"又红又专"，"红"就是指向育人，"专"不就得通过抓"双基"来打基础嘛！我们反对的是那种不顾及孩子的学习感受、进行大量机械训练的做法，是这些有问题的做法让"双基"和"训练"背了黑锅。[①]

① 孙世梅. 2018. 小学语文教师教学价值取向研究——以F小学20世纪80年代四位特级教师为个案. 东北师范大学博士学位论文，130.

（Y老师访谈）

Y老师肯定了"双基"在语文教学中的作用，认为在教学恢复时期"双基"是十分重要的，不是"双基"有问题，关键在于如何实施"双基"。

三、教学目标的实践特征

通过对所搜集到的文献以及教案等进行分析发现，这一时期的中小学语文课堂教学目标主要从知识、能力和思想 3 个维度进行设计。在思想维度，改革开放初期的中小学语文课堂教学重视政治教育，在课堂教学目标中大量融入革命精神，进行政治教育。1980 年之后这种现象有所改观，思想目标注重学生品德的培养，通过伟人、英雄、身边人物或动植物等培养学生热爱祖国、热爱科学等品德，进行思想教育。这一时期知识与能力目标的指引是"双基"，语文教学注重学生基础知识与基本技能的学习与训练。

（一）重视政治教育与品德培养的思想目标

1. 以伟人的"革命精神"为榜样进行政治思想教育

在刚刚恢复教学的 1978 年，中小学语文教学的思想目标以伟人的革命精神为榜样进行设计。这一时期的思想教育目标中非常注重学生对于国家领袖、革命英雄人物的优秀品质的学习，培养学生热爱主席、总理等领袖人物，形成高尚的道德品质。在 1978—1984 年的相关文献词频统计中，"主席""总理"是教学恢复时期的高频词汇，"主席"出现过 913 次，"总理"出现过 550 次，"列宁"出现过 203 次。中小学语文课堂教学目标中也将热爱主席、听主席的话，以及学习领袖热爱人民、关心人民、遵守纪律、生活简朴等作为思想教育的内容。在检索到的教案或教学设计中，有 11 篇将热爱、学习主席（或总理）和列宁等作为思想目标。例如，1977 年 11 月《天津教育》选登的《吃水不忘挖井人》的教案中就包括这样的思想教育目标："使学生进一步了解毛主席关心人民，和人民心连心；人民无限热爱毛主席，怀念毛主席。"[1]在这一教案中，思想教育目标紧紧围绕通过对领袖以及革命英雄人物的学习，让学生了解主席精神、热爱主席、学习主席、听主席的话，培养学生做无产阶级革命事业接班人。

---

① 李云. 1977. 吃水不忘挖井人. 天津教育，（11）：33-37.

在《安徽教育》1982年刊登的《〈一夜的工作〉教案设计》中，教学目的为："一、学习生字、词；能辨识'简单、简朴'两词，并会分别造句。二、理解课文内容，体会重点句段的意思和作者对周总理敬爱的感情；能有感情地朗读课文。三、学习写事时要实事求是，符合实际，人物的言行要符合身份；用词确切，说话得体。"①其中，第二个教学目的是指通过学习，让学生体会作者对周总理敬爱的感情。

在教学目标中，除了有对伟人、领袖尊敬、热爱之情外，还有向伟人、领袖学习的品德教育、热爱祖国的情感教育等。在《〈沁园春·雪〉教案》中，教学目的为："1. 通过学习使学生认识祖国江山的雄伟壮丽，增强学生热爱祖国的情感；同时认识到只有无产阶级和革命人民才是真正的英雄人物，从而激发学生为装点祖国江山，加速实现四个现代化贡献力量。2. 体会毛主席运用语言的精确性，提高学生运用语言的能力。3. 学习写景、抒情、议论相结合的写法。"②

在《四川教育》1982年刊登的《〈象列宁那样纯洁朴素〉教案》中，教学目的为："教育学生学习列宁谦虚谨慎，尊重别人，关心同志，热爱人民，遵守纪律，生活俭朴等高尚品质，从身边小事做起，做一个心灵好的少年；总结检查在文明礼貌月里的收获，提出开展'四比'竞赛的具体内容。"③

还有一篇将列宁同志作为学习榜样的《〈绿色的办公室〉教案设计》，其教学要求之一为"通过学文，理解课文内容，体会无产阶级革命导师列宁……的革命乐观主义精神，从而热爱革命领袖，自觉地向列宁学习"④。

在这两篇教案中，教学目标都是学习伟人关心同志、热爱人民的精神，通过课文的学习，培养学生谦虚谨慎、尊重别人、生活简朴等个人高尚品质，对学生进行心灵教育，从而使其热爱领袖，向领袖学习。这些目标不但强调了对祖国和人民的热爱，还注重培养学生学习伟人的高尚品质。

2. 以英雄或劳动人民为榜样进行品德培养

这一时期的教学同样将学习革命英雄或先烈的精神品质作为思想目标。在这一时期文献的词频统计中，"英雄"出现343次，"红军"出现294次，"先驱"或"先烈"出现52次，"雷锋"出现142次。在搜索到的教案或教学设计中，有23篇文献直接以上述人物作为榜样，将教育学生学习英雄或先烈的精神、品质等

---

① 张逢耘. 1982.《一夜的工作》教案设计. 安徽教育, (4): 18-19.
② 魏大久. 1982.《沁园春·雪》教案. 语文教学通讯, (3): 18-21.
③ 邱秀芳. 1982.《象列宁那样纯洁朴素》教案. 四川教育, (6): 15.
④ 骆大华. 1983.《绿色的办公室》教案设计. 四川教育, (Z1): 22-23.

作为思想目标。例如，《湖南教育》1980年刊登的《〈大雪山〉教案》中，教学目的之一为"教育学生学习红军同困难作斗争的顽强精神"[①]。在《〈第比利斯的地下印刷所〉教案》中，"认识革命斗争的艰巨性，学习革命者英勇无畏的革命精神和高超的斗争艺术"[②]是教学目的之一。

在《老山界》教案设计中，其教学目的为："①使学生认识红军在长征中克服困难的坚强意志、革命乐观主义精神，教育学生热爱人民军队并培养其在工作中、学习中艰苦奋斗、英勇乐观的品质。②学习顺叙的写法和通过景物描写衬托主题的特点。"[③]这一教案以红军作为学生学习的榜样，教育学生学习红军在长征中克服困难的坚强意志和革命乐观精神，将培养学生艰苦奋斗、英勇乐观的道德品质作为思想目标。在《海燕》教案设计中，第一个教学目标为："使学生理解作者所热情歌颂的坚强无畏的革命先驱者的高大形象，激励学生努力学习，为人类的解放、祖国的繁荣昌盛贡献自己的一切力量。"[④]在小学语文第四册《英雄爆破手》教案中，教学目标为："①学会本课生字新词理解课文内容，了解我边防部队在还击侵略者的战斗中英雄陶绍文沉着、机智、勇敢炸塌了敌人最后一个暗堡，壮烈牺牲的光辉事迹。并完成课后练习。②指导学生有感情地朗读课文，练习复述课文，从实际中理解运用'把'字句。"[⑤]上述这些教学目标以红军、雷锋等英雄人物或革命先烈作为学生的榜样，将学习这些英雄身上不畏艰难、不怕牺牲、乐于奉献的精神，培养学生热爱祖国、为祖国做贡献的道德品质作为思想政治教育目标。

这一时期的教学目标还会以普通劳动人民作为学习的榜样，进行道德品质培养。以"品德"或"品质"作为检索词进行检索，发现有20篇教案或教学设计中将潘虎、三轮车工人、车夫、老师等作为榜样，对学生进行思想教育，通过引导学生学习日常生活中的普通又平凡的身边人，培养学生爱国、爱党、爱人民、爱集体、追求真理、持之以恒等道德品质。例如，在《〈潘虎〉教案》中，教学目标为"通过潘虎从自发革命到成为无产阶级战士的过程，认识农民革命只有在党的领导下才能取得胜利的真理；学习本文详略得当以及突出人物思想性格的写作特点"[⑥]。该教案以潘虎作为典型案例，让学生意识到"农民革命只有在党的

---

①　龚洛，李倬斌. 1980. 《大雪山》教案. 湖南教育，(5)：31-32.
②　吴至婉. 1980. 《第比利斯的地下印刷所》教案. 江苏教育，(9)：35-37.
③　金振声. 1980. 《老山界》分析与教案. 教学与研究，(2)：5-9.
④　谭麟. 1980. 教案一例：海燕. 荆州师专学报，(1)：51-59.
⑤　吴爱光. 1981. 小学语文第四册《英雄爆破手》教案举例. 小学教学研究，(1)：42-45.
⑥　志林. 1980. 《潘虎》教案. 教与学，(8)：6-8.

领导下才能取得胜利"，达到爱党的思想政治教育目标。例如，在《〈高大的背影〉教案》中，教学目标为"帮助学生把握文章的主要内容及层次结构；初步学会以对话的形式真实具体地记叙一件感受深刻的事；学习三轮车工人乐于助人的崇高品德"①。该教学目标将三轮车工人作为学习的榜样，培养学生"乐于助人"的道德品质。在《〈乐羊子妻〉教学设计》中，教学目标包括3个方面，其中包括"提高学生对拾金不昧和学习必须持之以恒的道理的认识"②。该教案中通过对《后汉书·列女传》中"乐羊子妻"故事的讲解，培养学生"拾金不昧""持之以恒"的道德品质，以达成思想教育的目标。在《〈小桔灯〉教学设计》中，其中一个教学目标是"掌握故事情节，理解作者和小姑娘的思想感情，认识国民党的反动统治给人民造成的灾难，教育学生热爱社会主义，学习小姑娘镇定、勇敢、乐观的精神"③。

在上述教案或教学设计中，潘虎、三轮车工人、小姑娘等都是普通的劳动人民，教师通过对其事迹的介绍和讲解，将其确立为学生在生活中学习的榜样，以培养学生的品德。

1978—1984年，我国中小学语文课堂教学以培养"无产阶级或共产主义接班人"为其主要思想教育目标，特别在1980年之后，以品德培养作为思想教育的主要目标，通过向伟人、革命英雄、劳动人民、身边的普通人学习，对学生进行热爱祖国、热爱领袖、热爱共产党、热爱集体、热爱劳动等爱国主义教育；同时借助课文对这些人物事迹进行深入介绍和讲解，帮助学生形成持之以恒、艰苦朴素、关心他人等良好的个人品德。这一转变与1980年版中小学语文教学大纲修订的主旨一致，语文学科逐渐回归到本体功能。

（二）突出强调语文知识与能力的"双基"目标

"双基"最早出现于1952年3月教育部颁布的《中学暂行规程（草案）》中。这一文件提出中学的教育目标之一是使学生获得"现代科学的基础知识和技能"，即"双基"。但在20世纪50年代，"双基"并未得到重视。到了60年代，"基础知识与基本技能"得以强调，但未能摆脱"政治化""劳动化"的影响。直到1977年，"为了加强基础，必须重视基本技能的训练"被重新提出后，中小学各个学科的教学大纲均将"加强基础知识的教学和基本技能的训练"作为教学目

① 谷泰尉. 1980.《高大的背影》教案. 湖南教育,（6）：18-19.
② 陈永昊, 苏向红. 1980.《乐羊子妻》教学设计. 教与学,（8）：12-14.
③ 理瑜. 1982.《小桔灯》教学设计. 江苏教育,（3）：17-19.

标。在1978年版中小学语文教学大纲中，虽然仍重视语文学科的政治作用，但语文课的政治教育功能必须通过语文知识与技能的学习实现。在语文课堂教学实践的相关文献中，"能力""基础""知识"均是高频词汇。可见，在此阶段的课堂实践中，基础知识与基本技能仍然是最为关键的。基础知识主要指围绕字、词、句、篇、语、修、逻、文等语文本体性知识设计较为具体的知识目标。例如，在《〈连升三级〉教案》[①]（图1-1）中，有3个方面的目标，第三个目标为基础知识目标，包括掌握"好""少""冲""宿"等字的拼音，以及掌握"蒙""阁下""印堂""昌旺"等字词的解释。

3、掌握以下基础知识：

字、词正音：

张好古（念hǎo，不念hāo）　　　狗少（念shào，不念shǎo）

蒙（课文里念mēng，不念měng）　一宿（念xiǔ，不念sù）

冲着（念chòng，不念chōng）　　得了、得罪（念dé）

得想办法、都得……（念děi）　　怎见得哪（念de，轻声）

词语解释：

蒙（mēng）：欺骗。　　　　　　阁下：对人的敬称。

印堂：指额部两眉之间。　　　　昌旺：昌盛、兴旺。

图1-1　《〈连升三级〉教案》节选

这篇教案的基础知识教学目标中涉及字、词、句的基础知识，该目标是结合课文内容进行设计的，一般具体化为明确要学习的字、词、句等，要求明确、具体，可操作性强，涉及面广泛。

再如，在1978年的《乌鸦喝水》教学设计中，教学目标包括"对课文中生字的读音、字形、字义的理解、掌握和书写，能够区分形近字、区别相近词语的意思和用法，会造句；能够有感情、正确、流利地朗读、复述课文；能够理解课文，懂得遇到困难要动脑思考的道理"[②]。这篇教学设计将"识字、辨字、写字、朗读、理解"作为主要目标。教师通过复述、练习等形式，使学生获得较为扎实的基础知识和课文朗读的能力。

"双基"是教学目标的重要指向。靳家彦在《〈草地夜行〉的教学设想》中提出了3个方面的教学目标：①自学生字新词，着重理解课后练习题3中的12个词语的意思，掌握"落""冲""恶"3个多音字，并用"遥远""敬佩"造句。②

---

① 韩树俊. 1980.《连升三级》教案. 教与学，(8)：9-12.

② 单少华. 1978.《乌鸦喝水》教学简案. 安徽教育，(10)：30-32.

阅读课文，在理解内容的基础上有感情地朗读课文；能讲述老红军在夜行中怎样帮助小战士过草地，并背诵这一段课文。③能根据提纲，按事情发展顺序给课文分段，掌握主要内容。①这 3 个目标既包括具体的字、词、句、篇的基础知识教学目标，又包括朗读能力的训练，体现了这一时期关注基础知识与基本技能的"双基"目标的特点。

在《〈望着远方〉教案》中，教学目标为：①学会本课 5 个生字，理解"轮流、饮马、壮丽"等词语，会用"亲切"造句。②培养学生观察能力和分清主次看图的能力，会看图讲述图意。③理解课文内容，有感情地朗读、背诵课文。②在这 3 个教学目标中，教师围绕字、词、句等基础性知识和培养学生基本观察、朗读、讲述等能力设计教学目标，将知识和能力作为教学的主要目标。再如，在靳家彦的《我怎样备〈珍贵的教科书〉》中，教学目标为：①学会本课生字、生词、新词；②能正确、流利、有感情地朗读课文，理解课文内容；③默读课文，能按段落大意给课文分段，回答课后问题，培养口头表达能力；④运用"渴望""争先恐后"造句。③其中，第①、④个目标为基础性的字、词、句的知识目标；第③个目标是关于文章结构和中心思想的知识目标；第②、③个目标是关于朗读和口头表达的能力目标。4 个方面的目标强调基础性的知识与技能。在《保护小树苗》一课的教案中，教学目标包括：理解课文内容，学习按事情发展顺序写事的方法；培养学生的观察能力，指导学生根据意图练习写话。④该教学目标主要指向写作方法的学习以及学生观察能力的培养。

潘养正、王金泉在《〈赵州桥〉教学过程设计》中，根据《六年制小学语文'字词句篇听说读写'教学'序'》的要求⑤，将教学目标定位为在继续加强段的训练的基础上，在教学中适当进行篇章知识的讲解，为连段成篇、概括课文主要内容及中心思想做过渡准备，可见该教学目标以打基础为其主要指向，注重语文本体性知识的教学。再如，成都市龙江路小学的陈道玉老师在《习作例文〈松鼠〉的教案》中，设计了"查字典掌握本课生字，理解生词"⑥的要求，字典是语文学习的基本工具，在教学中设定基础知识和基本技能的教学，可为学生以后的学习打下基础。

① 靳家彦. 1982.《草地夜行》的教学设想. 天津教育，(Z1)：45-46.
② 吕美. 1980.《望着远方》教案. 四川教育，(5)：22-23.
③ 靳家彦. 1980. 我怎样备《珍贵的教科书》. 天津教育，(5)：27-28.
④ 高秉如. 1982.《保护小树苗》教案. 天津教育，(Z1)：42.
⑤ 潘养正，王金泉. 1983.《赵州桥》教学过程设计. 天津教育，(9)：16-17.
⑥ 陈道玉. 1981. 习作例文《松鼠》的教案. 四川教育，(1)：20, 26.

1. 注重基础知识的学习

课题组对这一时期F小学4位语文特级教师的识字教学进行了资料搜集。[①]4位特级教师的访谈和课堂教学中也体现出了注重"双基"的目标指向。Y老师在访谈中提到会结合汉字的特点，利用形近字的构成规律，抓住形旁、声旁的特点，让学生进行巩固记忆。

> "近、进""汽、气"这样的形近字，学生一用就混，即使再给他们讲一遍字的区别，到头来还是不行，一用就出错。后来，我就干脆听写句子："这只猎狗走进了森林，离猎物越来越近。""他一手拿着一瓶汽水，一手举着一把气球，高高兴兴地走过来。"这些句子是我编的。后来我就让学生编句子。他们在编句子中能很好地把这样的形近字区分开来，渐渐地在使用中就不会搞混了。所以，在语言环境中进行训练最有效。
>
> （Y老师访谈）

S老师善于创设教学情境，在学生的识字情境创设中利用汉字本义，结合学生的生活体验，帮助其深入理解汉字的内在含义。

> S老师在教学《诚实的孩子》一课中的"互""相"两个生字时，把这两个字组成的词"互相"作为一个整体，而且把它们放在阅读课文时结合上下句进行教学。待学生读准字音后，她结合课文内容，让学生先想一想："互相"追赶着是怎么个追赶法，是谁追赶谁。然后请两个同学到前面表演"互相"追赶。学生理解了这个词的意思之后，S老师又让学生用这个词语造句。学生回答说："同学之间要互相帮助。""我们要互相关心。"
>
> （S老师徒弟回忆）

X老师则关注学生自主创设情境，对生字进行巩固复习和知识迁移。生字初学后的情境创设，有利于检测学生的学习效果，达到知识的迁移和内化。

> 教孩子汉字是为了用，用的过程又是对识字教学的巩固。教学中，我经常会这样处理，比如，这节课我们认识了10个汉字，黑板上有同学们组的词语，大家把这些词语读一读，然后选择这些词语造句。看谁造的句子多，看谁造的句子好，不仅是口头造句，还要写下来。
>
> （X老师访谈）

---

① 孙世梅. 2018. 小学语文教师教学价值取向研究——以F小学20世纪80年代四位特级教师为个案. 东北师范大学博士学位论文, 68-70.

2. 注重语文能力综合训练的实验与实践

张志公在《要重视接受与表达的训练》一文中提到："语文训练，从语言是表达思想的工具这个角度来说，包括口头语言的训练和书面语言的训练。从另外一个角度说，因为语言是交际的工具，而交际有两方，一方表达，一方接受，所以语文训练包括表达和接受两方面的训练。"①语文的听、说、读、写能力既相互依存，又相互制约。听、说、读、写能力的提高是整体性的、不可割裂的。为整体提高语文能力，有些学校和教师进行了语文教学改革实验。为了提高学生的听、说、读、写能力，华东师范大学第二附属中学进行了教学改革的尝试，注重学生平时的知识积累，在知识积累的基础上发展学生的能力。其在小学阶段重点培养学生的听、说能力，中学阶段"以读写为中心，提高听说能力"，遵循"相对集中、适当循环"的原则，实行读写结合。"听"的训练中，"让学生听写课文，听写词语，做听课笔记，给同学的口头作文做记录、写评语、打分数"。"'说'的训练有复述课文，根据提纲口头作文，课堂讨论和举行科学报告会、故事会等形式。"②

"语文能力是一种综合性能力，它必须经过一系列多方面训练才能形成。这种训练序列包括：听、读、说、写能力的训练，字、词、句、篇应用能力的训练，观察、思维、想象以及自学等能力的训练。所有这些训练序列，又都是在听、读、说、写的实践过程中交错结合，综合进行的。"③安徽省芜湖市第一中学教师蔡澄清提出了语文能力培养的"三部曲"，即把思维的"积累—思考—表达"看作"输入—转化—输出"的科学发展过程，其中，输入就要教会学生通过观察、读书，进行知识的积累。④四川省安岳县城关镇小学的汤骥提出，教学中要把听、说、读、写结合起来训练，他提出了两种课上和课下联动的形式：课上，对学生增强口头表达的训练，如朗读、提问、复述等；课外，让学生练习说话，以巩固课上的学习。⑤安徽省蚌埠第二中学的汪国祥老师从注重说话训练入手，开展思维训练，促进听、说、读、写能力的提升。汪国祥老师在其教学实践经验的基础上

① 张志公. 1979. 要重视接受与表达的训练. 江苏教育，（1）：22-24.

② 陈亚仁. 1980. 努力发展学生听说读写的能力——华东师大二附中语文教改小结之一. 语文学习，（9）：54-56.

③ 王志保. 1982. 在培养和发展语文能力的征途上求索——访特级语文教师蔡澄清同志. 语文教学通讯，（2）：24-27.

④ 王志保. 1982. 在培养和发展语文能力的征途上求索——访特级语文教师蔡澄清同志. 语文教学通讯，（2）：24-27.

⑤ 汤骥. 1981. 加强语文的听说训练. 四川教育，（5）：34.

总结了朗读、回答、复述、口头作文等一些训练形式，如在朗读中采取"由易到难、由简到繁、循序渐进、逐步提高的指导方法。指导学生先读短诗，后读长诗；先读短文，后读长文；先读白话，后读文言；先读片段，后读全篇"①。

在这一时期的语文课堂教学中，能力培养是以听、说、读、写这4方面为基础的，兼顾对学生的观察能力、思维能力等的关注。在《在艰苦的岁月里》的看图学文中，王文华提出"三年级看图学文是让学生进一步理解句和句之间的关系，懂得怎样连句成段，并培养学生的观察、分析能力和阅读能力"②。王老师在教学中按照从整体到局部，再回到整体的顺序进行观察、分析和阅读，以达成通过看图学文培养学生观察能力、分析能力和阅读能力的目标。在《〈董存瑞舍身炸暗堡〉教学建议》中，衰春玉提出的第三个建议就是以读为主，进行综合训练："初读，要求学生运用工具书自学生字词，了解炸暗堡的过程。精读'怎样炸碉堡'这一段时，结合词、句、段、篇，感受董存瑞的英雄形象和课文包含的思想感情。"③这一教学建议从课文的内容出发，在让学生感受董存瑞炸暗堡的无畏精神的过程中，进行语文的字、词、句、篇等基础知识的教学，并在此基础上重点训练学生的表达能力，加之在阅读中的想象，培养学生的想象能力和创造能力，即教学以基础知识的掌握和综合能力的训练作为主要目标。

3. 注重阅读、写作与读写结合专项能力训练

很多学校在这一时期的语文课堂教学中开展了阅读、写作以及读写结合的专项训练。例如，从1978年开始，广东省潮州区（现潮州市）浮洋区六联小学的丁有宽老师先后在该校四、五年级开展"以记叙文为重点，坚持读写结合，培养自学能力"的实验。丁有宽老师在实验中归纳出了记叙文"三十法"，并在此基础上制订了《四至五年级读写结合训练规划提纲》以及两学年读写训练的要求和训练重点项目。④山西省临汾第一中学自1980年秋季开始确定两个实验班进行为期两年的致力于提高学生"二基""二力"⑤的语文教学实验。该校从教材、教学方法等方面多管齐下，进行语文教学改革：在教材上采用了华东师范大学和华东师范大学第二附属中学编写的初中语文试用课本；在教学方法上，以文言文作为突破口，"着眼于文言文中的常用虚实词和一些常见句式的落实，尤其注意把带

---

① 汪国祥. 1984. 我们进行说话训练的一些形式. 安徽教育, (9): 35-36.
② 王文华. 1983. 抓思路 抓重点——教学《在艰苦的岁月里》的体会. 四川教育, (2): 21-22.
③ 衰春玉. 1984.《董存瑞舍身炸暗堡》教学建议. 四川教育, (11): 25.
④ 丁有宽. 1982. 读写结合再试. 小学教学研究, (2): 5-7.
⑤ "二力"指阅读能力和写作能力。

有规律性的知识转化为学生的技能，开辟一条突破文言文多快好省的文言文教学途径"①。该校注重"抓好课前预习，课内精讲，课后复习"3个环节，努力培养学生学习语文的兴趣，启迪学生智慧，为他们创造良好的智力背景。

一线教师在写作训练中也做了改革和尝试。天津十字街小学的张秋萍在对作文教学经验进行总结的基础上提到："深入了解学生实际，从培养他们观察事物、认识事物的能力入手，在培养学生用词造句，布局谋篇的能力上下功夫，做好作文的指导和批改，就能不断提高他们的写作兴趣和写作能力。"②

改革开放初期，"双基"教学目标的重新确立具有十分重要的意义。"双基"教学目标使得课堂教学回归"学科"教学、回归"语文"教学，语文课堂教学重视语文的基础知识和基本能力的培养。这一做法夯实了学生的语文知识基础，为其他学科的学习、日常生活中的表达和交流以及从事其他工作奠定了基础。但通过这些教学设计案例我们也发现，这一教学目标重视知识和技能，缺乏对学生获取知识的过程与方法的关注，也缺乏对学生的情感、态度、价值观等方面的培养，是一种孤立地重视知识与技能的教学目标设计。

第三节　中小学语文课堂教学内容

一、教学内容的纲领性规定

在教学恢复时期，小学语文教学内容包括识字与写字、阅读、作文、基础训练4个学习领域，其具体要求见表1-4。

表1-4　1978年版、1980年版小学语文教学大纲内容规定

学习领域	具体要求
识字与写字	数量为3000个；读准字音、认清字形、了解字义，学过的词要懂得意思，大部分会用；掌握汉字的基本笔画、笔顺规则、偏旁部首和间架结构；学会汉语拼音；学会音序查字法和部首查字法；会写铅笔字、钢笔字；学写毛笔字
阅读	掌握学过的常用词汇，能正确、流利、有感情地朗读课文，比较熟练地默读课文，能背诵或复述指定的课文。能给课文划分段落，概括中心思想。能读懂适合少年儿童阅读的书报，理解主要内容，有初步的分析能力

① 何悟民，姬仿礼，杨东俊. 1983. 培养读写能力的新尝试——临汾一中语文教改试验的情况与做法. 山西师大学报（社会科学版），（2）：78-82.

② 张秋萍. 1978. 我是怎样进行作文教学的. 天津教育，（12）：29-30.

续表

学习领域	具体要求
作文	一年级要求说完整的话，写完整的句子；二年级进一步加强句子的训练，要求说话、写话时语句通顺，前后连贯；三年级要求段落分明，条理清楚；四年级要求中心明确；五年级达到全面要求。整个五年，都必须要求思想健康，内容具体，注意不写错别字
基础训练	小学阶段各年级的基础训练，一、二年级以巩固识字为重点，并进行词和句的训练；三年级以词和句的训练为重点，重视连句成段，连段成篇，运用常见的标点符号的训练；四年级继续进行句子训练，以篇章结构为重点；五年级以篇章结构、练习写作为重点

资料来源：本表内容是通过对1978年版和1980年版小学语文教学大纲中识字、写字、阅读、作文、基础训练部分内容整理而成的

这一时期的语文教学大纲较为注重语文知识与语文能力的教学：小学低年级重视识字和汉语拼音，特别是一、二年级以识字为主，一年级学习汉语拼音，二年级会利用拼音查字典，为四、五年级的阅读打下基础；写字要在学会正确的执笔方法、写字姿势的基础上，把字写得正确、端正，注意养成爱惜文具、每天练习写字的良好习惯。

汉语拼音在语文学习中具有重要的作用。1977年12月20日的《人民日报》社论《加快文字改革的步伐》指出，"大力宣传、积极推广汉语拼音，扩大汉语拼音在各方面的应用，利用汉语拼音这个有效工具，帮助工农兵群众以及中小学学生学习文化、学习普通话，还应该有计划地开展文字拼音化的研究和实验工作，为今后实现拼音化打下基础"[①]。教育部在《关于加强学校普通话和汉语拼音教学的通知》中也明确提出："汉语拼音是识字和学习普通话的有效工具，是我国文字拼音化的基础。中小学都要认真教好汉语拼音，要把它作为语文教学的一项内容，适当安排。要充分发挥汉语拼音的作用，经常运用拼音，进行必要的考核，杜绝'回生'现象。"[②]

有些学校为了更好地开展汉语拼音教学，进行了汉语拼音教学的改革，如上海汉语拼音文字研究组在1978年版小学语文教学大纲等文件的基础上，结合小学语文教师的教学实践，改进了汉语拼音的教学要求，并提出了一些初步改进意见（表1-5）。

---

① 《人民日报》社论. 1977. 加快文字改革的步伐. 新华月报，（12）：206-208.
② 教育部. 1978. 关于加强学校普通话和汉语拼音教学的通知. 文字改革通讯，（7）：2-4.

表 1-5　上海汉语拼音文字研究组汉语拼音改进意见部分内容①

年级	1978年版小学语文教学大纲	六年制小学语文汉语拼音教学要求	初步改进意见
一年级	学会汉语拼音的声母韵母、声调、拼音和整体认读的音节。要求默写声母和韵母，抄写音节。学习普通话	学会汉语拼音的声母、韵母、声调，整体认读的音节和拼音。要求默写声母和韵母，抄写音节。学习普通话	学会唱"字母歌"，记住字母名称和顺序，学会汉语拼音的声母、韵母、声调，整体认读的音节，要求默写声母、韵母，拼读和抄写音节。学习普通话
二年级	学会汉语拼音字母表，会按顺序背诵、默写字母，认识大写字母。继续学习普通话。上学期学习音序查字法，下学期学习部首查字法	培养熟练拼读音节（能直呼音节）的能力。继续学习普通话	学会大写字母，熟悉字母的顺序、写法和名称。学会按音序查字典。培养直呼音节和听写音节的能力。继续学习普通话

　　在阅读教学中，教师要重视学生看书报能力和认真阅读习惯的培养。教师应重视词汇、词义的教学，注重词语的积累和运用，要注意加强朗读和默读的指导，重视复述背诵，为学生今后写作打好基础。阅读教学方面，教师要善于讲解课文，对不同的年级提出不同的要求，如理解课文的段落大意、中心思想等。作文教学方面，教师要注重学生对所学语文知识的综合运用，要培养学生用词造句、布局谋篇、观察事物、分析事物等多种能力。作文教学与阅读教学要紧密结合，教师要对学生进行读写结合的训练，指导学生将阅读中学会的知识、技能运用到写作中。

　　1978年版中学语文教学大纲对语文知识的规定较为明确和具体，对每个年级的字、词、句、篇基本知识进行了详尽的安排（表1-6）。

表 1-6　1978年版中学语文教学大纲语文知识安排

年级		字、词、句、篇基本知识（文字、词汇、语法、逻辑、修辞）	读、写基本知识	附录
初一	1	形声字：同音字、形似字、多音多义字；双音的合成词；字义和词义	记叙、说明、议论；记叙的要素	汉语拼音方案；常用标点符号用法简表
	2	词和词组；陈述和陈述的对象（主语、谓语、宾语）；时间、空间、数量；肯定和否定、全部和部分	记叙的中心和材料；前后一贯、首尾一致	字体对照表；多音多义字表

---

① 上海汉语拼音文字研究组. 1982. 对于小学语文课教学汉语拼音的改进意见. 文字改革，（2）：19-20.

续表

年级		字、词、句、篇基本知识（文字、词汇、语法、逻辑、修辞）	读、写基本知识	附录
初二	3	词义的大小； 词义的交叉； 形容和限制（定语、状语、补语）	读书提要和写作提纲； 记叙的顺序； 谈谈诗歌	书信
	4	复杂的单句； 词的不同色彩	描写和说明； 几种说明文的结构和用语	容易读错的字； 容易写错的字； 汉字形体的演变
初三	5	相关、相承、相反（复句一）； 因果、假设、条件（复句二）	记叙中的议论和抒情； 论点和论据； 谈谈散文	计划； 记录
	6	句式的变化和表达； 复杂的复句； 句与句之间	读书笔记； 立论和驳论； 议论中的说明和记叙	语法复习表； 修辞复习表
高一	1	概念和判断； 定义和分类	说明文的科学性； 复杂的记叙	使用工具书； 文言虚词简表
	2	推理； 段落中的推理	论证的方法； 谈谈戏剧	文言句式简表
高二	3	同一律、矛盾律、排中律	书评、剧评； 谈谈小说	文言句式简表
	4	讲究逻辑、合乎语法、注意修辞	关于修改文章	逻辑复习表； 关于文字改革问题

二、中小学语文通用教科书与实验教材

（一）语文通用教材

邓小平同志在1977年8月8日发布的《关于科学和教育工作的几点意见》中提出，"关键是教材。教材反映出现代科学文化的先进水平，同时要符合我国的实际情况"[①]。此后，邓小平同志在1977年9月19日的《教育战线的拨乱反正问题》中又提出，"教材非从中小学抓起不可，教书非教最先进的内容不可，当然，也不能脱离我国的实际情况"[②]。1977年9月，教育部开始组织编写恢复教学以来的第一套全国通用教材，此次编写任务由人民教育出版社负责。语文学科陆续出版了五年制小学语文课本、六年制小学语文课本，以及全日制十年制学校

---

① 邓小平. 1983. 邓小平文选（第二卷）. 北京：人民出版社，55.
② 邓小平. 1983. 邓小平文选（第二卷）. 北京：人民出版社，69.

初、高中语文课本，五年制中学初、高中语文课本等。

1977—1986 年，由于对教材的重视，从国家到地方再到各个学校都在不断进行教育改革与实验。在此期间，我国统编了两套教材，各省（自治区、直辖市）、市（县、区）、学校在改革与实验的基础上自编了各种语文实验教科书。当然，此时自编的语文实验教科书应用范围较小，全国仍然以通用的语文教科书为主。1977—1986 年的两套统编教材，特别是第一套教材中，以思想政治教育为主的编写思想仍然主导着语文教材编写。在这一时期，语文课文践行"政治标准放在第一位"的选文标准。

（二）自编实验教材

1978 年起，各省（自治区、直辖市）在本地区开展教育实验的基础上有针对性地编写了一些实验教科书，如黑龙江省从 1982 年秋季进行"注·提"小学语文教学改革实验并自编实验教科书；辽宁省黑山县北关实验学校开展"集中识字"教学法，并自编实验教材。与此同时，人民教育出版社也编写了一些适应语文实验教学的教科书。北京师范大学附属实验中学在其教育实验的基础上编写了语文实验教科书。北京、上海、天津和浙江由于率先试行六年制，四省（直辖市）合编了六年制小学语文课本。[①]在黑龙江省"注音识字，提前读写"小学语文教学改革实验中，黑龙江省教育厅小学语文实验领导小组根据实验的指导思想和教学的具体安排，自编了阅读教材、课外阅读教材、写字教材、普通话说话课教材。[②]

三、教学内容的实践样态

教师依据教学大纲、教学目标以及教科书等静态的教学内容，结合学生的学情对教学内容进行重构和重组，生成动态的、现实的教学内容。教学内容的实践样态是在对 80 篇教案、30 篇教学实录以及 F 小学这一时期特级教师访谈的基础上归纳而成的。对 80 篇教案的分析是以教学目标的知识、能力与思想 3 个方面作为维度进行的，对 36 篇教学实录等的分析主要是将课堂教学内容与教科书进行对比，看教师在实际的课堂教学中对教学内容做了哪些处理。总体来看，教学恢

[①] 石鸥. 2015. 新中国中小学教科书图文史·语文. 广州：广东教育出版社，155-162.

[②] 黑龙江省教育厅小学语文实验领导小组. 1983. "注音识字，提前读写"小学语文教学改革实验方案（试行草案）. 文字改革，（12）：13-18.

复时期的中小学语文课堂教学内容受当时政治、经济环境的影响，同时受语文教学大纲和教学目的的指引，在改革开放初期带有很强的政治教育色彩，削弱了语文本身的学科特性，语文教学内容以政治教育为主。1980年之后，语文学科的本体性知识逐渐被重视，课堂教学中关注字、词、句、篇、语、修、逻、文等语文基础知识，且教学内容呈现出全面、精细、繁杂的特点。

（一）教案中的内容分析

课题组在对80篇教案进行分析后发现：在知识内容中，有34篇教案、36个参考点是关于生字的内容；有35篇教案、37个参考点是关于词语的内容；有18篇教案、20个参考点是关于句子的内容；有25篇教案、27个参考点是关于篇章的内容；有16篇教案、16个参考点是关于语言的内容；有7篇教案、7个参考点是关于修辞的内容；有5篇教案、5个参考点是关于逻辑的内容；有4篇教案、4个参考点是关于文学的内容；有2篇教案、2个参考点是关于拼音的内容。由此可见，字、词、句、篇等基础性知识是这一时期中小学语文课堂教学主要的知识内容。在能力内容中，有15篇教案、15个参考点是关于培养学生运用语言能力的内容；有29篇教案、29个参考点是关于朗读、阅读等能力的内容；有19篇教案、19个参考点是关于写作能力的内容；有9篇教案、10个参考点是关于观察、注意、分析等心理能力的内容。由此可见，说、读、写是这一时期中小学语文课堂教学主要的能力内容。在思想内容中，有13篇教案、13个参考点是关于思想教育的内容；有52篇教案、52个参考点是关于品德培养的内容，其中"五爱"是品德培养中的重要内容。见表1-7所示。

表 1-7　教案中教学内容统计表

教学内容		教案（篇）	参考点（个）
知识内容	字	34	36
	词	35	37
	句	18	20
	篇	25	27
	语	16	16
	修	7	7
	逻	5	5
	文	4	4
	拼音	2	2

续表

教学内容		教案（篇）	参考点（个）
能力内容	说	15	15
	读	29	29
	写	19	19
	心理	9	10
思想内容	思想教育	13	13
	热爱祖国	11	11
	热爱劳动	6	6
	热爱科学	7	7
	热爱生活	5	5
	热爱自然	8	8
	理想	15	15

（二）教学实录中的内容分析

教学实录中的内容分析旨在探究教师在教科书的基础上对教学内容做了哪些处理。本部分从重构、删减、增加和完全忠实于教科书4个维度对36篇实录、札记等进行分析，结果如表1-8所示。其中，没有一节课对教学内容进行了删减，大多是增加或重构。增加的教学实录或札记达到了24篇，有35个参考点，即在这24篇教学实录或札记中，一节课中增加了不止一处内容。增加本体性知识的有15个参考点，增加思想教育内容的有15个参考点，增加实践活动的有3个参考点，增加常识的有2个参考点。进行重构的教学实录或札记有7个参考点，其中同类/异类合并的有6个参考点，单元知识归类的有1个参考点。在36篇教学实录或札记中，有5篇完全忠实于教科书，未做任何内容处理。

表 1-8　教学内容的组织类型统计表

教学内容的组织类型		教学实录或札记（篇）	参考点（个）
增加	本体性知识（15个）	24	35
	思想教育内容（15个）		
	实践活动（3个）		
	常识（2个）		
重构	同类/异类合并（6个）	7	7
	单元知识归类（1个）		
完全忠实于教科书		5	5
合计		36	47

（三）特级教师的理解

课题组对F小学4位语文特级教师进行了访谈，获取了一线教师对教学内容的理解。[1]S老师在访谈中提到：

> 小学语文是进行素质教育的奠基性学科，学生学好了语文，为学好其他功课，为接受各方面的素质教育，为将来从事工作创造了有利条件，奠定了坚实的基础。因而语文教学必须加强语文基础知识教学，通过字、词、句、段、篇的学习与训练，培养学生的听、说、读、写能力，为进一步落实素质教育铺路。我把这些总结为语文教学的"十字真经"，即"字、词、句、段、篇、听、说、读、写、书"。
>
> （S老师访谈）

可见，S老师在教学内容上关注语文基础中的本体性知识，将语文知识总结为"字、词、句、段、篇、听、说、读、写、书"这一"十字真经"，注重培养学生的听、说、读、写能力。

Y老师也将字、词、句等语文知识作为语文教学内容的主体，为小学生打好基础，注重训练学生听、说、读、写方面的基本功。

> 小学生学语文，是在打地基。字、词、句是语言大厦的材料，这些材料学生必须得在小学阶段牢牢掌握。语文学习当中的一些课，回头再补，就是事倍功半。字、词、句、段、篇既是内容，也是形式，教师要指导孩子好好打好底子。还有就是听、说、读、写的基本功，其实也是童子功，小时候打了什么底子就是什么底子了。
>
> （Y老师访谈）

四、教学内容的实践特征

通过对这一时期的教案、教学实录或札记的分析，以及对特级教师的访谈发现，教学恢复时期的语文课堂教学内容在实践中呈现出以下3个主要特征。

---

① 孙世梅. 2018. 小学语文教师教学价值取向研究——以F小学20世纪80年代四位特级教师为个案. 东北师范大学博士学位论文，132.

（一）扩充思想教育的内容

安岚在《谈谈中小学课堂教学的任务》中提到："要在传授知识过程中，对学生进行思想政治教育。就是说，在传授知识的同时，重视对学生共产主义世界观及共产主义道德品质的教育。"①通过对收集到的教学经验总结、实录等材料进行分析发现，教师在课堂教学实践中通过扩展政治教育的内容，以实现思想政治教育的目标。例如，羽然在教学《沁园春·长沙》时，设置了"领会情景交融的写作手法"这一教学目的。为了实现该目的，羽然认为，"在分析情景交融时，应使读者受到毛主席的爱国主义激情的感染，斗争精神的鼓舞，为祖国、为革命而献身的精神"②。其在原有的内容基础上拓展了思想教育的内容，对学生进行了思想教育。此外，杜蕴珍在《学习新大纲不断改进识字教学》一文中指出，在教学"翻"字时，她编了这样的顺口溜——"翻身了（先写一撇），又分米，又分田，我们感谢毛主席，努力学习再学习"③。她在识字课中，在原有内容的基础上增设了思想教育的内容，对学生进行了思想教育。

在改革开放初期，语文教科书不但以"政治标准第一位"作为选文标准，知识性弱于政治性，在课堂教学中，语文教学内容也大量涉及政治教育。但在1980年修订了《全日制十年制学校小学语文教学大纲（试行草案）》《全日制十年制学校中学语文教学大纲（试行草案）》之后，这种情况有所改善，语文教学中强调了基础知识的内容。

（二）重视基础性的本体性知识

"知识"和"能力"是这一时期出现频率较高的词汇，"双基"是这一时期语文课堂教学的目标指引。在这一时期的语文课堂教学中，教师将语文知识中的字、词、句、篇、语、修、逻等本体性知识作为主要的教学内容，以字、词、句、段、篇、听、说、读、写、书作为教学的"十字真经"。

当时的教案中也能体现出这一时期的教学内容关注语文本体性知识。例如，在1978年的一篇《〈乌鸦喝水〉教学简案》中，第一课时的教学要点为"初步了解课文内容，教学生字词"，第二课时的教学要点为"生字书写练习，朗读课文"，第三课时的教学要点为"巩固生字词，分段，读讲课文，总结中心思想，

① 安岚．1978．谈谈中小学课堂教学的任务．河北师范大学学报（哲学社会科学版），（2）：46-47.
② 羽然．1978．教学毛主席《沁园春·长沙》一词中几个问题的探讨．辽宁师院学报，（1）：85-86.
③ 杜蕴珍．1978．学习新大纲不断改进识字教学．天津教育．（10）：42-44.

作业练习"。①由此可见，这篇教学简案主要围绕课文中生字的读音、字形、字义的理解、掌握和书写，以及区分形近字、区别相近词语的意思和用法等来选择和组织教学内容。在该教学设计中，教师将"识字、辨字、写字、朗读、理解"作为主要目标，在教学内容的选择和组织上注重"双基"，"基础知识和基本技能"是教学内容的主要向度。

在1983年出版的《五年制小学课本语文备课教案（第五册）》一书中，《群鸟学艺》教案围绕"默读课文，利用字典自学本课生字新词；通过朗读和默读，能理解课文内容，讲出故事的主要情节，培养独立阅读能力"的教学目标，按照"群鸟——有哪些鸟""学艺——学什么艺""群鸟学艺的过程、结果"组织教学内容，以识字、朗读为基础选择和组织教学内容，逐一讲解课文中的字、词、句。②

在中学语文课堂教学中，本体性知识也是重要的教学内容。例如，在《〈一件珍贵的衬衫〉课堂教学纪实》中，字、词、句、篇的理解和掌握贯穿整节课，教师从让学生理解词语"珍贵"的含义出发引出课文标题，通过"珍藏""凝聚"的词语解释引申出周总理的光辉形象，激发学生回忆事件的经过。在指导学生朗读课文的过程中，教师纠正"询""祥""况"的字音，在朗读的基础上引发学生分析课文，使其找到描写工人感想的章节——第8节："我深深知道……一个伟大的无产阶级革命家的革命本色。"在这篇语文课堂教学纪实中，字词教学是基础，教师在知识学习的基础上培养学生朗读课文、阅读课文以及写作的能力。课堂教学纪实如下。③

师：今天我们学习《一件珍贵的衬衫》，这是深切悼念敬爱的周总理逝世一周年的纪念性文章。同学们已经预习了，现在我们来讨论一下，什么叫"珍贵"？

生：（甲）"珍贵"就是宝贵。

（乙）"珍贵"就是有价值。

师：对，"珍贵"就是宝贵，意义深刻、价值大，为什么这件衬衫"珍贵"呢？也就是说这件衬衫"珍贵"的原因是什么？

生：因为这件衬衫"凝聚着敬爱的周总理对工人群众的阶级深情"。

① 单少华. 1978.《乌鸦喝水》教学简案. 安徽教育，（10）：30-32.

② 吴修龄，骆大华，张玉仁等. 1983. 五年制小学课本语文备课教案（第五册）. 成都：四川人民出版社，10.

③ 江苏省常州中学语文教研组. 1979.《一件珍贵的衬衫》课堂教学纪实. 江苏教育，（1）：27-31.

师：这句话在课文中哪一节已经点明了？

生：（齐声回答）第一节。

师：集体把这一句朗读一下。

生：（齐读）

师：这就是这件衬衫珍贵的原因。

（板书：原因　凝聚深情）

现在把课文第一节齐声朗读一遍。

生：（齐读第一节）

师：什么叫"珍藏"？

生：（甲）"珍藏"就是珍重地收藏。

（乙）"珍藏"就是像宝贝一样收藏。

师：对。什么叫"凝聚"？

生："凝聚"就是凝结、聚集。

师：对！课文里把"凝聚"和"阶级深情"连用，说明阶级感情非常深厚。大家想一下，这件衬衫是怎么来的？刚才我们读到"每当我看到它，周总理那高大光辉的形象就浮现在我的眼前；每当我捧起它，就不由得回想起那激动人心的往事"。哪位同学能简要地讲一讲这件事情的经过？

生：（复述）

师：××同学讲得不错，她已预习了课文，花了功夫，她复述的优点是交代了时间、地点、人物、经过，突出了周总理的形象。复述的内容在文章中哪几节里写到的？

生：第2节到第7节。

师：下面请三个同学把2—7节朗读一遍，先请一个同学读第2—4节。

生：（读2—4节）

师：再请一个同学读第5节。

生：（读第5节）

师：再请一个同学读第6—7节。

生：（读第6—7节）

师：刚才三位同学朗读了第2节到第7节，这六节叙述了这件衬衫的由来。

（板书：由来）

师：这三位同学朗读时有哪些字读音不正确？

生："询问"的"询"，"慈祥"的"祥"，"情况"的"况"……

师：（引导学生口头正音）"询"读 Xún，"祥"读 Xiáng，"况"读 Kuàng……同学们再想一下，这件事情过去四年多了，可是这位普通的青年工人感受很深，每当想起这件事，有什么感想呢？哪一节写了这位工人的感想？

生：第8节。

师：你把它读一下。

生：（个别读）"我深深知道……一个伟大的无产阶级革命家的革命本色。"

（三）关注内容的归类性重构

1978年版的语文教材主要以知识点作为编排的切入点，知识之间很少做整合，或者说整合性差。1978年版的初中语文教材6册书中一共设计了69个单元，平均每个单元有2篇文章，少的甚至只有1篇文章。例如，初中第一册第五单元和第七单元都是从记叙的要素入手学习记叙文。其中，第五单元主要从记人方面领会记叙的要素，第七单元主要从记事方面领会记叙的要素，两个单元中间为一个议论文单元。其实，记人的文章，或是记事的文章，其包含的记叙文要素有重复之处。以知识点为主的教材将记叙文细化为记人记叙文和记事记叙文，容易将知识搞得过于零碎，切割成缺乏系统性的知识点，反而不利于学生的整体认知；中间插进议论文单元，容易造成学生对记叙文诸要素整体认识的割裂。如果将记人和记事两个记叙文单元合为一个记叙文单元，重点引导学生了解记叙的要素，这样不仅可以简化教材结构，而且使教学目标更集中。再如同册第八单元，只有一篇课文《渔夫的故事》，且不是本册重点单元，而是作为记叙文学习的配合单元存在的。《渔夫的故事》这篇民间故事情节完整，富有趣味，适合作为学生了解记叙文要素的课文，完全可以跟第五、七单元编排在一起。像现在这样孤零零地摆在第八单元，"思考与练习"也不做任何提示与点拨，教师无从把握教学的重点，难以开展教学。[1]当然，在语文课堂教学中，有的教师尝试对教学内容进行归类，采用"一次多篇法"或"知识结构单元教学法"将课文进行合并同类项或类比，以实现教学内容的融会贯通或对比。

---

[1]　课程教材研究所. 2010. 新中国中小学教材建设史1949—2000研究丛书·中学语文卷. 北京：人民教育出版社，175-176.

1. 一次多篇的内容类比或整合

霍懋征老师在小学语文课堂教学中，采用"一次多篇法"对教学内容进行处理。在《骆驼》《找骆驼》《蜜蜂引路》的教学设计中，霍懋征老师将3篇课文进行一次性教学。在《骆驼》一文中，学生知道这篇课文是按照"丢骆驼—找骆驼—结果怎样"的顺序来写的。课文先介绍骆驼的特点、有何本领（《骆驼》），然后引入《找骆驼》。骆驼丢了，学生如何通过骆驼的特点，在"仔细观察、认真分析、正确判断"的基础上找骆驼，并再次引入《蜜蜂引路》。3篇课文虽各自独立，但却用一条线将3篇文章巧妙组合在一起，以《找骆驼》作为主导课文，把《骆驼》这篇常识性课文组合进去，又顺理成章地引入了《蜜蜂引路》。霍懋征老师在对课文内在机理进行深刻认识和准确把握的基础上，将3篇课文组合在了一起，起到了"一加一大于二"的系统效果。[①]正如霍懋征老师在课后反思中提到的："一次多篇在一个课时内集中内容相仿的三至五篇（数量可以灵活）让学生读议，从中找出主要的词句，多篇则可以把主要的词句集中比较。"[②]

上海市育才中学的教师在教学时也进行了"一次多篇"的探索。在实际的教学中，该校的教师将《闻一多先生的说和做》《最后一次讲演》两篇同是讲述闻一多先生其人、但文体不相同的文章进行了组合。《闻一多先生的说和做》是夹叙夹议的散文，介绍了闻一多先生一生严谨的治学态度和敢说敢做的革命斗争精神。《最后一次讲演》是一篇议论文，抨击了国民党反动派的无耻嘴脸，充分体现了闻一多先生的英雄气概和斗争精神。两篇课文互为补充，将两篇课文组合在一起进行教学，教师只需在学生读议之际进行点拨，既可以节省课时，又可以保证教学的效果。[③]

李吉林老师在《海底世界》一课的教学设计中也进行了"一次多篇"的教学安排，将《海底世界》《海底的冷灯》《人类的秘密仓库》编排为一组，让学生在学习一些海底知识的同时，学会阅读这一类知识性的文章。[④]

"一次多篇法"侧重于将教材中的课文在主辅、穿插的巧妙组合中进行一次性教学。教师在组合课文时，可以采取以其中一篇或两篇为主，其余几篇为辅，以主带辅，举一反三的方式；也可以组合几篇截然不同的文章，或内容相反，或手法迥异，相互对比，突出各自特点，以给学生留下深刻的印象。[⑤]

---

① 转引自：吴忠豪. 2007. 1978—2005语文教育研究大系·小学教学卷. 上海：上海教育出版社，81-90.

② 转引自：谭惟翰. 1980. 试论"一次多篇"语文教学法. 语文教学通讯，（12）：36-39.

③ 柴良喜，唐菊英. 1983. 对"一次多篇教学法"的探索. 语文学习，（6）：9-10.

④ 转引自：吴忠豪. 2007. 1978—2005语文教育研究大系·小学教学卷. 上海：上海教育出版社，101.

⑤ 吴忠豪. 2007. 1978—2005语文教育研究大系·小学教学卷. 上海：上海教育出版社，81-90.

2. 知识结构单元的内容组织

1979年，北京景山学校的舒鸿锦、刘占泉两位老师在高一语文课的教法改革中采用了单元教学的教学模式。单元教学法是指采用四步教学法进行教学，先掌握学生的基本学情，在了解学生情况的基础上，再进行教学内容归类，具体教学分为以下4个步骤：第一步，摸清学生的情况；第二步，针对发现的问题组织课文；第三步，提供第二组课文以巩固学习；第四步，开展竞赛活动。例如，在说明文的教学中，教师为了摸清学生的情况，让学生在《橱窗》《收音机》两个作文题目中任选其一进行写作，通过对学生作文进行分析，发现学生写作中存在的问题，接着依据发现的问题选择学习的说明文。第一次他们选择了《核舟记》《石油》《采药》3篇说明文以供学生学习。教学程序采取学生自学、教师检查订正、教师指导下分析和讨论说明文特点、教师对学生的作文进行点评4个步骤。在教学的过程中，教师再次发现学生写作中存在的问题，进而为学生提供第二组说明文《雄伟的人民大会堂》《向沙漠进军》《中国的石拱桥》。教学程序与上一环节相同，在学习结束后，学生根据所学知识并针对上次作文讲评中指出的问题，以《景山学校简介》或《一间屋子》为题写一篇说明文。在之前读写说明文的基础上，学生已经掌握了说明文的特点。最后，以全年级作文竞赛的形式结束学习。[①]通过知识结构单元的内容组织，教师将文体相同或主题相同的文章组合成一个单元进行教学，实现了内容的归类式重组。

3. 以某一领域为突破点重构教材体系

在语文课堂教学中，有的学校尝试以某一特定领域或内容为中心，重构语文教材，以实现发展学生智力和能力的目的。例如，《江西教育学院学刊》1981年第2期刊登的一篇文章《百花齐放的中学语文教学改革实验》中提到了9种中学语文教学改革实验的类型，其中"以作文为中心""以文选为中心""以读写为中心""以语文知识为中心""以章回小说为序"等5种类型均是对教材进行调整、合并以及增补等。[②]

第一种类型：以作文为中心的实验。这种类型以北京景山学校和北京师范大学附属实验中学为代表。北京景山学校以作文为中心开展实验，在阅读的基础上，以作文为中心组织语文教学。因统一的教材无法满足上述需要，因此，该校

---

① 陈心五. 1983. 知识结构单元教学法初探. 课程·教材·教法，（1）：47-51.
② 裘鱼. 1981. 百花齐放的中学语文教学改革实验. 江西教育学院学刊，（2）：81-82.

按照课文的文体重新组织单元并自编教材。北京师范大学附属实验中学提出初中重在打好基础，将教材分为课文和附录两个部分。高中设置"分析讲读课"和"写作课"，教师按照这两种课型分别进行教材编写："分析讲读课"按文学史选编教材，以散文为主；"写作课"按照文体进行训练。

第二种类型：以文选为中心的实验。这种类型以华东师范大学第二附属中学和福建三十三中为代表。华东师范大学第二附属中学以讲授各类文章为中心，相应学习语文知识。教材以文选为主干，把体裁相同、写作方法近似、内容相近的作品相对集中起来。选文以文学作品为主，加大读写量。每学期选文60—96篇，写作文36次。福建三十三中则以文选为中心，教材以学生学习语文的一般发展过程为序，分别组成单元；以语体文为讲读中心，辅以听说训练。语文知识、文言文按现行教材另组单元。

第三种类型：以读写为中心的实验。这种类型以上海市建光中学为代表，以读写知识为线索，将课文按记叙、说明、议论三大类集中起来，另编三类文体的专题知识。

第四种类型：以语文知识为中心的实验。这种类型以陕西省西安市第六中学为代表，是以语文知识为体系，以选文作为例证，建立以语文知识为线索的语文教学基本结构，以掌握基本技能为主要目的。

第五种类型：以章回小说为序的实验。这种类型以上海市育才中学为代表。上海市育才中学对初高中做不同的要求。初中语文突破传统教材的条条框框，主要从章回小说中选择语言材料，以训练学生的思维能力。高中则不对章回小说做必修要求。

"一次多篇法""知识结构单元教学法""以某一领域为突破点的教材重构"是教学恢复时期针对语文教科书知识点零散、整合性较差而在课堂教学实践中对教学内容进行整合的尝试，在一定程度上提高了语文课堂教学的效率，改善了语文教学"少、慢、差"的现象，为之后教材的单元组织和呈现以及整合性教学奠定了一定的基础。

第四节　中小学语文课堂教学方法

教学方法是引导、调节教学过程最重要的教学法手段，它是教学中旨在实现学科课程所计划的教学目标，旨在教授一定的教学内容，师生所必须遵循的原则性步骤。①正常的教学秩序得到恢复后，教育的战略地位得到确认，中小学教学方法改革的热潮再次掀起。20世纪80年代初期及中期，我国中小学学科教学方法的改革实验非常活跃，如上海市育才中学的"读读、议议、讲讲、练练"八字教法实验、江苏李吉林老师的"小学语文六步教学法"实验、黑龙江的"学导式教学法"实验等相继出现。随着经验的积累和研究的深入，我国在借鉴外国经验方面逐步摆脱了单纯模仿的局限，在教学方法改革上呈现出百花竞放的局面。②

一、教学方法的纲领性规定

1978年版和1980年版中小学语文教学大纲对教学方法做了明确规定，小学语文教学大纲对识字、阅读、作文等领域的教学方法提出了明确要求。1978年版中学语文教学大纲在教学建议中提出"教改的问题，主要是教员问题"③。两版中学语文教学大纲还对作文教学和语文知识教学进行了说明。

（一）小学语文教学大纲关于教学方法的建议

1. 识字教学方法的说明与规定

两版小学语文教学大纲在识字上都强调：识字教学要改进方法，提高质量。要根据学生认识事物的规律、学习语文的规律和汉字本身的规律，教给学生识字方法，培养学生识字能力。在教学中要把汉字的音、形、义紧密地结合起来，着重指导学生认清字形。学过的汉字要力求在阅读和写作练习中经常出现，反复运用，使学和用结合起来。教给学生查字典是培养语文自学能力的重要措施，必须认真对待。要使学生及早学会音序查字法和部首查字法。

2. 阅读教学方法的说明与规定

在阅读上，两版小学语文教学大纲都要求教师采取多种方法帮助学生积累生动活泼的词语，使他们学习运用丰富的词语，正确地表达自己的思想。讲解课文，还要根据不同的体裁，采用不同的教学方法。

---

① 佐藤正夫. 2001. 教学原理. 钟启泉译. 北京：教育科学出版社，184.
② 高天明. 2001. 二十世纪我国教学方法变革研究. 西北师范大学博士学位论文，75-76.
③ 课程教材研究所. 1999. 20世纪中国中小学课程标准·教学大纲汇编：语文卷. 北京：人民教育出版社，441.

3. 作文教学方法的说明与规定

两版小学语文教学大纲在作文教学方法上则要求作文教学应该按从说到写的顺序，由易到难、由简单到复杂，循序渐进，逐步提高要求。要从看图说话到看图写话，再到命题作文；从写一句话到写一段话，再到作一篇文。但说和写不应截然划分，应当交错训练（紧密联系）。作文教学还要让学生多练。除上述规定外，两版小学语文教学大纲还要求在教学中注意贯彻启发式的方法，废止灌输式的教育。

（二）中学语文教学大纲关于教学方法的建议

两版中学语文教学大纲中关于教学方法的建议具有一致性。1978年版中学语文教学大纲提倡下苦功夫学习语文、教学联系实际，提倡启发式和自学。1980年版中学语文教学大纲将"提倡自学"修改为"加强课外阅读和写作的指导"。两版中学语文教学大纲均对作文教学和语文知识教学提出了建议。

1. 作文教学的建议

两版中学语文教学大纲中均明确提出作文教学是中学语文教学的重要组成部分，并提出，为了有效地提高学生的作文能力，要研究中学生作文能力发展的一般过程及规律，研究作文训练的途径、步骤和方法，使作文更有科学性和计划性。两版中学语文教学大纲对于作文教学的建议主要包括联系学生学习、生活、思想和参加社会实践的实际，说和写紧密联系，写作文之前要指导、要评改。1978年版中学语文教学大纲中还明确提出要进行命题作文，规定了写命题作文和其他方式作文的次数，即"命题作文每两三周一次，其他方式的作文练习，每周一两次"[①]。

2. 语文知识教学的建议

两版中学语文教学大纲中对于语文知识教学进行了8点说明，其中有3点是关于语文知识教学方法的，具体包括：语文知识教学应当努力做到精要、好懂、有用；字词训练在中学语文教学中仍应得到重视；要进行各种知识点与课文、阅读和写作的结合性教学。

二、教学方法的实践样态及特征

教学方法的分析是基于对教学恢复时期30个教学实录的分析。这里所分析

---

① 课程教材研究所. 1999. 20世纪中国中小学课程标准·教学大纲汇编：语文卷. 北京：人民教育出版社，440.

的教学实录中共运用了6种教学方法，且这一时期的每个教学实录都以讲授法为主要的教学方法。讲授法是当时中小学语文课堂教学的主要方法，其他方法也是在讲授法的基础上得以使用的。有12篇教学实录采用以教师为主导的讲授法。其中，初中的6篇教学实录存在长篇大论讲授的情况；24篇小学的教学实录中，只有6篇有这种情况。这一时期除讲授法之外，还有 7篇教学实录运用了情境教学法，6篇教学实录鼓励学生自学，4篇教学实录运用了游戏法，3篇教学实录运用了导读法，1篇教学实录运用了讨论法，详见表1-9。

表 1-9 教学方法统计表

序号	教学方法			教学实录（篇）
1	讲授法	长篇大论（12篇）	小学（6篇）	30
			初中（6篇）	
		练习（30篇）		
		讲与读结合（26篇）		
2	情境教学法			7
3	自学			6
4	游戏法			4
5	导读法			3
6	讨论法			1

（一）以讲授法为主的语文课堂教学

受苏联教育教学理论和观念的影响，我国语文课堂教学呈现出以教师为主导的教学关系。"教师主导作用"的正式文字表述是在1932年8月25日苏联的联共（布）中央委员会通过的《关于中小学教学大纲和教学制度的决定》中，"在学校的一切教育工作中，绝对保证教师的领导作用"。这种教师发挥主导作用的模式，在苏联不但是一种理论，而且是一种被法定化了的理论①。中华人民共和国成立初期，凯洛夫的《教育学》广泛应用于我国中小学教学，因此"教师主导作用"成为中小学教学的基本形式。虽然改革开放初期有人怀疑过教师在课堂中的绝对主导作用，但迫于现实并未能打破这一现状。在课堂教学中，教学目标由教师设定，教学方法由教师选择，教学进程由教师控制，教学评价由教师开展，可以说，课堂教学中的很多方面主要由教师决定和负责。在1978年《乌鸦喝水》的教学设计中，基本上每一课时都通过谈话、范读、教学生字

---

① 王策三. 1983. 论教师的主导作用和学生的主体地位. 北京师范大学学报（社会科学版），(6)：70-76.

词、老师领读课文、让学生自己练习读课文、指名试读课文、布置作业等一系列环节开展教学。①在整个语文教学设计中，教师的主导作用得以展现，教师处于课堂的中心地位，控制着课堂的走向，主导着整节课的教学内容。学生在整个教学设计中处于被动的地位，教师让做什么就做什么，其主体性体现得较少，缺乏独立思考和分析。由于教师在课堂教学中起主导作用，教师对课堂的控制力过于强大，语文课堂教学的模式和环节比较固定，基本上遵循"复习—导入—授新—练习—作业"的固定化教学模式进行。这一时期教师对主导作用的理解和贯彻有些僵化，将自身发挥主导作用看作静止的，呈现出以讲授为主导的单向传递的教学方式，精讲多练，几乎每题必讲。②这一时期的讲授法呈现出精讲多练、讲读练相结合的特征。

1. 精讲多练

改革开放初期，语文课堂教学实践中的教学方法以讲授法为主，且重视教师的主导作用，精讲多练。张棣华在《反对烦琐哲学 坚持精讲多练——语文教学中的一点体会》一文中提到："教学内容首先要少而精。教学内容精简的目的，是为了让学生多练点。通过大量的练习、复习，使学生掌握和运用已经学得的知识，提高语文水平。"③韩新光在《文言文教学之我见》中提到："教师要努力把文章讲得更精更透，调动学生的学习积极性，指导学生多读、多写、多实践，一句话，就是精讲多练。"④邢永庆提出，语文课堂教学的"精讲多练"是语文教学规律之一。⑤他在《试谈语文课的精讲》一文中提到："语文课的精讲与多练是相辅相成的，但精讲是首要的，它是多练的前提与基础。因此，如何精讲，是很有必要研究的。"⑥在此基础上，邢永庆以《孔乙己》《纪念刘和珍君》《狱中杂记》《一件珍贵的衬衫》《白杨礼赞》等课文的教学实例为依托，提出"少而精、讲求实效，打破程式、因课而异，精讲、少讲"等精讲多练的教学原则。邢永庆认为，"只有讲得精，学生才能得其要受其益，课堂上才能腾出更多的时间来练习，并使练习减少盲目性，通过多练才能充分发挥学生学习的主动性、积极性，巩固与深化学生所学的知识，进而把一些知识转化成为技能技巧，培养学生敢于

---

① 单少华．1978．《乌鸦喝水》教学简案．安徽教育，（10）：30-32.
② 王策三．1983．论教师的主导作用和学生的主体地位．北京师范大学学报（社会科学版），（6）：70-76.
③ 张棣华．1977．反对烦琐哲学 坚持精讲多练——语文教学中的一点体会．人民教育，（3）：47-49.
④ 韩新光．1978．文言文教学之我见．天津教育，（6）：26-28.
⑤ 邢永庆．1980．我对语文教学精讲多练的认识．天津教育，（4）：29-30.
⑥ 邢永庆．1979．试谈语文课的精讲．天津教育，（6）：21.

探索、大胆创新的精神"①。常淑敏在《注意字词教学的精讲多练》一文中提到："字词教学中，也要善于抓重点，攻关键，精讲多练，讲练结合，做到精讲多练，在很大程度上取决于选择的重点准确，确定的练习题质量高，讲练内容有针对性。"②

2. 讲读练相结合

1977—1984年的多篇教案和教学设计十分重视练习环节，注重通过练习巩固知识，将讲读练进行结合。我们搜集到的多篇教案和教学设计中均包含练习环节，如刘中语在《讲读练——语文教学札记》中提出，讲、读、练是语文教学密切相连的三项主要工作，运用得好，对于提高教学质量是很有意义的。讲，首先要根据课文具体要求确定讲什么，怎么讲，先讲什么，后讲什么；读，任何一篇课文，必须指导学生读；练，造句、写作都是一种技能，凡是技能，就得练，不练是决不能掌握的。③张大林在《谈古典诗词教学》中提到："教师还应在课堂上采用讲读结合的方法，反复指导同学正确地朗读，直到能独立地正确朗读为止。"④张树林在阅读教学中设计了"预习、阅读、练习"3个步骤相结合的阅读教学过程，在每篇课文的第一课时，安排学生按照预习提纲进行自学，并按照教师给的思考题认真阅读课文，了解文章结构，让教师了解学生的阅读能力。例如，对于《开国大典》一课，教师拟订了如下问题：①文章从哪儿到哪儿介绍了开国大典的时间、地点、参加人员？②文章哪一部分介绍了会场的布置情况？③文章哪一部分写了群众入场的情况？④文章从哪儿到哪儿记叙了开国大典的盛况？把大典的过程按顺序写出来。⑤从而使教师了解学生的能力和存在的问题。在阅读课上，教师应充分发挥指导作用，讲清字词语句，讲清课文内容，同时进行读的训练，使学生逐步学会看书和作文，帮助学生弄懂、弄清表现课文中心内容的重点词语，为理解课文打好基础。例如，在讲"各抒己见"一词时，先让学生查"抒"字怎么讲，再启发他们理解"己"和"见"的意思，然后连起来理解词义。通过这样抠字学词，学生对词理解得更加透彻，记得牢。

3. "读读、议议、讲讲、练练"八字教法实验

在这一时期教师主导的固化教学模式下，主要的教学方法是讲授法，但在语

① 邢永庆. 1980. 我对语文教学精讲多练的认识. 天津教育，(4)：29-30.
② 常淑敏. 1980. 注意字词教学的精讲多练. 天津教育，(3)：48.
③ 刘中语. 1978. 讲读练——语文教学札记. 安徽教育，(3)：28，45.
④ 张大林. 1978. 谈古典诗词教学. 天津教育，(12)：22-23.
⑤ 张树林. 1979. 小学高年级阅读教学改革初探. 天津教育，(4)：22-24.

文课堂教学实践中，教师也依据文体、学生等情况对讲授法进行了一些改良，如注重精简内容、强调多练的精讲多练。在语文教学改革实验中，一些学校和教师在讲授法的基础上进行了一些教学实验，如上海市育才中学进行了"读读、议议、讲讲、练练"八字教法实验。上海市育才中学在教学改革中，摸索出"读读、议议、讲讲、练练"八字教学法，该法可以被应用于多个学科。在语文教学中，该法主要被应用于阅读教学。读读是基础，议议是关键，练练是应用，讲讲贯穿始终。读读时有讲，议议时更有讲，练练时少不了讲。最重要的是教师要根据学生读、议、练中产生的问题，有的放矢、画龙点睛地讲。[①]

上海市育才中学的"读读、议议、讲讲、练练"八字教法实验将读、议、讲、练结合起来进行教学法的改革，在不否定教师主导作用的前提下，更加关注学生的学，注重调动学生的主动性和积极性，较大限度地启发学生的思维，培养他们多方面的能力，从而提高各科的教学质量。在这一时期，教与学的关系仍为"教师主导"，但教师也意识到没有学生主体地位的保障，教师的主导作用不能完全得到发挥。在课堂教学实践中，教师也越来越关注学生的主体地位，一些教师进行了教师主导、学生主体的教学方法改革，如钱梦龙提出的"三主四式语文导读法"[②]。

（二）百花齐放的教学方法探索

1. 情境教学法

自1978年起，李吉林将外语教学中的情境教学法引入语文教学中。情境教学法通过展现生活的情境，以"物"激"情"、以"情"发"辞"、以"辞"促"思"，在提高学生作文写作能力的同时，提高学生的审美情趣，促进学生的整体发展。1982年提出的"情境教育"基本上是通过3个途径来实现的，即课外活动、跨学科的"大单元教育"以及野外活动。李吉林老师在《海底世界》的教学设计中，第一课时导入新课，自学《人类的秘密仓库》《海底的冷灯》，范读《海底世界》，创设问题情境，讲读课文第一、二、三段；第二课时讲读课文第四、五、六段，综合学习《人类的秘密仓库》。在第一课时中，李吉林老师利用地球仪创设情境，让学生想象海的深，想象把珠穆朗玛峰放到海洋最深的地方去；在

---

① 张冠涛. 1984. 端正教育思想 改革教学方法——介绍"读读、议议、练练、讲讲"八字教法. 人民教育，（6）：13-15.

② 何之. 1984. 钱梦龙"三主四式语文导读法"简介. 江苏教育，（11）：21-22.

认识海底世界的教学中，李吉林老师再次出示"蓝色的大海"图画以创设情境，引导学生说出形容这一情境的词语。①在教学过程中，李吉林老师补充《海底的冷灯》《人类的秘密仓库》课外阅读材料，提供了地球仪、大海的图画，以利于创设海底世界的教学情境。

卓印环在诗歌的教学中，也借助意境的描绘对诗歌的思想内容进行了分析，如在分析《琵琶行》中的"钿头银篦击节碎，血色罗裙翻酒污"两句之前，进行形象补充和意境描绘：琵琶女在青春年少的时候既有如花之貌，又有超群的弹技。她风靡一时，拥有广大的听众，一些贵家子弟更是争着向她赠送贵重的礼品以取得她的欢心。每当弹完一支曲子，她便可以得到无数匹丝绸的报酬。这样一来，她就渐渐积攒下不少财富，从而在生活上逐渐阔绰起来了。教师做这样的形象补充和意境描绘，使学生容易体会出诗词的思想内涵。②

2. 三主四式语文导读法

教师的主导作用要与学生的主体地位相一致，教师的"教"是为了学生的"学"，没有学生的主体作用，就无法发挥教师的主导作用。③在语文课堂教学实践中，"主导主体说"出现较早，钱梦龙在其语文教学实践中对"讲读"式的语文教学进行了反思，自编了谈语文教学的小册子——《语文导读法探索》。"导"，指教师的启发引导、因势利导，体现了教师的主导作用，也规定了教师在语文教学过程中的主要活动方式是"导"，而不是灌输式的"讲"；"读"，指学生的阅读实践，是学生在教师指导下独立进行的一种特殊形式的认识活动和能力训练。"导"和"读"的结合，体现了教师的主导作用和学生的主体地位的辩证统一④，也叫"三主四式语文导读法"。"三主"就是"学生为主体""教师为主导""训练为主线"。"三主"比较集中地反映了钱梦龙语文教学的指导思想和基本观点："学生的学习过程实际上是一个在教师的指导下去认识规律的过程"，"要学生完成这个认识过程，实现认识的质的飞跃，教师可以辅导，可以讲解，可以为学生认识的飞跃创造种种条件（外因），但学生认识过程的完成，教师不必代劳，也无法代劳"。"四式"就是"自读"、"教读"、"练习"（又叫"作业"）、"复读"这4种课堂教学的基本组织形式。⑤

---

① 吴忠豪. 2007. 1978—2005语文教育研究大系·小学教学卷. 上海：上海教育出版社，100-109.
② 卓印环. 1982. 怎样分析诗歌的思想内容. 天津教育，(3)：27-29.
③ 王策三. 1983. 论教师的主导作用和学生的主体地位. 北京师范大学学报（社会科学版），(6)：70-76.
④ 钱梦龙. 1989. 语文导读法的理论设计和结构模式（上）. 课程·教材·教法，(12)：12-17.
⑤ 何之. 1984. 钱梦龙"三主四式语文导读法"简介. 江苏教育，(11)：21-22.

3. 小学作文分格训练法

安徽省蚌埠市的杨琦为了提高小作文教学质量，提高学生的小作文能力，进行了小作文的分格训练法实验。该实验从分格作文的内容和方法两方面展开。分格作文的内容主要基于声音、动作、形态、味道、颜色、感情6个"零件"，要求学生掌握写人格、记事格、景物格、章法格、形式格五大格。分格作文的具体方法包括由仿到写、结合课文进行重点读与写项目训练，以格为单位改变作文课的结构，抓好讲、议、练、评以及开展综合训练的素描活动。①

（三）识字教学法的继承与发展

1. 重拾"集中识字"教学法

"集中识字"教学法最早是辽宁省黑山县北关实验学校于1958年开展的教学实验，实验采取先识字、后读书的集中识字方法②，后发展为"集中识字—大量阅读—提早写作"的识字教学法③。北京景山学校从1960年开始进行"集中识字"教学法实验。④这两所学校都自编了"集中识字"教材，并在全国范围内得到推广。在恢复教学的改革开放初期，由于学生基础较差，一些学校借鉴黑山县北关实验学校和北京景山学校的"集中识字"方法来加强学生的基础。例如，常州市师范学校常州市博爱路小学⑤、河北省涿鹿县保岱小学⑥、天津市鞍山道小学和天津市成都道小学⑦、江西省吉安市育新小学⑧、江西省会昌小学⑨、上海市高安路第一小学⑩、福建师范大学附属小学⑪等学校借鉴上述两所学校的经验，开展了"集中识字"教学实验。

此外，浙江省温岭县（现温岭市）东方红小学和新河小学在1979年下半年

① 杨琦. 1982. 小作文分格训练法介绍. 天津教育，(3)：34-35.
② 石鸥. 2015. 新中国中小学教科书图文史·语文. 广州：广东教育出版社，156.
③ 黑山县北关实验学校. 1979. 向大家汇报我们的集中识字试验. 人民教育，(9)：31-32.
④ 刘曼华. 2010. 北京景山学校集中识字试验五十年. 江苏教育（小学教学版），(4)：11-13.
⑤ 郭惜珍，张韵圻，张七中. 1979. 我们进行了集中识字实验. 人民教育，(3)：44-46. 博爱路小学现更名为博爱小学.
⑥ 河北省涿鹿县文教局教研室. 1980. 我县开展集中识字教学试验的情况. 人民教育，(4)：42-43. 涿鹿县保岱小学现更名为涿鹿县保岱学区九年一贯制学校.
⑦ 天津市鞍山道小学，天津师范学院教育教研室，天津市成都道小学等. 1980. 两所小学集中识字的教学试验. 人民教育，(4)：41-42.
⑧ 杨扶兰. 1981. 集中识字初试. 江西教育，(6)：40.
⑨ 周国华. 1981. 集中识字实验点滴. 江西教育，(2)：10-12.
⑩ 金蕴玉，杨光熙，冯健. 1982. 小学低年级集中识字与阅读教学实验汇报. 小学教学研究，(1)：13-15.
⑪ 陈守钦. 1984. 集中识字实验两年回顾. 福建师范大学学报（哲学社会科学版），(2)：136-142.

进行了"集中识字和分散识字"的对比实验，集中识字分别采用北京景山学校一年级识字课本和黑山县北关实验学校一年级语文课本，结果发现，集中识字有利于加快拼音教学，还有利于指导学生书写，教师可以比较系统地把汉字间架结构的知识教给学生，使学生写出来的铅笔字美观大方。[①]

2. 开展"注音识字，提前读写"实验

黑龙江省从1982年下半年起，在中国文字改革委员会的支持和全国高等院校文字改革学会的协助下，选择了佳木斯、拜泉、讷河3个市（县）的3所小学共6个班级进行了"注音识字，提前读写"的语文教学改革实验。[②]此次改革的基本设想是以学好用好汉语拼音为前提条件，寓识汉字于学汉语之中，在儿童入学后不识字或识字不多的情况下，采取依靠拼音，使阅读和写作提前起步，达到发展语言、开发智力、培养能力的目的。[③]

黑龙江省进行的"注音识字，提前读写"的语文教学改革实验从目标到教材再到教学步骤，均进行了精心设计，其实验报告中对实验的目标和教学的具体要求做了详细介绍，提出实验的目标是，拟用三年的时间进行听、说、读、写的全面训练，基本上完成教育部颁布的《全日制十年制学校小学语文教学大纲（试行草案）》规定的读写任务，但是识字和写字只要求达到或高于同年级（普通三年级）的实际水平。教学的具体要求包括7个方面：①熟练地掌握汉语拼音。能高效率地用它识字、阅读、写作和学习普通话。②学会常用汉字2500个左右；会用铅笔和钢笔写字；学写行书字和毛笔字。③学会查字典和词典，养成使用工具书的习惯。④养成听话、说话的正确态度和具有听话、说话的基本功。⑤能读懂适合少年儿童阅读的书报和文艺作品，理解主要内容，有一定的分析概括能力。⑥养成课前独立阅读的兴趣，结合课内教学全面培养学生的通读、选读、精读、略读和速读的能力。⑦能写简短的记叙文、说明文和日记、书信等常用的应用文，做到思想健康，中心明确，内容具体，条理清楚，语句通顺，书写工整，注意不写错别字（不会写的字先用拼音代替，再查字典补上），会用常用的标点符号。[④]该实验设计了阅读、课外阅读、写

---

① 李卫民. 1981. 关于进行集中识字和分散识字对比试验的报告. 小学教学研究，(6): 6-7, 9.

② 丁义诚. 1983. "注音识字，提前读写"实验的第一年. 文字改革，(12): 10-13.

③ 丁义诚，李楠，包全恩等. 1984. 为四化育人为未来奠基——黑龙江省"注音识字，提前读写"实验情况报告. 人民教育，(9): 7-9.

④ 黑龙江省教育厅小学语文实验领导小组. 1983. "注音识字，提前读写"小学语文教学改革实验方案（试行草案）. 文字改革，(12): 13-18.

字、普通话说话课4种教材，并进行了学时分配：在教育部颁发的教学计划规定的各年级语文课教学时间内，每周两节写字课和一节普通话说话课，其余为阅读课和写作课，教学要点见图1-2。

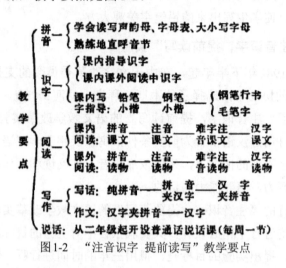

图1-2 "注音识字 提前读写"教学要点

3. 采用启发法进行识字教学

1980年版小学语文教学大纲中提倡：废止注入式，采用启发式。①启发式教学在于发挥学生的主动精神。教师要善于调动学生学习的积极性和自觉性，启发学生开动脑筋，分析问题，解决问题。杜蕴珍老师将启发法融入识字教学中，提高了识字教学的效率和质量。在《小壁虎借尾巴》教学实录中，杜蕴珍老师在第一课时的流程是：谜语导入、学习字词—练习质疑、自主识字—朗读课文、整体感知。第二课时的流程是：精读课文、理解词句—语言训练、读书故事—熟读课文、拓展练习。杜蕴珍启发、引导有序②，在了解学生需要和兴趣的基础上，调动学生的积极性和主动性，通过对学生听、看、读、写、用等活动的指导，使其掌握字的音、形、义。但限于当时的历史时期，彼时的启发式教学方法的着眼点是以转变学生思想为目的，以掌握字词为落脚点。杜蕴珍在教"学习"这个词时，使学生懂得学习什么、为谁学习和怎样学习。杜蕴珍在教《愚公移山》时，通过对"愚"与"智"的讲解，使学生懂得劳动人民更聪明，而那些不劳动的人较愚蠢。在《大寨人民斗志昂》一课的生字教学中，杜蕴珍在学生回答的基础

① 课程教材研究所. 1999. 20世纪中国中小学课程标准·教学大纲汇编：语文卷. 北京：人民教育出版社，190.

② 吴忠豪. 2007. 1978—2005语文教育研究大系·小学教学卷. 上海：上海教育出版社，49-58.

上，启发学生思考为什么能变、怎样才能变、靠什么去变，通过层层启发让学生掌握生字。此时的启发式教学以教师为主导。杜蕴珍在《在识字教学中如何运用启发式》中提到，在教与学这一对矛盾中，教师起着主导作用，教师的主导作用应当体现在调动学生学习的积极性和主动性，培养他们分析问题和解决问题的能力上。杜蕴珍提到，要在遵循学生和知识本身规律的基础上进行启发，"由浅入深，由易到难，由具体到抽象，在帮助学生理解上下功夫。如识字，要先教独体字，再教由独体字做偏旁的合体字"[①]。内蒙古呼和浩特市第七中学赵际华在《一个启发式教学的小故事》一文中，由"宇"（上、下、左、右所有的空间）和"宙"（所有的时间）两个字引出对"宇宙"含义的追寻，进而提出宇宙代表着小至基本粒子以下的微观世界；大到包括我们生活在其上的地球以及太阳系、银河系等宏观世界；宇宙就是无限大的、无止境的整个空间和无始无终，永恒存在的整个时间。[②]

（四）D小学教师的阅读教学方法

课题组搜集了D小学4位特级教师的阅读和写作教学资料。[③]4位教师的阅读教学方法既有共性，又有各自的侧重点。

1. 划分段落，理清作者思路

划分段落即分段，是把课文中的有关段落或内容按一定的方式组合在一起，形成逻辑段落或意义段落。分段的基本要求是能够展现出作者的写作思路，能够体现出课文的行文脉络，便于学生在阅读过程中把握作者写作的构思顺序和写作步骤，进一步明晰写作意图。在《再见了，亲人》一课的教学中，教师先引导学生将课文分出3个逻辑段，在此基础上引导学生通过思考和朗读，把第一段划成两层，如可以提出这样的问题：第一段分几层？从哪儿到哪儿写大娘送别的情景？哪部分是写志愿军回忆八年来这位朝鲜妈妈给志愿军慈母般的温暖？

2. 梳理文本整体结构，理解重点段落及层次

同样是引导学生对课文进行分段和分层，X老师则是先从整体入手，再将课

---

① 杜蕴珍. 1977. 在识字教学中如何运用启发式. 天津教育，（8）：36-38.

② 赵际华. 1977. 一个启发式教学的小故事. 人民教育，（3）：64.

③ 孙世梅. 2018. 小学语文教师教学价值取向研究——以F小学20世纪80年代四位特级教师为个案. 东北师范大学博士学位论文：81-84.

文理解的重点放在重点段落及层次上。在教学中，X老师通过读引导学生了解整篇课文结构，从三年级学生实际出发，先出示段意或段落提纲，让学生自己去分段，再组织学生按段朗读。在分法上，学生可以针对不同意见进行辩论，教师最后加以总结。这样做既可以让学生通过读来了解全文结构，也可以让学生在掌握段意的同时进行分段训练。例如，在《第一次跳伞》这一课中，X老师要求学生按"准备跳—跳下—伞张开—着陆"的顺序去分段；在第五册的《雨》这一课中，X老师要求学生按"雨前、雨中、雨后"的顺序去分段。

通过分段，学生既要理解主要内容，也要了解文章结构。分段便于学生了解段与段之间的关联，分段的过程可以让文章作者的行文思路得以外显。X老师在阅读教学中采用这种突出重点、提纲挈领的教学方法，引导学生从整体的视角了解篇章结构，并将课文分析的重点放在重点段落及层次上，教学重点突出，学生也更容易归纳课文的中心思想。

在一般的课文中，重点段落是文章的中心所在，也是文章写得最具体的地方。X老师也常常引导学生通过细读理清重点段落的层次：

> 《第一次跳伞》一课，跳伞这一段是全文的重点段落，我提示学生照书后问题的要求，按"准备跳—跳下—伞张开—着陆"4步来划分。学生边默读边思考，并用笔在书上直接进行划分。之后我让学生按步朗读，学生能大致说出每步写的什么内容。久而久之，在这样的训练下，即使是面对部分重点自然段较多的文章，学生也能在教师的帮助下，通过自己读和想，深入地理解文章层次。

> （X老师访谈）

3. 分段、分层，逐级分析课文

L老师在具体的阅读教学实践中，也特别注重引导学生对课文进行分段、分层。将课文分出段落层级，按照划分的段落层级进行逐一分析，是L老师在阅读教学中比较鲜明的做法。

> 第一步，检查段落划分情况。本文有两种分法：一是按先概括介绍、后具体举例的方法分为两段，再把第二段按地点和内容的不同分为两大层；二是全文分三段，即把第二段的两层看作两段。现行参考书就是这样划分的。但个人认为第一种分法较好。

第二步，默读第一层，画出表示彭总感情变化的四处语句，想一想彭总为什么会这样。这四处：彭总的脸色有些不好看了；就再也忍不住了；彭总电闪雷鸣地发作了；彭总压住了火，声音轻了，批评的分量可更重了。

第三步，在指导朗读中重点理解第二层。朗读"道歉"一节要突出诚恳，朗读"教育团长"一节要突出真诚的关怀。这层的要点是彭总的语言和动作，表现出了彭总对下级、对同志的严格要求和真诚帮助，勇于自我批评，襟怀坦白。

第四步，布置作业，整理笔记。概括文章主要内容，写出段意、层意。

（L老师《在炮兵阵地上》手写教案选摘）

4. 分段、分层，了解句子之间的排列关系

文章的段落有时内容较多，表达了多层意思，这时不仅需要分段，而且需要段中分层，以理清段中的层次关系。在给某一段分层时，要一句一句地读课文，以把握住句子的大体意思，并注意语意有变化的句子，以判断层次。S老师将阅读教学的重点放在引导学生对课文进行分段、分层上，之后让学生发现段落与层次中各个句子之间的排列规律。

在《一个降落伞包》一文中有这样一段话："突然飞机遇到一股强烈的寒流，机翼和螺旋桨上都结了冰，越结越厚。不一会儿机身也蒙上了一层厚厚的冰甲。飞机像冻僵了似的沉甸甸地不断往下坠，飞机失去了平衡，眼看着就要撞上山尖了，情况十分严重。"我先让学生理解这4个句子的主要意思：①螺旋桨因遇寒流结冰；②机身蒙冰甲；③飞机下坠；④机身丧失平衡。在此基础上，我让学生讨论一下这4句话是否可以调整顺序。在分析和比较的过程中，学生逐渐体会到了这4个句子的逻辑顺序，它们之间存在着因果关系，如果调整4个句子的顺序，就会违背事物客观发展的逻辑性。

（S老师报告文稿选摘）

从S老师这段教学反思中可以看出，他在阅读教学中有意识地引导学生理解课文中句子之间的关系，理解句子之间排列的逻辑顺序。句子是语篇中最基本的语言单位，教师自觉地引导学生关注一个段落中的几个句子是怎样建立起关联的，学生通过对4个句子的理解，分析句子之间的逻辑因果关系，进而认识客观事物发展的规律和顺序。

第五节 中小学语文课堂教学环境与教学手段

随着科学技术的发展，幻灯、投影、电影、录音、录像、广播、电视、语言实验室等新技术越来越多地应用到教学中。再加上电子计算机、卫星通信技术等，形成一套完整的现代化教学手段。[①]在教学恢复时期，受限于当时的经济因素，语文教学环境和手段主要以传统的桌椅、黑板和粉笔为主，在教学组织形式上以班级授课制为主。改革开放初期大量存在复式教学，班级座位安排主要为秧田式，教学手段除传统的黑板、粉笔之外，辅之以挂图、实物等教学用具，并开始使用幻灯、录音等现代化教学工具。由于这一时期语文教师非常重视通过传统手段激发学生的兴趣，教师的板书设计显得精细，板书显得美观。

一、秧田式的教室布局

改革开放初期的教室中主要以桌、椅、讲台、黑板作为教室物理环境的主体。桌、椅的摆放呈秧田式，讲台居于桌、椅的正前方。在这种物理环境中，讲台和黑板处于教室的绝对中心位置。农村中小学校的桌椅更为简陋一些，且多以双人桌椅为主，无论是城市的中小学还是农村的中小学，大都以这种布局为主（图1-3[②]）。除这4种主要布置外，教室中一般还会挂毛主席、周总理等领导人的画像等。

图1-3　20世纪70—80年代教室图片

① 杨名甲. 1978. 教学手段现代化. 人民教育，（10）：58-62.

② 人民摄影. 2017-07-07. 经典重现：任曙林《八十年代中学生》. https://www.sohu.com/a/155285679_194255. [2022-04-16]；健康老人. 2019-09-25. 一组老照片，还原80年代真实的中国！https://www.sohu.com/a/343190831_441266. [2022-04-16].

二、静态的教学媒介与手段

在这一时期，教学手段上出现了电视、录音机等音频、视频媒介。在中小学语文教学中，语文课堂教学仍以挂图、字卡等实物教具为主。孔祥树在《语文课的组织教学》中提到，其在语文教学中，常用直观的东西去吸引学生的注意力，并提到语文课的直观教具有两种：一是图像直观；二是语言直观。教师通过直观的教具吸引学生的注意力，培养学生认真读书的好习惯，从而促进教学质量的提高。[①]

（一）静态的直观实物教具

这一时期的语文课堂教学教具，除了常用的挂图、字卡、小黑板等，还有一些结合所讲内容起到辅助作用的日常用品等具体实物，如鱼缸、铅笔盒、羽毛、钢丝等。例如，靳家彦在《翠鸟》一课的词语教学中，为了使教学更符合儿童的年龄特点，采用多种方法进行教学，如用实物（学"羽毛"一词时出示一个非常漂亮的浅绿色的大羽毛）、挂图（学生未见过翠鸟，画一幅彩色挂图让学生观察）、动作演示和结合上下文理解词意等。[②]在《吃水不忘挖井人》教案中，平山道小学的李云老师准备了字卡和小黑板作为实物教具，通过直观形象的展示和演示，吸引学生的注意力以辅助教学。[③]张经纹老师在一节听说训练课中，为了让学生更好地说出事物的特征，用实物（文具盒）进行演示，并要求学生仔细看、专心听、认真说，按照教师拿东西的先后顺序和说话的前后次序进行描述。[④]张金媛在"教学生记忆字形时，常常采用语言直观和实物直观相结合的形式进行"，如在学习汉字的基本笔画（横折、竖弯钩、横折折撇、竖折折钩）时，教师为了更加直观地纠正学生的错误，便用一根带色的硬电线在课堂上依次折曲、演示，让学生看到这些笔画虽拐了好几个弯，但仍还是一笔。[⑤]

在《小壁虎借尾巴》教学中，教师利用壁虎的图片，引出壁虎是一种爬行动物，并介绍壁虎的特征，即身体是扁平的，尾巴是圆的，四肢短，趾上有吸盘，可附在墙壁上爬，并说明壁虎吃蚊、蝇、蛾等小昆虫，对人类有益。在图片的帮助下，教师在介绍壁虎的同时，引出了课题《小壁虎借尾巴》。[⑥]在《颗粒归公》

① 孔祥树. 1983. 语文课的组织教学. 四川教育, （1）：23.
② 靳家彦. 1979.《翠鸟》一课的教学体会. 天津教育, （12）：18-19.
③ 李云. 1977. 吃水不忘挖井人. 天津教育, （9）：33-37.
④ 张经纹. 1984. 一节听说训练课实录. 四川教育, （11）：21-22.
⑤ 张金媛. 1983. 形象化识字教学举隅. 天津教育, （4）：36.
⑥ 吴忠豪. 2007. 1978—2005语文教育研究大系·小学教学卷. 上海：上海教育出版社, 40-48.

教学一开始，教师就呈现了一个用泥捏的少数民族人民打鼓的塑像，在吸引学生注意力的同时，引入字词"捏""塑像"的读音，并进行解释，接着又出示了"泥人张"的挂图，并讲解"泥人张"，由此导入课题《颗粒归公》。[①]

（二）静态的电光媒体——幻灯

幻灯在小学语文教学中的应用可以使得教学情境更加逼真，使学生对事物的认识更加直观。酉阳龙潭小学使用幻灯教学来改进小学语文教学，如有老师在讲授《桥》一课时，制作了南京长江大桥的彩色幻灯片。在《雨送盲人》一课教学中，有的语文教师首先让学生观察幻灯投影，再在观察的基础上发挥想象，积极思维，然后作文。[②]

《使用幻灯改进小学语文教学》节选

语文教学中，使用幻灯手段，可以更好地培养学生的观察力和想象力，较好地贯彻精讲多练的教学原则，缩短教学时间，提高教学效率。

利用幻灯培养观察力

人们认识世界、改造世界首先从观察入手。培养学生的观察力是发展学生智能的基础。我们结合教学内容，经常用色彩鲜艳、形象生动的幻灯投影，指导学生观察。

在讲《桥》一课时，我们制作了南京长江大桥的彩色幻灯片。针对小学生观察事物比较笼统、不精确、时间和空间概念比较模糊的特点，提出问题，引导学生重点观察。

教师：作者在远处看大桥有什么总的感觉？桥下有些什么？桥分几层？各层有些什么？

学生：往远处看，大桥在明媚的阳光下，十分壮丽。桥下有九个桥墩，正桥连接二十二孔引桥。正桥分两层，下面一层是火车道，铺着双轨；上面一层是公路。公路两旁是人行道，公路上车辆穿梭，人行道上行人来往。

再提问：作者走在正桥人行道上，看到桥头堡上有什么？远处江面上又有什么？

---

① 吴忠豪. 2007. 1978—2005语文教育研究大系·小学教学卷. 上海：上海教育出版社，3-18.
② 酉阳龙潭小学. 1982. 使用幻灯改进小学语文教学. 四川教育，（11）：25-26.

学生仔细观察后，一一回答。

这样，在教师的指导下，由远及近、由下至上，再由上而下、由近到远地进行观察，对南京长江大桥留下比较深刻的印象。既培养了学生变换观察点、按位置顺序对事物进行细致观察的能力，又使学生初步懂得了有条理、有层次地描述的方法。

利用幻灯发展想象力

人类的发明，科学的发展，艺术品的创作，都离不开想象。发展学生的想象力对他们现在的学习以及将来的工作，都有十分重要的意义。小学生的想象表现出十分明显的活泼性和具体性。在看图作文的教学中，把幻灯片提供的感性材料与生活中所积累的材料结合起来，既能激发学生写作热情，开拓习作主题，又能发展想象能力。

如《雨送盲人》一课，教材要求看图写一篇有时间、地点、人物及人物的言谈、神态、思想活动的短文。我们首先让学生观察幻灯投影：大雨茫茫，野外，两个少先队员扶着一个盲人艰难地行走。教师再提示：图上的人物在想些什么？说些什么？做些什么？促使学生在观察的基础上发挥想象，积极思维，然后作文。多数学生在 20 分钟左右完成了作业。最快的只用了 10 分钟。一个学生的作文这样写道：

"盲人伯伯笑容满面。想到两个孩子在老师的辛勤教育和培养下，学雷锋做好事，心里热乎乎的，真激动。男队员想：盲人伯伯行动困难，我是一个少先队员，经常受到党和老师的教育，应该做到'五讲四美'，尊敬师长，助人为乐，护送盲人伯伯回家。女队员想，男同学扶盲人伯伯在雨地里行走，是学雷锋做好事的高尚行为，我应向他学习：把盲人伯伯送回家去。"

另一个学生写道："两个少先队员在雷锋精神鼓舞下做好事，男队员扶着盲人伯伯，女队员打伞，不怕下雨路滑，一同护送伯伯回家。"

从习作中可以看出，学生思路开阔，想象很丰富。如果没有直观生动、感染力强的幻灯片激发学生的想象力，是难以收到这样的效果的。

斯霞在20世纪70年代末进行的《小小的船》诗歌教学中，为了使学生理解什么是打比方，放出画面上有一个小朋友坐在弯弯的月儿上的幻灯。教师没有讲什么是比喻，也没有讲比喻的相关知识，而是让学生通过看幻灯明白，这样的月儿是弯弯的，这个小朋友坐在月亮上，把月亮当小船。①

　　除配套的幻灯片和教师制作的幻灯片外，幻灯还可以在语文教学中的作文批改环节使用。例如，重庆市第八中学的陈秉文在作文教学中，用幻灯放映出学生作文的某一部分（开头或结尾），让师生共同批改（图1-4）。②视、听结合提高了教师作文教学的效率和质量。

开头：

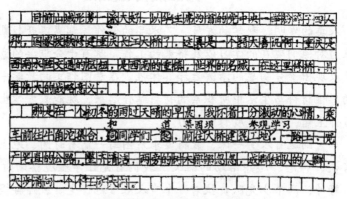

图1-4　利用幻灯批改作业示例节选

（三）静态的板书设计

　　教师的板书是这一时期语文教学中非常重要的手段，且在设计上较为精细，能够反映出课文的内容，并能在一定程度上起到吸引学生注意力和提纲挈领的作用。例如，翟京华在《鱼游到了纸上》的教学实录中设计了如图1-5所示的板书，仿佛真的有鱼在纸上游，还将内容设计于鱼身之上，富有童趣，同时又加深了学生对课文内容的印象。③

图1-5　《鱼游到了纸上》板书

　　① 吴忠豪. 2007. 1978—2005语文教育研究大系·小学教学卷. 上海：上海教育出版社，397-409.
　　② 陈秉文. 1980. 用幻灯评改学生作文. 重庆师范大学学报（哲学社会科学版），(1)：87-89.
　　③ 吴忠豪. 2007. 1978—2005语文教育研究大系·小学教学卷. 上海：上海教育出版社，171-185.

　　于永正在教学《草》这一课时，在黑板上画出了"草"的生长样态和被烧后剩下草根的图画，并让学生添加作图来理解草的"春风吹又生"，如图1-6所示。[1]板书设计形象、生动、精致、美观，既能吸引学生的注意力，又能激发学生的兴趣，还能帮助学生理解古诗的含义和意境。

于永正课堂教学实录1
(阅读教学卷)

奥的"枯"和"荣"，变得浅显易懂了。]
师：再看"野火烧不尽"这一句。"烧不尽"就是烧不——
生：(齐声)就是烧不完!
师："尽"就是"完"的意思。这可奇怪了!到了冬天草叶子都冻死了，枯黄了(边说边将"草原图"上的草涂成黄色)，大火一烧(说着又用红笔在草上画上火苗)，用不了多长时间，就会把草烧得干干净净，白居易为什么说烧不尽呢?
(生看图凝思)

生：大火有烧不到的地方。
生：河边上的草烧不完。(笑声)
师：白居易说的"烧不尽"肯定不是这个意思，是什么没烧完?联系下一句想一想。
[评：这一句点拨得好。]
生：地下的草根没烧着。
[评：学生很能动脑筋，说虽然烧着了地上的草，但草根没有烧着，这是老师循循善诱的结果。这叫"会教"。]
师：对呀!草根没烧着，所以说没烧尽!(说完画了下面的图)

师：学到这儿，我想，小朋友一定明白了第四句的意思。(许多小朋友举手)谁能到前边来，把第四句的意思在老师画的画上画出来。
[评：教师教学第四句"春风吹又生"，教学时是利用图画让学生自己画"春风吹又生"的情况，这是一个独特的、意想不到的设计。]
(小朋友看图思考。师请一位举手最高的小朋友到黑板上画。这位小朋友用绿粉笔在地平线上画上了草叶，如图。)

6

《草》教学实录和评析

师：请你把画的意思讲给大家听一听。
生：(指着图)春天来了，春风一吹，小草又长出来了。
师：意思你理解了。不过，大家对这位小朋友的画还有什么意见吗?
生：他画的草太高了。春天来了，草不能一下子长那么高。(众笑)
师：请你来改一改，好吗?
(该生将草叶子擦掉，改为草芽，如下图)

师：说说你画的意思。
生：第二年春天，春风一吹，小草又发芽了。
师：改得有道理。
生：于老师，还有一样东西没画上去。
师：什么东西?
生：春风。
师：你能把春风画下来吗?
生：能!(走到黑板前，用白粉笔在草的上方画上了几条斜线)
师：噢，这就是风!(众笑)可是风看不见呀!想一想，怎样画，能使人感到在刮风。
[评：这就叫循循善诱。]
(该生把线条和草擦掉，又改成下面的样子)

[评：这位小朋友真聪明，风是看不见的，风从左边吹来，草向右边倾斜，这就是逻辑思维与形象思维的结合。]
(听课老师赞叹不已，并为之鼓掌。)

7

图1-6 《草》教学板书片段

　　课题组在分析D小学Y老师的资料时发现，Y老师利用板书引导学生概括中心思想。引导学生根据板书的内容归纳出文章的中心思想，是Y老师常用的方法之一。在《再见了，亲人》一课的阅读教学中，在Y老师的引导下，板书就成了学生概括课文中心思想的有效媒介。[2]

① 于永正. 2014. 于永正课堂教学实录1(阅读教学卷). 北京：教育科学出版社，2-7.
② 孙世梅. 2018. 小学语文教师教学价值取向研究——以F小学20世纪80年代四位特级教师为个案. 东北师范大学博士学位论文，84-85.

再见了，亲人

一、大娘送别亲人

（回忆）送打糕，穿过炮火硝烟　带着　顶着　穿过　送到　昏倒

救伤员，失去唯一小孙孙　丢下　背进

二、小金花送别亲人　（忆）救老王，妈妈壮烈牺牲　向来　刚强

今天　落泪

三、大嫂送别亲人　（忆）挖野菜，身负重伤

四、告别亲人

（Y老师《再见了，亲人》教学板书实录选摘）

Y老师将课文的结构通过板书的方式直观地呈现给学生，引导学生结合板书，运用"写了什么，赞扬了什么"这样的语言归纳概括课文的中心思想。学生通过板书，概括了课文的主要内容，并感受到课文所要表达的思想感情：赞扬了中朝人民用鲜血凝成的伟大友谊。Y老师在阅读教学中，利用板书的有效设计帮助学生理清课文的脉络和结构，聚焦课文的重点，在此基础上引导学生归纳和概括出课文的中心思想，这样的做法增强了学生对课文的理解，也培养了学生的分析、综合能力。

（四）多种静态手段的结合使用

在《太阳、地球、月亮》的教学实录中，王兰运用多种形象直观的教学手段，创设了丰富多彩的教学情境。这一课是看图学词学句，为了更好地完成教学任务，王兰在利用书中图画的基础上，使一年级学生获得初步的空间概念，提高他们认识事物的能力，她还采用了幻灯与实物演示相结合的方法，以激发学生的学习兴趣。[①]在这节课的教学过程中，王兰首先从让学生看幻灯投影的图像入手，分别教了"太阳""地球""月亮"3个词，使学生对这3个星球的形象和特点有了初步认识；接着，又出示了一张表示3个星球关系的幻灯片，让学生比较3个星球的大小；然后，又引导学生从表示3个星球运动的轨道和箭头中获得认识，弄清书中句子的意思。最后，又一边演示"三球仪"，一边形象地讲解3个星球运转的规律、特点。小学生学习知识，发展思维能力，是以一定的具体的感性认识为基础，进而逐步引向抽象思维的。

---

① 吴忠豪. 2007. 1978—2005语文教育研究大系·小学教学卷. 上海：上海教育出版社，20-31.

在本案例中，王兰通过对图画、幻灯和实物演示的运用，使得教学方法与小学生的心理特点和谐一致。学生凭借教师提供的直观形象进行比较、分析、想象、推理，知道了3个星球都在不停地运动，3个星球的大小是相比较而言的，从而获得了空间的概念。

第六节　中小学语文课堂教学评价

课堂教学评价主要是在课堂教学互动过程中、互动过程后，师生之间通过语言的方式进行的带有情感意向的价值判断。在课堂教学的即时性情境中，课堂教学评价具有十分重要的引导、诊断、激励以及管理等功能，起着调节教学活动、调整教学内容的作用。由于课堂教学评价是在情境中发生的瞬时性评价，对于中小学语文课堂教学评价的分析，主要围绕课堂教学中教师和学生的评价语展开。在改革开放初期，教学录像的应用还不够广泛，难以搜索到原版的录像或视频，对于该阶段的教学评价分析主要基于该时期转录的教学实录文字稿。课题组共搜到这一时期的教学实录有30篇。其中，小学一年级有3篇，小学二年级有7篇，小学三年级有5篇，小学四年级有4篇，小学五年级有5篇；初中一年级有2篇，初中二年级有2篇，初中三年级有2篇。

一、基于实录的语文课堂教学评价实践样态

针对这一时期30篇语文课堂教学实录，课题组从评价目的、评价内容、评价主体、评价对象、评价模式5个方面进行具体分析。30篇教学实录共进行教学评价791次。在改革开放初期，课堂教学评价主要围绕教学目标是否达成而展开，评价目的多为诊断性评价，评价主体多为教师，评价对象多针对个人，评价模式多为肯定性评价。

（一）以诊断和激励为主的评价目的

根据评价目的的不同，30篇课堂教学实录可分为5种：管理性评价、激励性评价、引导性评价、诊断性评价和矫正性评价。

管理性评价主要指教师在课堂教学中虽然使用了评价语，但其目的不在于评价本身，而是通过评价实现课堂管理的作用。例如，在《蓝树叶》的教学实录中，在学生轻声读课文之后，教师说："好。上面同学们看拼音已经读了，有的人还查了字典。现在你们可以提出不懂的词语和问题。"①教师虽然使用了评价语"好"以及后面的句子，但其目的在于管理和组织教学。再如，教学中出现的"请坐"等均属于教学管理的目的，而不是真正意义上的评价。

激励性评价是指教师为使学生获得精神上的满足感和成就感而对学生行为做出的一定的正向评价。例如，在《梁生宝买稻种》的教学实录中，学生回答问题后，教师说"说得很好"②即为激励性评价。

引导性评价是指评价一般围绕一定的标准展开，通过判断教学活动与目标之间的"距离"，有意识地向要实现的目标方向引导教学。③课堂教学中的引导性评价主要是教师为实现教学目标而进行的一些富有启发、引导作用的评价，以使教学活动始终与要达成的目标方向保持一致。例如，在《将相和》的教学实录中，在学生回答完蔺相如"机智勇敢"的特点后，教师说："蔺相如机智勇敢，也许能解决，咱们看看蔺相如能不能解决？往下读。"④教师对学生说的"机智勇敢"进行肯定的同时，又引导学生思考蔺相如能不能解决问题，使学生继续读下面的内容。

诊断性评价是好的教学工作的一个基本组成部分。进行诊断性评价，是为了使教学（更好地）适合（于）学习者的需要和背景。⑤课堂教学中的诊断有助于教学的开展，有助于教师对学生学习情况的判断。例如，在《故乡》的教学实录中，当学生回答完"这不是勇敢，这说明闰土是十分活泼的"之后，教师紧接着说："对了，这个地方主要表现出闰土很活泼。"⑥这里，教师在对学生进行肯定的同时，也告诉其他学生这是正确的。

矫正性评价主要是对学生的回答进行修正，以使答案更加正确。例如，在学生读完之后，教师对其读音进行纠正："说鹰爪时读 zhǎo，说野兽的爪子时读 zhuǎ，这是个多音字要注意。"⑦这里，教师对学生的读音进行了纠

① 陈国堰，张清流，许汉. 1982. 小学语文教学课堂纪实、教案选集. 广州：广东人民出版社：61.
② 北京电化教育馆. 1985. 课堂录相选辑 中学语文教学纪实. 北京：北京师范大学出版社：4.
③ 裴娣娜. 2007. 教学论. 北京：教育科学出版社：292.
④ 陈国堰，张清流，许汉. 1982. 小学语文教学课堂纪实、教案选集. 广州：广东人民出版社：256.
⑤ 裴娣娜. 2007. 教学论. 北京：教育科学出版社：292.
⑥ 北京电化教育馆. 1985. 课堂录相选辑 中学语文教学纪实. 北京：北京师范大学出版社：68.
⑦ 青岛市教育局初教科. 1983. 小学语文课堂教学纪实. 济南：山东教育出版社：188.

错，并指出了正确的读音。30篇教学实录中的791次教学评价情况如表1-10所示。

表 1-10　中小学语文课堂教学评价目的统计表

评价目的	频次（次）	百分比（%）
诊断	260	32.9
激励	180	22.8
引导	158	19.9
矫正	124	15.7
管理	69	8.7
合计	791	100

由表1-10可知，诊断性评价出现了260次，占总评价次数的1/3左右，居于首位。激励性评价出现了180次，占总评价次数的22.8%；引导性评价出现了158次，占总评价次数的19.9%。可见，在教学恢复时期的中小学语文课堂教学评价中，诊断是课堂教学评价的主要目的；激励居于第二位，占课堂教学评价的近1/4；引导居于第三位，占课堂教学评价的1/5左右。

（二）以知识与能力为主的评价内容

在30篇教学实录的课堂评价统计中，评价内容包括知识、能力、思想（态度）、方法4个方面。在知识方面，教师主要基于学生在语文课堂中学习字、词、句、篇等进行评价。在能力方面，教师主要基于学生在语文课堂中进行听、说、读、写等活动进行评价。在思想（态度）方面，教师主要基于学生在语文课堂中表现出的情感、态度等进行评价。在方法方面，教师主要基于学生在语文课堂中为解决某一问题而使用的方法进行评价。具体情况如表1-11所示。

表 1-11　中小学语文课堂教学评价内容统计表

评价内容	频次（次）	百分比（%）
知识	565	71.4
能力	197	24.9
思想（态度）	23	2.9
方法	6	0.8
合计	791	100

由表 1-11 可知，对知识内容的评价为 565 次，居于课堂教学评价内容的首位；对能力的评价为 197 次，位于课堂教学评价内容的第二位；对思想（态度）的评价为 23 次；对方法的评价为 6 次。在 4 个评价内容中，对知识和能力的评价是课堂教学评价的主要内容，特别是对知识的评价次数达到总评价次数的 70% 以上，这也凸显了这一时期以知识和能力为主的"双基"教学目标，知识与能力是教学的主要内容，同时也是教学评价的主要内容。

（三）以教师为主体的口头评价

在课堂教学中，评价主要以口头语言为主，较少出现书面评价。在 30 篇教学实录的教学评价中，书面评价只在曲卫英执教的《森林爷爷》一课中出现了 1 次，曲老师是为鼓励几名同学的优异表现，采用在手册上计 100 分的方式进行评价的。在 30 篇教学实录中，语文课堂教学评价主体，即评价语的发出者是教师和学生。具体统计情况如表 1-12 所示。

表 1-12　中小学语文课堂教学评价主体统计表

评价主体	频次（次）	百分比（%）
教师	713	90.1
学生	78	9.9
合计	791	100

由表 1-12 可知，教师评价次数为 713 次，占总评价次数的 90.1%；学生评价次数为 78 次，占总评价次数的 9.9%，其中，学生互评为 69 次，占总评价次数的 8.7%，而学生自评只有 9 次，占总评价次数的 1.1%。可见，教师作为评价主体，在这一时期的语文课堂教学中占据绝对性优势，是课堂教学评价的绝对主体。学生评价占比不到 10%，且学生自评仅占 1% 左右，师生之间的互动较多，生生之间的互动较少，缺乏学生主体性的发挥。

（四）以个人为主的评价对象

在 30 篇教学实录中，针对个人的评价出现了 641 次，占总评价次数的 81.0%，如每个班级按 30 名学生计算，每班每人被评价 0.7 次；针对全班的评价出现了 147 次，占总评价次数的 18.6%，每班每节课进行总体评价 4.9 次；针对小组的评价出现了 3 次，占总评价次数的 0.4%。①具体情况如表 1-13 所示。

表 1-13　中小学语文课堂教学评价对象统计表

评价对象	评价方式	频次（次）		百分比（%）
个人	简单、笼统	385	641	81.0
	具体、详细	256		
全班	简单、笼统	106	147	18.6
	具体、详细	41		
小组	简单、笼统	3	3	0.4
	具体、详细	0		
合计		791		100

　　总体来看，这一时期的语文课堂教学评价以个人为主，但每节课的生均被评价次数不足 1 次，每节课针对全班的评价约为 5 次。在对个人、全班和小组的评价中，简单、笼统的评价达到 494 次，占总评价次数的 62.5%，即将近 2/3 的评价为简单、笼统、无针对性的评价。可见，在这一时期，每节课的生均被评价次数不足 1 次，且以笼统、无针对性的简单评价为主，难以体现课堂教学评价的情境性和差异性。

（五）以肯定性为主的评价模式

　　从评价模式角度分析，在所分析的 30 篇教学实录中，存在 3 种形式的评价，即肯定性评价、否定性评价和无评价（即虽然出现了评价语，却没有进行真正意义上的评价，如"请坐"）。具体情况如表 1-14 所示。

表 1-14　中小学语文课堂教学评价模式统计表

评价模式	频次（次）	百分比（%）
肯定性评价	664	83.9
否定性评价	108	13.7
无评价	19	2.4
合计	791	100

---

　　①　30 篇教学实录中，共进行个人评价 641 次，假设每个教学班有 30 人，每个人的被评价次数为 641÷30÷30≈0.7（次）；30 篇教学实录中，共进行全班评价 147 次，每班每节课的被评价次数为 147÷30=4.9（次）。

由表1-14可知，肯定性评价出现了664次，占总评价次数的83.9%；否定性评价出现了108次，占总评价次数的13.7%；无评价出现了19次，占总评价次数的2.4%。可见，肯定性评价占课堂教学评价的4/5左右，而无评价出现次数较少，表明肯定性评价是这一时期语文教学评价的主要模式。教师极少在即时性评价中直接使用绝对化的否定性语言，如"不对""不是"等，但通过统计分析也发现，这一时期的评价语趋于简单化和绝对化，如在课堂教学中，教师经常用"对""好"等绝对性的肯定评价语对学生进行评价。在30篇教学实录中，简单化、绝对化评价语共出现了488次，占总评价次数的61.7%，平均在每个教学实录中出现16.3次。其中"对""对的""对了""很对"出现了224次，占总评价次数的28.3%；"好""很好"出现了232次，占总评价次数的29.3%。整体来说，在这一时期的语文课堂教学评价中，简单化、绝对化评价语的出现频率较高，但绝对化的否定性评价出现次数并不多，"不对""不是"只出现了3次，具体情况如表1-15所示。

表 1-15　中小学语文课堂教学评价简单化、绝对化评价语统计表

简单化、绝对化评价语	频次（次）
好、很好	232
对、对的、对了、很对	224
不错	14
很认真	9
不对、不是	3
还可以	2
很准确	2
是的	2
合计	488

二、中小学语文课堂教学评价实践特征

课题组从评价目的、评价内容、评价主体、评价对象和评价模式5个方面对30篇中小学语文课堂教学实录中的教学评价进行分析，发现这一时期的中小学语文课堂教学评价呈现出3种实践特征。

（一）评价语呈现出确定性但无针对性特征

因材施教是重要的教学原则，从孔子对其学生的教育中就已初见端倪。作为课堂教学中的一个重要媒介，师生之间的沟通与交流，特别是教师对学生的评价需要针对学生的个体差异而进行。教师针对不同的学生进行有差异性的评价，指出学生的优势与长处、缺点与不足，才能促进其正常发展。[①]在这一时期的中小学语文课堂教学中，教师往往以"对""不对""好""很好"等确定性的评价语对学生课堂行为表现进行评价，缺少对学生个体在某一问题中出现的"对""为什么对""好""好在哪儿"进行分析，使得学生无法通过评价而清楚和明白肯定、表扬或否定、批评是针对哪一点进行的。简单、笼统的评价语占总评价次数的2/3左右。例如，在一篇教学设计案例中，"对""对了""好""很好""不是""不对"等出现了25次。其中，"对""对了"出现了17次；"好""很好"出现了6次；"不对""不是"各出现了1次。在这一语文课堂教学中，教师以客观的、绝对性的评价为主，缺乏对学生的回答进行详细、具体、有针对性的分析。这种评价易于操作，但过于简单，"对""好""不错"等评价语缺乏一定的针对性，难以真实而全面地体现学习者的行为表现。

（二）评价时机呈现出即时性但过早终结性的特征

导向性是教学评价的一个很重要的功能。在课堂教学中，有效的评价语往往能启发学生、引导学生，促进学生分析、思考与解决问题，不仅会对学生的语言与行为产生诊断与激励作用，有的评价语甚至会对学生的情感与价值观起到激发与引领作用。在30篇教学实录中，以引导为目的的评价仅占20%，大多数评价以对学生语言和行为的诊断、激励和矫正作为评价目的，重视对学生回答正确与否的评价，缺乏利用评价引导学生进一步发展的评价语。特别是学生回答完问题后教师立刻给出诊断和矫正，这往往导致过早地终结问题，使得学生对某些问题的学习局限于表面或形式，难以深入理解和掌握。例如，在下述案例中，教师对学生回答的评价就呈现出即时性和过早终结性特征。

师：下面我们把词语复习一下。（教师接连出示词语卡片）"茫茫"？
生："茫茫"，就是广阔而看不清的样子。

---

① 刘丽书. 2014. 小学语文课堂评价语的现状调查及其策略研究——基于A校的个案分析. 东北师范大学硕士学位论文：16.

师：好。"泥泞"？

生："泥泞"，意思是泥烂而滑。

师：好。"沉寂"？

生："沉寂"，意思是非常安静，沉就是指程度很深。

师：好。"天时地势"？

生：天时地势就是天气情况和地理形势。

师：对。"恳切"？

生：恳切的意思是十分诚恳，切是实在的意思。[①]

教师对学生的回答快速地做出反应，没有留给学生思考的空间，很多"好"的评价只起到了诊断学生回答的作用，缺乏深入的引导和剖析，呈现出典型的即时性和过早终结性特征。

（三）评价主体呈现出单一性且缺乏自评的特征

教学是教与学的双边互动活动，既有教师的教，也有学生的学。在课堂教学过程中，师生双方要相互沟通、相互启发、相互补充，相互分享经验和知识，交流情感、体验和观念，从而达成共识，感受到课堂生活的快乐，实现教学相长和共同发展。课堂评价语可以是教师评价学生使用的语言，也可以是学生之间评价或自身评价使用的语言，还可以是学生对教师评价使用的语言，这体现了评价主体是互动的，评价对象也是互动的。[②]在课堂教学评价中，教师无疑是评价的主体，需要对学生的课堂学习情况、学习态度、学习习惯、学习能力、学习方法等进行评价，即做出"他者评价"。在30篇教学实录中，教师是教学评价的绝对主体，有90%以上的评价是教师对学生的评价。可以说，在这一时期的课堂教学评价中，教师的主导地位十分明显，教师是课堂教学的主导者，主导着课堂教学的方向，学生往往处于被动接受的地位，教学评价主体呈现出单一性。同时，在以学生为主体的78次评价中，学生自评只有9次，平均每节课0.3次，甚至在一些课例中只有教师对学生的评价，学生基本上处于接受教师评价的状态。除在作文课上学生互评稍多一些之外，在其他类型的课上，学生之间的互评以及学生的自评都较少。整体而言，这一时期学生之间的互评和自我评价均较少。

① 北京电化教育馆. 1985. 课堂录相选辑 中学语文教学纪实. 北京：北京师范大学出版社：11.

② 刘丽书. 2014. 小学语文课堂评价语的现状调查及其策略研究——基于A校的个案分析. 东北师范大学硕士学位论文：18.

素质教育时期（1985—2000 年）：凸显"双基"的课堂实践①

　　邓小平同志在改革开放后的第一次全国教育工作会议上指出，"我们国家，国力的强弱，经济发展后劲的大小，越来越取决于劳动者的素质，取决于知识分子的数量和质量"②。1985 年 5 月，为了适应改革开放的进一步需要，《中共中央关于教育体制改革的决定》颁布，明确指出"教育体制改革的根本目的是提高民族素质，多出人才，出好人才"。这一决定是"具有中国特色的社会主义教育事业"的蓝图和具体纲领性文件，对我国新时期基础教育的发展明确提出了指导方针，即"教育必须为社会主义建设服务，社会主义建设必须依靠教育"。次年，我国通过了《中华人民共和国义务教育法》。这一法律文件的颁布意味着我国以法律的形式规定了适龄儿童接受教育的权利，同时也意味着我国社会主义现代化建设需要高素质的人才培养有了重要的教育基础。社会各界日益呼唤在基础教育阶段实施素质教育，素质教育被提上历史日程。我们称这一时期为中小学语文教学的"素质教育时期"，若以时间论，大致可以将其划定为 1985—2000 年。

---

① 本章关于 1985—2000 年的中小学语文教学大纲的内容均出自：课程教材研究所. 1999. 20 世纪中国中小学课程标准·教学大纲汇编：语文卷. 北京：人民教育出版社.

② 刘旭东. 2013-09-18. 邓小平的治国理念与治国政策. http://theory.people.com.cn/n/2013/0918/c40537-22961471.html. [2022-11-09].

第一节　中小学语文教学改革概述

一、历史背景

中小学语文教学改革与当时的社会经济、政治和文化发展有着密切联系。1985—2000年的社会经济、政治和教育背景是这一时期我国教育教学改革的土壤。

（一）经济背景

1984年10月，《中共中央关于经济体制改革的决定》指出，进一步贯彻执行对内搞活经济、对外实行开放的方针，加快以城市为重点的整个经济体制改革的步伐，以利于更好地开创社会主义现代化建设的新局面，经济体制改革自此进入全面展开阶段。1992年，我国又明确提出了建立社会主义市场经济体制，继续深化完善所有制经济，完善社会主义经济制度，不断解放和发展生产力。为适应经济体制改革的需要，我国的基础教育体制改革迫切需要进行相应调整，以满足经济基础对人才的需求。市场经济越发展，对人才要求越多；人才培养越多，质量问题必然越显著。质量是教育发展和改革的生命线。人才质量是市场经济运行中教育改革成功的关键。适应社会经济发展的需要，以能力培养为核心的人才质量标准成为当时学校教育改革的关键。在这种经济背景下，我国的语文教学迫切需要转变以知识积累为主的学习方式，倡导以能力培养为主的素质教育，进而促进学生的发展。

（二）政治背景

在经济体制改革的同时，我国的教育体制改革也在不断地向前迈进。1985年5月，中共中央、国务院在北京召开了改革开放后的第一次全国教育工作会议，主要讨论了《中共中央关于教育体制改革的决定（草案）》。1987年10月，党的十三大报告明确提出，要"把发展科学技术和教育事业放在首要位置，使经济建设转到依靠科技进步和提高劳动者素质的轨道上来"。尤其是1992年，党的十四大报告指出，"必须把教育摆在优先发展的战略地位，努力提高全民族的思想道德和科学文化水平，这是实现我国现代化的根本大计"。在这种政治要求下，我国的基础教育进入了中华人民共和国成立以来最好的发展时期。1986年，我国开始普及九年义务教育，基本扫除了青壮年文盲。1993年《中国教育改革和发展纲要》印发，1999年《中共中央国务院关于深化教育改革全面推进素质教育的决定》出台，这两个文件是全国教育工作会议的重要成果。

（三）教育背景

1983年，教育部召开了高考座谈会，主要是对高考制度进行改革，提出了高中会考制度。1984年，我国高考开始重视能力测试，并进行了标准化考试等积极探索。1985年，教育部成立"标准化考试"课题组，进行标准化考试改革试验。这些教育工作推动了教学科学化的进一步深化。1997年，《北京文学》杂志社开始了一场针对语文教学的世纪大讨论，猛烈抨击语文教学在教材内容、教学方法和考试等方面存在问题；1998年，我国的教学改革尤其是语文学科的教学改革进入了全面讨论语文学科功过是非等诸多问题的阶段，尤其对"应试教育"进行了深入的批判。在这种情况下，教育教学工作呼唤人文精神，以人文精神为核心的素质教育逐渐出现，并为21世纪初的新课程改革提供了重要的舆论支持和群众基础。无论是批判标准化考试还是呼唤人文精神的新课程改革，整体来看，1985—2000年我国语文教学改革体现了素质教育的基本特点，只是后期出现批判"应试教育"的极端观点。

二、中小学语文教学目标重"双基"

普通中小学语文教学的核心内容是语文课程中的基础知识和基本技能，即"双基论"。将"双基论"作为一种课程理论来阐述，较早见于董远骞等的《教学论》。董元骞等认为，"双基论在长期的形成过程中，从我国的教改经验及外国有用经验中吸取营养，不断充实、丰富自己的内容，它是充满活力的理论"。"双基论的依据有三，即：我国的教育目的和中小学的任务；教育和教学的实践经验；教学的规律。"①钟启泉在《现代课程论》中指出，"人类在历史发展过程中积累起来的知识、技能，涉及的面极广。在以普通教育为目标的学校教育的领域中，是不能全盘教授的，学生的能力也达不到。因此，有必要授予学生明确的系统的

---

① 董远骞，张定璋，裴文敏. 1984. 教学论. 杭州：浙江教育出版社：126.

基础知识、技能，以便使学生自己学会灵活地应用这些知识、技能。这样，就得从许多知识、技能中，选择真正的基础知识技能，并据以构成课程"①。另外，陈侠认为，"普通学校的课程主要是'双基'的范围"②。

就语文课程教学而言，"双基"是这一时期的重要教学目标，如邵统亮对双基训练与语感培养之间的关系问题进行了研究③，另外，吕敬先的《小学生语文能力整体发展实验》④、吴立岗的《以儿童语言交际功能为主线构建小学作文训练系列（上）》⑤、施仲谋的《几地学生语文能力比较研究》⑥、王世堪的《培养听话与说话能力——语文教育的一个跨世纪课题》⑦、周玉荣的《让学生学有所成——说理技能训练个案研究》⑧等文献都发表于这个时期，表明这一时期的中小学语文课堂教学实践是围绕"双基"开展的。

三、中小学语文教学理论体系的构建

中小学语文教学理论体系的构建基本上是在这一时期形成规模的。这一时期出现了很多语文教育家，如佟士凡、阎立钦、王松泉、周正逵、陈菊先、张传宗、洪镇涛等，他们试图构建独特的语文教学理论体系。其中，有的学者直接提出建构语文学科体系，如林运来的《系统科学对语文教学研究和改革的开拓意义》⑨、阎立钦的《关于建立语文教育学学科体系的思考——兼论学科教育学的几个共性问题》⑩、王松泉的《语文教育学学科大系构想》⑪；有的学者是从教材入手进行构建的，如周正逵的《高中语文教材改革的总体构想》⑫；有的学者是从研究方法论角度认识的，如陈菊先的《语文教育学学科方法论》⑬；还有的

①　钟启泉. 1989. 现代课程论. 上海：上海教育出版社：4.

②　陈侠. 1989. 课程论. 北京：人民教育出版社：312.

③　邵统亮. 1999. 关于"双基训练与语感培养之间关系"的调查与思考. 徐州教育学院学报，（2）：102-103，107.

④　吕敬先. 1989. 小学生语文能力整体发展实验. 教育研究与实验，（1）：74，65.

⑤　吴立岗. 1994. 以儿童语言交际功能为主线构建小学作文训练序列（上）. 河北教育，（9）：19-21.

⑥　施仲谋. 1997. 几地学生语文能力比较研究. 语文教学通讯，（9）：2-4.

⑦　王世堪. 1998. 培养听话与说话能力——语文教育的一个跨世纪课题. 广西教育学院学报，（2）：1-15.

⑧　周玉荣. 1998. 让学生学有所成——说理技能训练个案研究. 中学语文教学，（7）：14-15.

⑨　林运来. 1987. 系统科学对语文教学研究和改革的开拓意义. 语文教学通讯，（12）：1-3.

⑩　阎立钦. 1990. 关于建立语文教育学学科体系的思考——兼论学科教育学的几个共性问题. 北京师范学院学报（社会科学版），（3）：41-45.

⑪　王松泉. 1990. 语文教育学学科大系构想. 绍兴师专学报，（1）：37-43，60.

⑫　周正逵. 1988. 高中语文教材改革的总体构想. 课程·教材·教法，（5）：25-29.

⑬　陈菊先. 1997. 语文教育学学科方法论. 华中师范大学学报（哲学社会科学版），（3）：83-88.

学者是从具体的语言教学体系来构建的，如张传宗的《以加强语言教学带动语文教改跨入21世纪》①、洪镇涛的《构建"学习语言"语文教学新体系》②等。这些学科教学理论体系的构建为中小学语文教学改革提供了重要的理论支持和帮助。

四、中小学语文教学改革实践的尝试

中小学语文教学改革实践层面更多的是关注教学方法的转变。这个阶段的教学改革主要是从教学方法上进行，这是因为受苏联凯洛夫教学论的影响，我国采取的是中央牵头的教材编写、审定和选用方式，教学改革在实践上更多地体现在教学组织方式、教学方法等方面，其中代表人物有李吉林、于永正、苏培成、丁有宽、于漪、钱梦龙、宁鸿彬、魏书生、洪镇涛、黎世法等。具体来说，从教学组织方式来看，主要有李吉林的《情境教学的探索过程及其理论依据》③、丁有宽的《谈谈"读写结合教材教法"实验》④；从阅读教学来看，如钱梦龙的"三主四式语文导读法"⑤探索等；从作文教学来看，主要有刘朏朏和高原的《作文三级训练体系简介》⑥；从汉字教学来看，主要有汪潮的《写字练习的心理学研究》⑦、苏培成的《汉字研究和汉字教学》⑧等。这一阶段的教学方法改革尝试如火如荼地进行着，出现了一大批中小学语文教学改革的尝试和探索。

第二节　中小学语文教学大纲

教学大纲是根据教学计划，以纲要形式规定有关学科教学内容的指导性文件。语文教学大纲是"指导语文教学活动和教学行为的具有一定权威性的纲领性文件，体现了特定时期之内国家对语文学科教育教学工作的基本指导思想和原则

---

① 张传宗. 1998. 以加强语言教学带动语文教改跨入21世纪. 课程·教材·教法，(1)：26-32.
② 洪镇涛. 1998. 构建"学习语言"语文教学新体系. 课程·教材·教法，(3)：20-23.
③ 李吉林. 1987. 情境教学的探索过程及其理论依据. 江苏教育，(23)：11-13.
④ 丁有宽. 2001. 谈谈"读写结合教材教法"实验. 小学语文教学，(2)：4-5.
⑤ 何之. 1984. 钱梦龙"三主四式语文导读法"简介. 江苏教育，(11)：21-22.
⑥ 刘朏朏，高原. 1986. 作文三级训练体系简介. 北京师范大学学报（社会科学版），(6)：94-96.
⑦ 汪潮. 1991. 写字练习的心理学研究. 小学教学研究，(8)：14-16.
⑧ 苏培成. 1997. 汉字研究和汉字教学. 中学语文教学，(1)：35-38.

要求，它以纲要形式规定语文学科的目的任务、知识范围、深度及结构、教学进度和教学方法上的基本要求"①。

一、中小学语文教学大纲文本

这一时期的中小学语文教学大纲有多本，具体来说，小学阶段有6本，初中阶段有7本，高中阶段有3本，具体情况如表2-1所示。

表2-1　1986—2000年中小学语文教学大纲汇总

时间	小学	初中	高中
1986年	《全日制小学语文教学大纲》	《全日制中学语文教学大纲》	
1988年	《九年制义务教育全日制小学语文教学大纲（初审稿）》	《九年制义务教育全日制初级中学语文教学大纲（初审稿）》	
1990年		《全日制中学语文教学大纲（修订本）》	
1991年	《中小学语文学科思想政治教育纲要（试用）》（小学阶段）	《中小学语文学科思想政治教育纲要（试用）》（初中阶段）	《中小学语文学科思想政治教育纲要（试用）》（高中阶段）
1992年	《九年义务教育全日制小学语文教学大纲（试用）》	《九年义务教育全日制初级中学语文教学大纲（试用）》	
1994年	《九年义务教育全日制小学语文教学大纲（试用）》的调整意见	《九年义务教育全日制初级中学语文教学大纲（试用）》的调整意见	
1996年			《全日制普通高级中学语文教学大纲（供试验用）》
2000年	《九年义务教育全日制小学语文教学大纲（试用修订版）》	《九年义务教育全日制初级中学语文教学大纲（试用修订版）》	《全日制普通高级中学语文教学大纲（试验修订版）》

二、中小学语文教学大纲的特点

（一）思想政治教育时显时隐，人文性被提出

与1978年版、1980年版语文教学大纲不同，1986年发布的《全日制中学语文教学大纲》（以下简称1986年版中学语文教学大纲）除进一步强调语文的工具性外，第一次强调语文教学对于培养"四有"公民、实施素质教育的重

---

① 韦志成. 1989. 语文教育原理. 武汉：武汉出版社：3.

要意义。语文学科对于提高学生的思想道德素质和科学文化素质，培养有理想、有道德、有文化、有纪律的社会主义公民，具有重要的意义。1992年，国家教委颁布了教学大纲修订本——《九年义务教育全日制小学语文教学大纲（试用）》（以下简称1992年版小学语文教学大纲）、《九年义务教育全日制初级中学语文教学大纲（试用）》（以下简称1992年版中学语文教学大纲）（两者合称1992年版语文教学大纲）。新的大纲中关于"必须以马克思主义为指导"的表述移到前言之中，并第一次提出了语文学科"为社会主义物质文明和精神文明建设服务"的要求，强调语文教学必须以马克思主义为指导，全面贯彻教育方针，面向现代化、面向世界、面向未来必须进行教学改革，大面积提高教学质量，为社会主义物质文明和精神文明建设服务。1996年发布的《全日制普通高级中学语文教学大纲（供试验用）》（以下简称1996年版高中语文教学大纲）对语文学科的性质表述是"语文是最重要的交际工具，也是最重要的文化载体"。2000年发布的《九年义务教育全日制初级中学语文教学大纲（试用修订版）》（以下简称2000年版初中语文教学大纲）对语文学科的性质表述为"语文是最重要的交际工具，是人类文化的重要组成部分"。2000年版初中语文教学大纲在表述中体现了"工具性"和"人文性"并重的精神。

（二）语文学科提出量化要求，减轻学生负担

1986年以后的语文教学大纲存在的问题是：课外阅读的数量要求较少，如1986年版中学语文教学大纲要求"课外阅读三五本书"，1992年版中学语文教学大纲要求"每学年课外读三五本书"，且没有具体书目的要求。1996年版高中语文教学大纲对阅读和写作能力训练提出了量化的要求，如"用普通话流畅地朗读课文。默读注重效率，具有一定阅读速度（一般的现代文阅读每分钟不少于600字）""恰当地运用各种表达方式写一般实用文（45分钟能写600字左右的文章）"。2000年版初中语文教学大纲由教学目的、教学内容和要求、教学中要重视的问题、教学评估、教学设备5个部分外加两个附录组成。教学要求更加具体化，有的还进行了量化，如要求学生识字量为3500字，默读速度为每分钟500字左右，课外自读每学年不少于80万字，其中阅读文学名著2—3部，作文每学年一般不少于14次，字数不少于0.7万字，其他练笔不少于1万字，45分钟能完成500字左右的习作。这些对于今天课程教学大纲的制定仍有着重要的借鉴和参考作用。为了减轻学生负担，1996年版

高中语文教学大纲明确规定，"避免脱离读写听说的实际，单纯用知识概念、名词术语考学生"。

（三）学生能力培养日益凸显，知识传授弱化

1986年版中学语文教学大纲的教学目的是：中学语文教学必须以马克思主义为指导，教学生学好课文和必要的语文基础知识，进行严格的语文基本训练，使学生热爱祖国语言，能够正确理解和运用祖国的语言文字，具有现代语文的阅读能力、写作能力和听说能力，具有阅读浅易文言文的能力。在语文教学的过程中，要开拓学生的视野，发展学生的智力，培养学生的社会主义道德情操、健康高尚的审美观和爱国主义精神。这版大纲增加了培养学生听说能力的目标，并且将其与读写能力并列提出，使语文能力的内涵更加丰富、完整，突出了语文学科的交际工具性特点。对于阅读能力而言，1986年版中学语文教学大纲更多强调接受文体，如阅读记叙文，能理解文章的意思和记叙的特点；阅读说明文，能理解所说明事物的特征、说明的顺序和方法；阅读议论文，能把握文章阐述的观点，了解论证方法。1992年版中学语文教学大纲明确规定了18项阅读能力，初步勾勒出学生能力的不同发展层级，重视"项目提示法"，如精读、默读，而不是行为描述法，如"感知""感受""找出"等词的使用。1986年版中学语文教学大纲首先提出"养成默读的习惯，提高默读的速度"。1992年版中学语文教学大纲就读写听说能力培养提出了培养学生的默读习惯、读书看报的习惯、修改文章的习惯、专心听话的习惯、有礼貌说话的习惯，提出用一定的速度（每分钟500字左右）阅读浅易的文章，把握大意。

1986年版中学语文教学大纲指出，中学阶段教学内容适当降低难度，删除逻辑知识的教学，语文知识不考名词概念，对文言文知识不做过难要求。在"教学内容"板块中将语文基础知识分为读写知识、语法知识、文学知识和文言语法等4个部分，这些基础知识继承先前大纲中的展现形式，采用编写成知识短文并附加练习的方式置于教材中以配合单元教学。1986年版中学语文教学大纲在"各年级语文基本能力和基础知识教学要求"板块中从4个方面对每个年级阶段提出要求，分别是阅读能力、写作能力、听说能力和基础知识。这4个方面的并列使得部分内容从知识体系中抽离出来进入了能力体系。在1986年版中学语文教学大纲的基础上，国家教委于1990年颁布了《全日制中学语文教学大纲（修订本）》（以下简称

1990年版中学语文教学大纲），该版大纲并未对知识体系进行大的改动，只是略微删减部分内容以降低知识难度，其编排体系依旧沿袭了1986年版中学语文教学大纲中的形式。1992年版中学语文教学大纲和1996年版高中语文教学大纲扩大了知识范围，降低了程度要求。这两个语文教学大纲构建的知识体系包含了有关字词句的语法知识、有关篇章构思练习和口语训练的读写知识、文言知识以及有关文学鉴赏、文学史发展和文学常识的文学知识等，可以说，这个知识体系涵盖的知识范围比较广。同时，1996年版高中语文教学大纲改变了1988年的《九年制义务教育全日制初级中学语文教学大纲（初审稿）》（以下简称1988年版初中语文教学大纲）中"掌握一些必要的语法修辞知识、文学文体知识和读写听说知识"的要求，代之以规定"了解一些必要的语法修辞知识、文学知识、文体知识和读写听说知识"，由前者的"掌握"到后者的"了解"一词的改变，反映出大纲要求程度的变化，说明后者降低了教学难度，减轻了学生的负担。在2000年版初中语文教学大纲中，教学内容仅列举了4项语文常识（词的分类、短语结构、单句成分和复句类型；常见修辞格；作家作品知识；散文、诗歌、小说和戏剧文学的基本常识），且程度要求均为"了解"；在2000年发布的《全日制普通高级中学语文教学大纲（试验修订版）》（以下简称2000年版高中语文教学大纲）中，教学内容和要求部分不再设"语文常识"内容，只在附录一中提供了重点掌握的常见文言词，2000年版高中语文教学大纲对语文知识的淡化态度是很明显的。

（四）学生个性培养开始显现，凸显时代要求

1986年版中学语文教学大纲中缺少个性教育规定，忽视学生个性和特长的培养。20世纪80年代中期，教师在教学中继续使用"时代背景—作者介绍—识字释词—段落大意—中心思想—写作特点"这一教学模式，重视课文内容和形式分析。教师在阅读教学中以讲解为中心，占据主导地位。此时也出现了新的教学模式，提倡启发式教学，如三主四式、单元合成式、五课型单元教学法、八步教学法、速度训练法等，这些教学模式表明学生的主体地位得到重视。1992年版中学语文教学大纲要求表明，学生在阅读中的主体地位正在得以凸显，如"指导学生运用比较、分析、归纳等方法，发展他们的观察力、记忆力、思考力、想象力"。1996年版高中语文教学大纲在构建高中基础

知识体系时，将文学鉴赏常识明确作为18项内容①之一列于其中，明确了文学鉴赏常识在教学过程中的地位。这改变了以往语文教学大纲中的高中语文基础知识体系不含文学鉴赏常识的状况，有利于学生语文素养的提高。另外，高中语文基础知识体系被明确列为18项内容，其中3项知识（文学鉴赏常识，传统戏曲和影视文学常识，以及常见文言实词、虚词、句式和固定格式）被标注星号，要求既是必修课的内容，又是可以拓宽、应用，作为限定选修课和任意选修课的内容，在确保教学基本要求的基础上，教学内容可以具有一定的弹性，这就给发展学生个性、培养学生文学素养提供了空间。20世纪90年代的义务教育语文教学大纲和普通高中语文教学大纲中，语文教学目的更加突出时代性。这两类语文教学大纲均强调语文学习良好习惯的养成、语文学习方法的掌握、具有分析问题和解决问题的能力，读写能力的要求更加注重效率和速度。语文教学大纲中的这些表述都体现了当时社会对语文学科提出的新要求。

（五）语文教学大纲出现了新表现，适应课改发展需要

"教学评估和考试"作为语文教学大纲的组成部分，首次出现在1996年版高中语文教学大纲中。该版教学大纲指出，教学评估是对教师教学水平和教学效果的估量和评价，考试是对学生学习状况和学习成绩的检查和测定；两者均需依据教学大纲的有关规定进行。"教学评估"一项一直延续和传承下来，而"考试"一项仅在该版教学大纲中提过。此外，1996年版高中语文教学大纲对教学设备也做了要求，如图书资料、视听设备、声像教材等，之后，2000年版初中语文教学大纲、高中语文教学大纲中也有此项。

附录中的选材标准直接以基本课文篇目形式出现。以往的教学大纲对选材标准的要求是课文必须是范文，要求文质兼美，对课文的思想内容、课文的深浅难易、课文的长短、课文的语言文字都做了要求。选材标准在后来的教学大纲中直接以基本课文篇目的形式出现，如1992年版中学语文教学大纲等。

---

① 高中语文基础知识体系包括：①词语的积累和掌握；②语境和语义；③结构复杂的句子；④句子之间的关系和句子的变化；⑤语言的规范和锤炼；⑥文章的整体和局部；⑦文章的构思；⑧文章的情和理；⑨质疑、阐发和评价；⑩多角度观察和辩证思考；⑪素材和题材；⑫行文和修改；⑬实用口语和演讲、辩论；⑭文学鉴赏常识；⑮文学发展常识；⑯传统戏曲和影视文学常识；⑰常见文言实词、虚词、句式和固定格式；⑱工具书和图书资料的使用。

第三节　中小学语文课堂教学目标

1985年以后，中小学语文学科教学目标出现了新的变化，语文学科的教学目标从以思想政治教育功能为主转向以"双基"培养为主。无论是在中小学语文教学大纲中，还是在语文课堂教学实践活动中，语文学科的"双基"目标都被反复强调。与此同时，语文学科重视学生思维能力和学习习惯的培养。在这个阶段，思想品德培育融入语言文字的训练过程，体现了以能力为核心的语文素质教育。

一、强化语文知识与能力的"双基"目标

（一）语文教学大纲中关于"双基"的表述

1985—2000年的中小学语文教学大纲非常重视"双基"的训练和培养。

1. 小学阶段语文教学大纲中的"双基"目标阐述

1986年发布的《全日制小学语文教学大纲》（以下简称1986年版小学语文教学大纲）提出，小学语文教学的目的是：培养学生的识字、听话、说话、阅读、作文的能力和良好的学习习惯；并在"总要求"中提出语言文字训练方面的内容有8项：①学会汉语拼音；②认识常用汉字3000个左右，要求掌握2500个左右；③学会用铅笔、钢笔写字；④学会查字典；⑤能听懂普通话；⑥能说普通话；⑦能读懂适合少年儿童阅读的书籍；⑧会写简短的记叙文和常用的应用文。

1988年的《九年制义务教育全日制小学语文教学大纲（初审稿）》（以下简称1988年版小学语文教学大纲）的教学目的中有"使学生具有初步的听说读写能力"的表述。2000年的《九年义务教育全日制小学语文教学大纲（试用修订版）》（以下简称2000年版小学语文教学大纲）中提出，"使他们（笔者注：指学生）具有初步的听说读写能力"。

2. 中学阶段语文教学大纲中的"双基"目标阐述

与小学语文教学大纲类似，这一阶段的中学语文教学大纲的教学目标表述情况如下。

1986年版中学语文教学大纲中教学目标的表述为"中学语文教学必须以马克

思主义为指导，教学生学好课文和必要的语文基础知识，进行严格的语文基本训练，使学生热爱祖国语言，能够正确理解和运用祖国的语言文字，具有现代语文的阅读能力、写作能力和听说能力，具有阅读浅易文言文的能力"。类似的表述还可见于1990年版中学语文教学大纲中。

1992年版中学语文教学大纲在教学要求部分提出阅读能力、写作能力、听话能力、说话能力和基础知识的基本要求。以基础知识为例，该版大纲对"基础知识"的要求是"了解一些必要的语法修辞知识、文学知识、文体知识和读写听说知识"。

1996年版高中语文教学大纲对教学目标的表述为"高中的语文教学……要对学生进行有效的语文训练，指导学生学好课文的必要的语文知识，使他们具有适应实际需要的现代文阅读能力、写作能力和听说能力，具有初步的文学鉴赏能力和阅读浅易文言文的能力"。

可见，无论是小学语文教学大纲，还是中学语文教学大纲，这个阶段的语文教学目标更多关注的是语文基础知识和基本能力的培养，强化"双基"的落实。

（二）语文课堂教学实践过程中的"双基"教学目标呈现

1. 小学阶段的《第一场雪》教学案例

在《第一场雪》教学案例中，刘秀珍将教学目标设计为以下几个方面。①学会本课生字、新词。②掌握课文主要内容，了解第一场雪的特征；品味作者是怎样抓住特点写景的；复习"事物和联想"等读写训练重点。③有感情地朗读课文，背诵课文第4—6自然段。④能通过语言文字体会作者蕴含于其中的喜悦和赞美之情，激发学生热爱大自然的思想感情。①

2. 初中阶段的《听潮》教学案例

在赵丽萍、任世杰的《听潮》教学案例中，他们的教学思路是："通过要求学生在理解的基础上朗读，在朗读中加深理解，提高学生的朗读能力，培养学生的审美能力……培养学生读写听说能力，特别是朗读能力。"②

3. 高中阶段的《滕王阁序》教学案例

在《滕王阁序》教学案例中，邓彤将教学目的设计为以下几个方面。①背诵全文。②学习体会本文优美的语言及其表达方式，了解骈文的两大特征——对偶

---

① 刘秀珍. 1998.《第一场雪》教案. 小学语文教学，（4）：45-46.
② 赵丽萍，任世杰. 2000.《听潮》教学方案设计与评析. 语文教学通讯，（Z4）：46-47.

与用典，进行文言仿写训练。③积累文化知识。[①]

二、突出以学生思维品质为核心的语文素质目标

（一）语文教学大纲规定的"思维品质"目标表述

中小学语文教学大纲中对学生思维品质的培养提出了相关要求。下面概要介绍小学、中学阶段的语文教学大纲中"教学目标"对学生思维品质培养的表述。

1. 小学阶段语文教学大纲中的"思维品质"目标表述

1986年版小学语文教学大纲在教学目的和要求中指出，"在语文教学中，不仅要使学生自觉地获得社会、自然、人体保健等知识，而且要在训练语言能力和获得知识的过程中，发展学生的知识，特别是发展学生的思维能力"。这表明学生思维能力得到我国教育学界的重视。

1988年版、1992年版小学语文教学大纲中也提出，"智力的核心是思维。语言与思维密不可分。在语文教学中，要重视发展学生的思维，促进语言与思维的统一发展。教师要指导学生在理解和运用语言文字的过程中，指引思维的途径、方法，鼓励独立思考"。可见，学生思维品质在后来的小学语文教学大纲中依然得到相应的关注。

2. 中学阶段语文教学大纲中的"思维品质"目标表述

1996年版高中语文教学大纲在教学原则中提出，语言训练与思维训练相辅相成。在语言训练的过程中要重视思维方法的学习、思维品质的培养和思维能力的发展；思维训练要贯穿在语言训练中，促进语言能力的提高。

2000年版初中语文教学大纲在"教学中要重视的问题"中提出，要重视学生思维能力的发展。在语文教学的过程中，指导学生运用比较、分析、归纳等方法，发展他们的贯穿、记忆、思考、联想和想象的能力，尤其要重视培养学生的创造性思维。

由以上分析可知，学生思维品质的培养在小学语文教学大纲中受到重视的时间要早于中学阶段，中学阶段的语文教学大纲在1996年才提及相关内容。另外，创造性思维在2000年版初中语文教学大纲中首次被提出。

（二）语文课堂教学实践过程中的"思维品质"教学目标呈现

中小学语文课程教学实践中重视学生思维品质的培养。

---

① 邓彤. 2000.《滕王阁序》. 语文教学通讯，（23）：45-47.

宋代的朱熹在他的《童蒙须知》中说："余尝谓，读书有三到，谓心到，眼到，口到……三到之中，心到最急。"我们也常说："口而诵，心而惟。"可见，让学生在读中动脑思考，发展学生的思维是多么重要。现在存在的问题是：教学中不重视启发学生在阅读中动脑思考，甚至连书都不指导学生去读，不重视启发学生主动质疑，总是教师向学生发问，不是过于简单，就是太难，甚至不可捉摸。例如，讲《美丽的小兴安岭》的第二段时，教师问学生："夏天的早晨小兴安岭的雾气为什么那么大？"讲写冬天的一段话时，教师问："黑熊躲到树洞里，舔自己又肥又厚的脚掌不嫌臭吗？"前一个问题，学生无法回答；后一个问题，又毫无意义。课堂上学生的宝贵时间就是这样被无聊的问答占去了，严格说，这是一种罪过。

（D学校S老师《给一位青年语文教师（育雯老师）的复信》选摘）

下面介绍若干个突出学生思维品质培养教学目标的典型案例。

1. 小学阶段语文课程教学实践中的"思维品质"教学目标呈现

在《高大的皂荚树》教学案例中，余祯提出的教学要求有以下几个方面。①理解课文描写的皂荚树的样子和皂荚树一年四季给学生带来的方便这两方面内容，受到助人为乐的教育。②学习作者观察和描写皂荚树的方法。③初步学习给课文分段。④学习本课生字新词。⑤有感情地朗读课文。[1]

2. 中学阶段语文课程教学实践中的"思维品质"教学目标呈现

宁鸿彬认为，思维训练在中小学语文教学中普遍存在。深化语文教学改革的一个重要问题，就是在语文教学活动中加强思维训练。在课堂上指导学生划分文章的段落层次，理解任务的诸方面思维品质，领会事件的种种性质等，这就是思维过程中的分析。在课堂上指导学生总结段落大意，总结人物的性格，总结事件的总体性质等，这就是思维过程中的综合。在课堂上指导学生通过课文叙写的人物、事件等领会课文的思想内容，这就是思维形式中的归纳。在课堂上指导学生运用学到的语文知识去解释语言现象，这就是思维形式中的演绎。[2]刘克在《琥珀》一文的教学设计中提出的教学目的是"让学生在享用人类思维成果的同时，学会运用思维成果，从而发展自己的思维能力"[3]。

2000年的《"语文教学中学生思维能力及创造力培养的心理学研究"》实验

---

[1]　余祯. 1999. 高大的皂荚树. 小学语文教学，（11）：34.

[2]　宁鸿彬. 1994. 加强思维训练. 中学语文教学，（7）：7-8.

[3]　刘克. 2000. 加强语文训练 促进思维发展——《琥珀》教学设计. 人民教育，（6）：35.

报告》是培养学生创造性思维的典型教学案例，该实验的内容包括"语文教学中应该培养和发展的优秀思维品质；创造性思维能力的培养方法"。①具体来说，主要有以下5个方面。其一，通过了解学校周围的空气污染情况，组织学生到校外考查，培养学生的直接思维。其二，通过对作家塑造的艺术形象的感知、理解和鉴赏，接触想象和联想以形成形象思维。例如，在《天上的街市》一文的教学过程中，教师可以让学生想象街市是什么样子的，陈列了什么"珍奇"物品。其三，通过思路教学，抓住容易被学生忽视的字词句设问，培养学生的抽象思维能力。例如，《岳阳楼记》中的"此则岳阳楼之大观也"应如何理解？探讨这篇文章究竟是描写岳阳楼的雄伟景象还是描写洞庭湖的雄伟景象等。其四，培养学生从多角度、多途径、不同层次来考察和分析问题，发现以前未曾发现的问题。例如，在《死海不死》一文的教学过程中，教师可以提出"死海既然对人类有用处，让它干涸了未免太可惜，同学们能否想想办法挽救死海？"等问题。其五，通过写作锻炼学生的领导思维。例如，在《乘电梯与走楼梯》一文的写作训练过程中，让学生发现乘电梯与走楼梯的优缺点，表明自己对乘电梯与走楼梯的态度等。

三、重视学生良好学习习惯的教学目标

（一）语文教学大纲规定的"学习习惯"目标表述

中小学语文教学大纲对学生良好学习习惯的培养提出了相关要求。这里概要介绍小学阶段、中学阶段的语文教学大纲中关于教学目标中的学生良好学习习惯培养的表述。

1. 小学阶段语文教学大纲中的"学习习惯"目标表述

1986年版小学语文教学大纲提出，小学语文教学的目的是培养学生良好的学习习惯，且在五年制小学的"各年级的具体教学要求"部分，对二年级到五年级都做了养成良好习惯的要求，如二年级继续培养认真听话的习惯；三年级继续培养认真听话的习惯，边听边思考，不随便插话；四年级养成认真和有礼貌的听话习惯，能听懂程度适合的广播，并讲出主要内容；五年级听话时养成主动思考和有礼貌的习惯，听广播和讲话，能抓住要点。

---

① 山东省诸城市教学研究室课题组. 2000. "语文教学中学生思维能力及创造力培养的心理学研究"实验报告. 中学语文教学，（5）：9-11.

1988年版小学语文教学大纲依然重视良好学习习惯的养成，其在五年制小学的"各年级的具体教学要求"部分对各年级提出的要求有：良好学习习惯除了有专心听、认真思考的习惯外，还有良好的写字习惯、使用字典的习惯、观察周围事物的习惯、良好的阅读习惯和预习的习惯。

1992年版、2000年版小学语文教学大纲中都提出小学语文教学的目的是培养良好的学习习惯，这里就不再赘述。

2. 中学阶段语文教学大纲中的"学习习惯"目标表述

1986年版中学语文教学大纲提出，初中阶段在小学的基础上继续培养听说读写的良好习惯，且在"各年级语文基本能力和基础知识教学要求"部分指出，初中一年级要养成勤查字典的习惯，保持良好的书写习惯，养成说普通话的习惯；初中二年级要养成读报的习惯；高中二年级要培养勤于练笔的习惯。

1988年版初中语文教学大纲中的"教学目的"部分提出，初中语文教学要指导学生养成学习语文的良好习惯；在"教学要求"部分提出，"养成专注的听话习惯……养成有礼貌的说话习惯"等要求；在"各年级教学要求"部分提出，初中一年级要养成读报的习惯；初中三年级要初步养成修改作文的习惯。

1990年版中学语文教学大纲提出，初中阶段在小学的基础上继续培养听说读写的良好习惯。1992年版中学语文教学大纲、2000年版初中语文教学大纲也提出，让学生养成学习语文的良好习惯。1996年版高中语文教学大纲提出，学生要养成自学和运用语文的良好习惯。

良好的语文学习习惯，在1985年以来的中小学语文教学大纲中被反复提倡，中小学语文教学大纲尤其重视听话习惯、说话习惯、查字典习惯的养成，这也间接反映出这个阶段的语文教学重视听说读写等基本能力的培养，基础知识的学习已经退居次要地位。

（二）语文课堂教学实践过程中的"学习习惯"教学目标呈现

中小学语文课程教学实践中重视学生学习习惯的培养。这里概要介绍小学阶段、中学阶段的语文课堂教学实践中教学目标的呈现情形。

> 多年来，在指导学生阅读方面，我总结出 4 条经验：一是激发兴趣，使学生乐读；二是教给方法，使学生会读；三是培养习惯，使学生善读；四是创造条件，使学生长读。
>
> （D小学S老师个人总结材料选摘）

中小学教师非常重视学生学习的兴趣、方法、习惯，以及形成这些学习要素的条件。其中，习惯则为学生的可持续发展提供了保障。

这里介绍若干个体现"重视学生良好习惯"教学目标的典型案例。

1. 小学阶段语文课程教学实践中的"学习习惯"教学目标呈现

以《爬山虎的脚》为教学案例，小学语文教师张馨将教学目的、教学要求设计如下：

> 语文训练方面：①学会本课 5 个生字及出现的新词。②背诵教材所指定的段落。③引导学生自觉运用读懂自然段、分段等阅读方法读懂课文。④使学生了解作者是怎样围绕爬山虎的脚的特点写好片段的，从中领会围绕一个意思写好片段的方法。
>
> 思想教育方面：①继续培养学生留心和细致观察事物的习惯。②继续培养学生自觉运用学过的抓重点语句、分层等阅读方法读懂课文的习惯。①

2. 中学阶段语文课程教学实践中的"学习习惯"教学目标呈现

陈日亮在《一个以掌握方法 培养习惯为主体的语文教改尝试》一文中对1980—1986年的语文教学改革探索进行了总结，其教学改革的目的就是"指导学生掌握科学的读书方法，训练良好的读书习惯，以养成语文的自学能力"②。

陈水均在《阅读教学中阅读习惯的培养》一文中提出要培养学生的多种习惯。

其一，有序阅读习惯。学《祝福》一课时，首先应感知课文内容，了解写了什么，教师可布置以下预习题进行引导：①小说的主人公是谁？还刻画了哪些人？②课题为何取名《祝福》？③故事情节怎样？④找出环境描写和肖像描写的语句或段落，并体会它们对表现主题、刻画人物的作用。这样有计划、有重点地布置预习题，让学生熟悉感知教材，抓住重点。在此基础上，再从语言形式到思想内容，认真细致地加以分析综合，理解怎样写。

其二，使用工具书的习惯。教师根据实际情况，应及时地向学生介绍一些其他工具书，如《辞海》《多功能汉语词典》《现代散文鉴赏辞典》等，并传授查阅图书资料的知识和方法。

其三，积极发问的习惯。例如，在教学《药》时，在预习的基础上，要求每

---

① 张馨. 1998.《爬山虎的脚》. 小学语文教学，（1）：25-26.

② 陈日亮. 1988. 一个以掌握方法 培养习惯为主体的语文教改尝试. 中国教育学刊，（6）：25-28.

位学生对课文不理解的地方提出问题，谁提出的问题最多，就对谁进行表扬和鼓励。学生先后提出：①夏瑜被杀为什么要写那么多人围观？②结尾为什么要写"乌鸦"和"花环"？③小说为什么要以《药》命名？④古时杀人一般在午时，为什么夏瑜是在天亮前被杀的？……问题共有50多个。

其四，捕捉信息的习惯。具体来说，主要可分为3种：第一，捕捉开篇中的语言信息。《威尼斯》开头写道："威尼斯是一个别致的地方。"其中"别致"二字是全文的文眼。第二，捕捉反复出现的语言信息。《灯》一文中有8个自然段，每个自然段都出现了"但是"或"可是"等表示转折的词语。第三，捕捉前后呼应的语言信息。例如，《包身工》一文中对3个生活场景的描写，分别与"四点半""四点半之后""五点钟"这3个时间语言相呼应。

其五，比较的习惯。比较法的关键是选择比较对象，确定比较点。例如，《雨中登泰山》与《长江三峡》两篇文章有许多相似之处，教师就可以采用比较的方法进行教学。①

四、思想品德培育转向人文素养培育的教学目标

（一）语文教学大纲规定的"人文素养"教学目标表述

与改革开放初期重视思想品德教育的教学目标相比，这个阶段的中小学语文教学大纲在继续重视思想品德教育的同时，开始出现重视人文素养培育的教学目标，从语文教学大纲的表述中可见一斑。

1. 小学阶段语文教学大纲中的"人文素养"教学目标表述

1986年版小学语文教学大纲中指出，"小学语文是基础教育中的一门重要学科，不仅具有工具性，而且具有很强的思想性，对于贯彻教育方针，促进学生德、智、体、美全面发展，适当加强劳动教育，培养有理想、有道德、有文化、有纪律的社会主义公民，提高全民族的思想道德和科学文化素质，建设社会主义物质文明和精神文明，有着重要意义"。这一版的语文教学大纲在"教学目的和要求"部分提出，"在语言文字训练的过程中进行思想品德教育"，对思想品德教育提出"使学生潜移默化地受到爱祖国、爱人民、爱劳动、爱科学、爱社会主义的教育，培养学生良好的意志、品格和爱美的情趣"。

1988年版小学语文教学大纲中也提出，小学语文不仅具有工具性，而且具

---

① 陈水均. 1999. 阅读教学中阅读习惯的培养. 中学语文教学，(7)：15-17.

有很强的思想性，并在"教学目的和教学要求"部分提出在听说读写训练的过程中进行思想品德教育。

1991年的《中小学语文学科思想政治教育纲要（试用）》强调，"通过语文教学，弘扬中华民族优秀的传统文化和伟大的民族精神，激发学生的爱国主义情感，增强学生的民族自尊心、自信心和自豪感；培养学生热爱共产党和社会主义的感情，树立社会主义信念，增强建设社会主义祖国的使命感、紧迫感；提高学生的思想文化素质，培养学生高尚的道德情操，增强学生抵制腐朽思想文化侵蚀的能力"。

2000年版小学语文教学大纲指出，"语文是最重要的交际工具，是人类文化的重要组成部分"，并在"教学目的"中提出，小学语文教学应培育学生热爱祖国语言文字和中华优秀文化的思想感情。在教学过程中，使学生受到爱国主义教育、社会主义思想道德教育和科学思想方法的启蒙教育。

由此可以看出，在这些小学语文教学大纲中，语文教学目标对思想品德教育的强调性开始调整，出现了人文素养教育的提法。

2. 中学阶段语文教学大纲中的"人文素养"教学目标表述

1986年版中学语文教学大纲中提出，"语文学科对于提高学生的思想道德素质和科学文化素质，培养有理想、有道德、有文化、有纪律的社会主义公民，具有重要的意义"，并在"教学目的"中提出，培养学生的社会主义道德情操、健康高尚的审美观和爱国主义精神。

1988年版初中语文教学大纲中也有类似的阐述，强调初中语文教学要培养健康高尚的审美情趣，培养社会主义思想品质和爱国主义精神。

1991年的《中小学语文学科思想政治教育纲要（试用）》指出，在语文教学中加强对学生进行思想政治教育，更好地发挥语文学科的思想政治教育功能。

1996年版高中语文教学大纲中提出，语文是最重要的交际工具，也是最重要的文化载体。该版大纲强调，语文学科对于学生提高思想道德素质、科学文化素质，对于弘扬民族优秀文化和吸收人类的进步文化，促进国家现代化建设，提高民族素质，都有着重要意义。可见，人文素养的教育目标开始被提出。

2000年版高中语文教学大纲进一步指出，在教学过程中，要进一步培养学生热爱祖国语言文字，热爱中华民族优秀文化的感情，培养社会主义思想道德和爱国主义精神，发展健康个性，形成健全人格。

由此可以看出，中学语文教学大纲从1996年开始重视人文素养的教育目标，后来的语文教学大纲对此进行了进一步的强化和倡导。

（二）语文课堂教学实践过程中的"人文素养"教学目标呈现

中小学语文课程教学实践中也重视学生人文素养的培育。这里概要介绍了小学阶段、中学阶段的语文课堂教学实践中关于人文素养教学目标的呈现情形。

珍惜每个40分钟就是珍惜每个学生的生命，就是珍视学生的成长与发展。这绝不是危言耸听。语文是小学阶段课时最多的学科，每周八九节，每学期100多课时，每学年200多课时，小学六年共1000多课时。这1000多课时是由 1000 多个40分钟累计起来的，小学生由 6、7岁入学到12、13岁毕业，他6年的生命，6年的成长中有相当大的一部分学习时间是在我们这1000多个40分钟课堂里度过的，他们知识的积累、能力的形成、习惯的养成、创新精神的培养等主要是靠这一个个40分钟，而且这些对他们未来的成长和发展又起着奠基石的作用——将影响到他们的一生——因为我们教的语文是基础当中的基础。由此看来，说"珍惜每个40分钟就是珍惜每个学生的生命，就是珍视学生的成长和发展"并不是言过其实吧！

（D小学L老师讲座手稿选摘）

这里介绍若干个体现人文素养教学目标的典型案例。

1. 小学阶段语文课程教学实践中的"人文素养"教学目标呈现

以贺成金的《〈难忘的一课〉教案》为例，其教学目标为包括以下方面。①理解课文内容，感受台湾人民热爱祖国的深厚感情。②学习作者在叙事中表达思想感情的方法。③学会本课生字、新词，练习用"真挚""意外"这两个词造句。④有感情地朗读课文。[①]

2. 中学阶段语文课程教学实践中的"人文素养"教学目标呈现

刘洁在《语文素质教育中应加强爱国主义教育》一文中提出，爱国主义教育作为精神文明建设的一个重要组成部分，是学校德育的永恒主题。各学科，特别是语文、政治、历史等学科蕴含着生动、丰富的爱国主义教育因素。中学语文教材中，以爱国主义为题材的课文有很多，它们生动而真实地记载了我国民族的优良传统，是我们民族精神的写照。它们具体而精彩地描绘了我国美丽多娇的河

---

① 贺成金. 1999.《难忘的一课》教案. 小学语文教学，（3）：42.

山，是我们伟大民族的自豪。同时，这些课文还以传神而富有强烈表现力的语言文字，展现了独特的爱国主义教育内容。在实施素质教育实践中，应发挥语文教材这一优势，利用各种形式加强对学生的爱国主义教育。[①]

李彩英在《谈中学语文教学的育德功能》一文中强调语文教学的育德功能："充分发挥语文教材的育德潜能，使学生在知识、情感、意志与品德诸方面全面发展，这是实施素质教育的重要组成部分。"[②]陈友明在《初中语文第二册第二单元教案》中设计的单元整体教学目标有：①教导学生学会写消息和写通讯；②培养学生热爱祖国、热爱社会主义、热爱中国共产党的思想情操，教导学生学习模范英雄人物，做无产阶级事业的接班人。[③]这一单元选取的是体现对祖国、对社会主义和中国共产党的热爱之情的新闻作品。此外，《谁是最可爱的人》《人民的勤务员》《散步》《永不忘记》《荷花》等都是蕴含育德重要因素的作品。

第四节 中小学语文课堂教学内容

一、识字与写字教学

（一）语文教学大纲规定的"识字与写字"教学内容表述

1. 小学阶段语文教学大纲中的"识字与写字"教学内容阐述

1986年版小学语文教学大纲提出，认识常用汉字3000个左右，其中要求掌握2500个左右。小学一、二年级教学汉语拼音，教给学生查字典，使学生掌握汉字的各种笔画、结构和书写方法，教给学生学习写毛笔字。该版教学大纲在"各年级的具体教学要求"中提出，对于五年制小学，一年级学会汉语拼音方法，认识常用汉字700个左右；二年级巩固工具汉语拼音，认识常用汉字1000个左右；三年级巩固汉语拼音，认识常用汉字800个左右；四年级巩固汉语拼音，认识常用汉字300个左右；五年级巩固汉语拼音，认识常用汉字200个左右。

1988年版小学语文教学大纲提出，"在小学阶段，要使学生学会常用的汉字2500个左右，要读准字音，认清字形，了解字义，并能正确地书写，大部分会用"，且在"各年级的具体教学要求"中提出了识字量的要求。

① 刘洁. 2000. 语文素质教育中应加强爱国主义教育. 中学语文教学参考，(Z2)：22-23.
② 李彩英. 1999. 谈中学语文教学的育德功能. 中学语文教学，(6)：39.
③ 陈友明. 1992. 初中语文第二册第二单元教案. 语文教学通讯，(2)：22-24.

1992年版小学语文教学大纲的教学内容是：在小学阶段，学生要学会常用汉字2500个左右，打好汉字基础知识。与以往不同的是，"汉语拼音"作为独立的一部分被单独呈现出来，要求能"背诵《汉语拼音字母表》"。

2000年版小学语文教学大纲中的教学内容包括熟记《汉语拼音字母表》、认识常用汉字3000个左右、学会其中2500个左右、用硬笔写字、用毛笔临帖。

2. 中学阶段语文教学大纲中的"识字与写字"教学内容的阐述

中学阶段的语文教学大纲中无识字、写字量的总体要求，只是提出了扩大识字量和词汇量，如1986年版中学语文教学大纲。

（二）语文课堂教学实践过程中的"识字与写字"教学内容呈现

在识字写字教学过程中，教学内容的呈现方式较为多样。有的教学内容体现为归类识字，如在朱卫红的教学课例中，她采用"基本字带字、温故知新"的归类方式呈现教学内容[①]，具体如下所示。

《第三册归类识字（二）教学建议》节选

一、教材简析

本课是人教版九年义务教育六年制小语第三册归类识字（二）的第二课，共有15个生字及由生字组成的10个词语、10句话。

二、教学目标

1. 情感目标：教给学生识字规律，提高识字兴趣。

2. 认知目标：用解形识字法掌握15个生字、10个词语、10句话。

3. 操作目标：用词语搭配的方法掌握简单的含有主、谓、宾成分的句子。

三、教具的准备和使用

课件的制作：将基本字"女""舌""爪""巾""舟"按汉字的演变过程用三维动画的方法制成课件。

……

学生们已掌握了这5个生字，教师在学生学习兴趣正浓时告诉大家："这5个朋友还带来了好多朋友，就藏在语文书归类识字（二）的第二课里面，请大家分成5个小组自己看书自学，有'女'字小组，'舌'字小组，

① 朱卫红. 2000. 第三册归类识字（二）教学建议. 小学语文教学，（10）：52-53.

'爪'字小组，'巾'字小组，'舟'字小组。自学之后小组比赛，看哪个小组的朋友多。"

学生分组自学，可按以下要求：

1. 看清这个字有什么特点？

2. 用什么好办法可将字记住？

3. 写时注意什么？将你找到的字写在卡片上。

4. 字典里还可以组成哪些词？

还有的教师采用看图读拼音识字的方法来教学，如胡淑芳在《看图读拼音识字》一课中的识字教学[①]。

第一册《看图拼音识字》教学建议

教学目标

小学语文第一册《看图拼音识字》共两组，每组 6 课，共 12 课。每一课的内容包括插图、纯拼音句子或句群、生字和指导书写的田字格，以及随生字出现的 17 种笔画名称和笔顺。要学的 66 个生字是从纯拼音句子或句群中提出来的。目的是借助纯拼音句子或句群复习巩固汉语拼音，进行最初步的阅读训练。同时为识字提供语言环境，体现在语言环境中识字。其教学重点：①复习巩固汉语拼音；②进行初步的朗读训练；③学会 66 个笔画简单的字，教学汉字的基本笔画、笔顺规则，为以后识字打好基础；④培养正确的执笔方法和写字姿势。

在整个教学过程中，要注意把识字和认识事物、识字和初步的阅读训练、识字和写字紧密结合起来，在识好字的同时使汉语拼音得到巩固，语言和思维得到发展，观察和阅读能力得到培养，为以后的学习打下扎实的基础。

教学步骤

《看图读拼音识字》就要使学生看好图，读好拼音，识好字。为突出重点达到教学目的，教学一般可安排以下步骤：

1. 复习铺垫

学习新课前先复习纯拼音句群中出现的较难的音节或出现频率高的音节。其目的一是复习巩固汉语拼音，二是为读纯拼音句子做好准备……

---

① 胡淑芳. 1998. 第一册《看图读拼音识字》教学建议. 小学语文教学，（Z1）：56-57.

2. 指导看图

《看图读拼音识字》安排的插图形象、鲜明，与纯拼音句群紧密联系。通过看图培养小学生的观察能力、思维能力、想象能力和口头表达能力。如教学第8课，指导看图先从整体感知，让学生说一说这是什么地方，有些什么人，他们在干什么，接着指导学生按照一定的顺序观察，由近及远找出入口→游乐场→出口的顺序，再指导学生观察，并让学生说一说入口处、游乐场及出口处的孩子们在做些什么，通过学生仔细地看、认真地想，再具体表述，逐步培养小学生看、听、说的能力。

3. 读纯拼音句群

①自读。即学生自由朗读，教师不加指导，让学生用心仔细读，以避免小学生简单模仿读而不认音节的现象。

②检查读。可在同位小学生互查的基础上老师再有目的地抽查个别学生读。

③指导读，在检查的基础上老师可根据学生朗读中存在的问题予以指导。如：注意词要连读，要按标点符号停顿。避免学生唱读或一字一字地顿读。

④理解句群的意思。在正确朗读的基础上大体了解句群的意思，并结合其内容进行恰当的思想教育和良好行为习惯的培养。如：第8课，让学生懂得"随手关门"是一种好习惯，也是一种礼貌。"按规定走"是守秩序的表现，教育学生在公共场所要自觉遵守秩序，从小养成好习惯、好品德。

4. 教学生字

《看图读拼音识字》是识字的起步课，要按"大纲"的要求，根据汉字本身的特点及小学生认识事物的规律，结合语言环境，教给识字方法，培养识字能力。

可见，小学识字教学内容主要体现在识字、初步认识字形和字义、读准字音等方面。

二、听话说话教学

（一）语文教学大纲规定的"听话说话"教学内容表述

1. 小学阶段语文教学大纲中的"听话说话"教学内容阐述

1988年版小学语文教学大纲首次将听话说话作为一个独立部分来阐述，提出小学阶段听话和说话的要求：听话，能理解内容，抓住主要意思；说话，能用普通话表达自己的思想。

1992年版、2000年版小学语文教学大纲的听话说话教学内容是：听别人讲话、能理解内容，能用普通话清楚明白地表达。

2. 中学阶段语文教学大纲中的"听话说话"教学内容阐述

中学阶段的语文教学大纲中无口语交际教学内容的整体表述，听话说话内容更多地分布在各年级具体要求中。例如，1986年版中学语文教学大纲中，初中一年级要养成说普通话的习惯，对于初中二年级增加了"跟别人交谈和发表讨论"的要求，对于初中三年级增加"能借助自拟提纲演说"等听说能力的要求。

1988年版初中语文教学大纲中的教学内容包括8项，其中，听话训练3项，即抓住要点、简要记录、集中注意力；说话训练5项，即说普通话、问答交谈、讲述见闻、介绍事物、讨论发言。

（二）语文课堂教学实践过程中的"听话说话"教学内容呈现

在《小山羊》一课的教学设计中，黄艳红采用看图学文的方式来组织教学内容，采用读说结合的方式来发展学生的语言能力。[1]具体教学内容如下所示。

读说结合　发展学生语言能力——我教《小山羊》

语言是一种思维工具，一种表情达意的工具。加强低年级语文教学中的语言训练，重点是在读和说上下功夫。学生读说的能力提高了，理解语言和运用语言的能力就会随之提高。下面就以第一册课文《小山羊》来谈谈如何加强学生的语言训练。

《小山羊》是一篇多幅看图学文，误文内容浅显易懂，富有情趣，每段叙述的顺序都是先讲谁和谁是朋友，再讲谁请小山羊吃什么，最后讲小山羊说什么，每段都配有相应的插图，针对课文特点，教学中不需过多地讲解，重点是在读中指导学生多说，以此来促进学生语言能力的发展。

一、加强朗读，以读促说

读是说的基础，要提高说的能力，必须重视读的训练，只有多读，读出

① 黄艳红. 1997. 读说结合 发展学生语言能力——我教《小山羊》. 小学语文教学，（Z1）：90.

节奏，读出语气，读出感情，读得正确流畅，话才说得清楚、流利、有感情。因此在第二课时教学中，我是这样做的：一开始让学生听录音，初步把握课文朗读基调。学习每段课文时，逐句指导，如教学第一段第一句时问："小山羊和谁是朋友？"教师把"谁"问得重些，学生回答后，再点明一下小山羊的朋友是小鸡，要把"小鸡"读成重音。第二句"小鸡请小山羊吃虫子"。"请"表示什么？让学生用礼貌的语气读，最后写出小山羊说的话，要让学生把礼貌用语"谢谢你"读好，并把"不吃"重读，以此来反映出小山羊虽不爱吃虫子，但非常有礼貌。学完一段后，采用引读小山羊和（ ）是朋友，因为小鸡爱( )，所以请（ ）。山羊不爱（ ），但它还说（ ）。这样不仅使学生懂得了不同动物的食物是不一样的，也为学生积累了词汇和句式。通过逐段朗读，使书面语言变成有声有色、有情有趣的口头语言，使文字活起来了，课文中的图画也生动形象地展现在学生面前，使学生如临其境，在读中发展了思维，发展了语言。

二、指导说话，读中多说

低年级是训练说话的最佳时期，在这篇课文的教学中，可利用教材优势，重点放在说的训练上。如在学生初读感知课文内容后，教师提出要求：小山羊有哪些朋友？请学生用"有……有……有……还有……"来说，还可以根据实际情况，让学生练习用这种句式说话。第一段中，小鸡请小山羊吃虫子。"请"字说明了什么？并让学生用"请"字说几句话。这样在无形中教育了学生对人要友好、有礼貌。小鸡为什么请小山羊吃虫子呢？请学生用"因为……所以……"的句式来说，学生说的同时，教师把小虫贴在小鸡图样的旁边。这样既调动了学生学习的积极性，又同时达到了发展思维、训练说话的目的。教学课文最后一段时，利用小黑板出示以下两句话让学生进行比较："1. 小山羊和小牛吃青草。2. 小山羊和小牛一同吃青草。"学生理解了"一同"的词义后，教师再让学生进行说话练习。总之，在各个环节的教学中选择说话的最佳时机，引导学生说话，不仅有助于发展学生的语言表达能力，也有助于学生理解课文。

三、凭借插图，多说多读

看是吸收，说是表达。看是说的基础，只有看得清楚，才能说得准确。因而，训练学生语言的准确性，行之有效的方法之一是凭借课文中现成的插图，引导学生仔细观察。《小山羊》是多幅图的看图学文，先指导学生按以下顺序观察：①图上画的小山羊和谁是朋友？②谁请小山羊吃什么，请小山羊吃时会说什么？③小山羊吃了吗，它会说什么？根据这三个问题反复训练学生看图说完整的话，话要说得清楚、正确、完整。通过这样的说话训练，既填补了课文的空白：小鸡、小猫、小狗和小牛的语言，也丰富了学生的想象。此外，学完课文，教师可让学生看图背诵课文，复述课文，分角色朗读表演等。通过形式多样的读说来丰富学生的语言。

读和说是互相促进的。读有利于训练说话能力，说可以促进读的深化。只有把两者有机地结合起来，把训练落实到位，才能促进学生语言能力的发展。

三、阅读教学

（一）语文教学大纲规定的"阅读"教学内容表述

1. 小学阶段语文教学大纲中的"阅读"教学内容阐述

1986年版小学语文教学大纲提出，阅读教学内容包括重视词汇教学、重视句子的教学、加强朗读和默读、重视被动或复述、分段和归纳段落大意、归纳文章的主要内容、概括文章的中心思想、加强课外阅读。

1988年版、1992年版小学语文教学大纲的阅读教学内容包括：常用词汇，理解句子的意思，能给课文分段，归纳段落大意，概括课文的主要内容，领会中心思想。

2000年版小学语文教学大纲中的阅读教学内容包括：阅读程度适合文章，能理解主要内容，能朗读课文；默读有一定速度；背诵优秀诗文不少于150篇（含课文），课外阅读总量五年制不少于100万字，六年制不少于150万字。

2. 中学阶段语文教学大纲中的"阅读"教学内容阐述

1986年版中学语文教学大纲提到：初中一年级阅读记叙文，积累和掌握常用词语，课外阅读三五本书；初中二年级阅读说明文，阅读文言文、读报；初中三年级阅读议论文，掌握词语，阅读文言文，课外阅读三五本书。

1988年版初中语文教学大纲中的教学内容有3项：①查阅字典、词典；②朗读、默读、精读、略读、速读；③摘要、提要。

（二）语文课堂教学实践过程中的"阅读"教学内容呈现

在王文丽的《小摄影师》教学案例中，教学内容包括学会13个生字、10个新词，有感情地朗读课文，这些都体现了阅读教学重视词汇教学，重视朗读的培养。[1]

四、作文教学

（一）语文教学大纲规定的"作文"教学内容表述

1. 小学阶段语文教学大纲中的"作文"教学内容阐述

1986年版小学语文教学大纲提出，作文教学内容包括看图说话、写话，观察事物说话、写话，以及加强词和句的训练、加强段的训练、写简短的记叙文等。

1988年版、1992年版小学语文教学大纲中，作文教学内容以写记叙文为主，学生也要会写常用的应用文。

2000年版小学语文教学大纲中，作文教学内容为：能把自己的见闻、感受和想象写出来。

2. 中学阶段语文教学大纲中的"作文"教学内容阐述

1986年版中学语文教学大纲的教学内容包括：初中一年级写五六百字的记事、写人的文章，做读书摘记；初中二年级能写五六百字的说明文，写记事、写人的文章，修改文章，写一般书信和学习写简单的通讯；初中三年级能写五六百字一事一议的议论文，写记叙文，评改同学的作文，做读书笔记。

1988年版初中语文教学大纲中的教学内容有5项：①书写；②观察事物、选择材料、编写提纲；③记叙文、说明文、议论文、应用文习作；④缩写、扩写、改写；⑤修改文章。

（二）语文课堂教学实践过程中的"作文"教学内容呈现

在姜元夫的《初中作文目标序列训练设计（二）》教学设计中，课堂训练的内容如下所示。[2]

---

① 王文丽. 1999.《小摄影师》教案. 小学语文教学，（11）：38.

② 姜元夫. 1998. 初中作文目标序列训练设计（二）. 中学语文教学，（2）：43-45.

　　写作目标：培养观察事物的能力，能写出观察结果和感受。

I 专项训练

训练项目：掌握常用的观察方法写观察片段。

［课堂训练］

　　1. 选定学校的一处景点，如一座塑像、一个花坛，按下列要求写出观察结果。

　　（1）用定点观察的方法从一个角度写。（80 字以内）

　　（2）用动点观察的方法从不同的角度写。（80 字以内）

　　（3）用散点观察的方法写出景点及景点周围的景物。（100 字左右）

五、思想教育教学

（一）语文教学大纲规定的"思想教育"教学内容表述

　　1992 年版小学语文教学大纲的思想教育教学内容包括：认识祖国山河、历史、文化，人民勤劳智慧；了解革命领袖、千千万万共产党人和广大人民群众的基础贡献；了解我国社会主义建设事业取得的辉煌成就，了解在资本主义社会劳动人民受压迫、受剥削的状况；认识自然，了解社会；爱科学、爱劳动、爱护公共财物等。

（二）语文课堂教学实践过程中的"思想教育"教学内容呈现

　　以从小学语文《古诗两首》中选取的《古风》一文为例，马妍老师的教学内容中有作者的思想感情、德育相关内容，如下所示。①

　　……

四、关于诗中作者的思想感情

　　《教学用书》说："古诗表现出作者对当时社会现实的不满，表达了对劳动人民的同情。"《教案》说："表达了诗人对劳动人民的同情，对封建剥削制度的不满。"说作者同情劳动人民，是不错的，问题在于作者是否不满当时社会现实，甚至不满封建剥削制度。李绅是唐代诗人，生于公元 772 年，死于公元 846 年。中过进士，做过宰相。他生活的唐代正是封建社会的鼎盛时期，说他不满当时社会现实，太泛了。说他不满封建剥削制度，则根本不可能。李绅所不满的，只是

---

　　① 马妍. 1999.《古风》教学札记. 小学语文教学，（11）：40.

赋税劳役过于繁重，只是剥削的程度，而不是封建剥削制度。

五、关于本诗的德育渗透

通过教学本诗，可让学生了解古代劳动人民生活困苦的状况，认识封建制度下劳者不获、获者不劳的不合理的社会现象，激发学生热爱社会主义的感情。在教学时，可对比新旧社会。旧社会，农民遭受残酷剥削，不得温饱，有的甚至饿死；新社会，农民丰衣足食。改革开放以来，农民生活更是日益改善。尤其是1998年特大洪水，灾区颗粒无收，而农民还能得到及时救济。通过这样鲜明的对比，可让学生充分认识到社会主义的优越性。

六、基础知识教学

（一）语文教学大纲规定的"基础知识"教学内容表述

1. 小学阶段语文教学大纲中的"基础知识"教学内容阐述

小学阶段的语文教学大纲中不专门强调基础知识教学。

2. 中学阶段语文教学大纲中的"基础知识"教学内容阐述

1986年版中学语文教学大纲中的基础知识教学内容是：初中一年级为汉语拼音，汉字构字方法，词语和短语知识，重点是比喻、拟人、夸张、引用、排比、对比等，标点符号的用法，记叙文的一般特点。初中二年级为辨析一些同义词和反义词，掌握单句的主要成分，区分长句和短句、分析语病，学习反问和设问修辞格，掌握说明文一般特点。了解诗歌和散文的一些常识。初中三年级为掌握常用复句，变化句式；掌握一些常见的文言诗词、文言虚词和文言句式，掌握议论文的一般特点，了解戏剧的一些常识。

1988年版初中语文教学大纲中的教学内容是以基础知识、基本能力等呈现的。其中，基础知识包括24项：语音（1项）、标点符号（1项）、汉字（4项）、词（4项）、短语（2项）、句子（4项）、修辞（2项）、文体知识（4项）、文学常识（2项）。

类似的教学内容陈述也出现在1992年版中学语文教学大纲中。

（二）语文课堂教学实践过程中的"基础知识"教学内容呈现

曹勇军在《〈学点古代文化常识〉的教学设计》中，将称谓、历法、地理、职官等古代文化作为独立的教学内容加以呈现。古代文化常识知识的讲授受到重视，基础知识教学作为独立的教学内容存在于教学过程中，如下所示。[①]

> 古人称谓十分复杂，除姓名外，还有字、号、谥号。如苏轼，字子瞻，号东坡居士，谥文忠；周顺昌，字景文，号蓼州，谥忠介。因此古人有时称名，有时称字、称号、称谥号，或几项兼称。又有称斋名、官名、爵位、籍贯、为官之处的，姚鼐，斋名"惜抱轩"，人称姚惜抱；韩愈，祖籍昌黎，官至吏部侍郎，人称韩昌黎、韩吏部；王安石因曾被封为荆国公、人称王荆公；柳宗元曾被贬为柳州刺史，人称柳柳州。此外，对已死的皇帝则多称庙号，如李世民称唐太宗，朱元璋称明太祖。皇帝的名字应避讳，《捕蛇者说》中"以俟夫观人风者得焉"，"人"是避李世民的讳，改"民"为"人"；《治平篇》中"自此面元焉"，"元"是避玄烨的讳，应为"幺"。
>
> 值得注意的是：古人的名和字之间一般存在同义或反义的联系。欧阳修，字永叔，"修"与"永"相同，韩愈，字退之，"愈"与"退之"相反。
>
> 古人称谓虽复杂多变，但有大致的规律：各种称谓大体上可分自称和对称两类，联系古代汉民族在称谓上"卑己尊人"的文化心理特征，可以认为，自称一般为谦称，对称一般为敬称（可补充实例，略加解释）。

再以小学语文《古诗两首》中的《古风》一文为例，马妍从"诗的题目"讲到"古体诗、近体诗"的概念，再讲到"虚数"的"泛指"。她讲到古诗有两种含义：一种是古体诗的简称；另一种是古代诗歌的泛称。虚数和泛指是古诗中的常用表现手法。《古风》中的"一粒"表示虚数，是"极少"的意思；"万颗"也是表示虚数，是"很多"的意思。她还讲到"犹"的含义等基础知识。[②]

第五节　中小学语文课堂教学方法

1985—2000年是中小学语文课堂教学方法五彩缤纷的一个时期，此时期出

① 曹勇军. 1994.《学点古代文化常识》教学设计. 中学语文教学，(9)：28-30.
② 马妍. 1999.《古风》教学札记. 小学语文教学，(11)：40.

现了很多有效的教学方法，且这些教学方法大多强调科学性，强化训练、重视教师启发指导、重视学生自学能力培养是这一阶段主要的教学方法。

一、强化训练

（一）语文教学大纲规定的"强化训练"教学方法表述

1. 小学阶段语文教学大纲中的"强化训练"教学方法阐述

1986年版小学语文教学大纲中提出，在语言文字训练的过程中进行思想品德教育，在小学语文教学总的要求中提出了"语言文字训练方面"的具体要求：学会汉语拼音，认识常用汉字，学会用铅笔、钢笔写字，学会查字典，能听懂普通话，能说普通话，能读懂适合少年儿童阅读的书报，会写简短的记叙文和常用的应用文。在这一版的小学语文教学大纲中，"基础训练"被作为一个独立部分来陈述，如"进行基础训练的目的，是让学生通过各种形式的作业练习，复习、巩固并综合运用学到的语文知识和技能，初步懂得运用语言文字的一般方法，为培养听说读写能力打下扎实的基础……小学阶段的基础训练，低年级以字、词、句的训练为重点；中年级继续进行字、词、句的训练，以段的训练为重点；高年级继续进行词、句、段的训练，以篇的训练为重点"。

2. 中学阶段语文教学大纲中的"强化训练"教学方法阐述

1986年版中学语文教学大纲在"教学中应重视的问题"中指出，正确处理语文训练和思想教育的关系，严格要求学生，教育他们认识学习语文的重要性，引导他们勤学苦练，扎扎实实地打好基础。

1988年版初中语文教学大纲中指出，智力训练寓于读、写、听、说训练之中。

（二）语文课堂教学实践过程中的"强化训练"教学方法呈现

钱梦龙在《为"训练"正名》一文中，对训练与素质教育的关系进行了辨析，为"训练"正名，强调训练的过程其实是一个师生互动、合作的过程。训，指教师的教导、指导、辅导，也就是教师在教学过程中发挥主导作用；练，指学生在教师指导下的实践、操作，也就是学生在教学过程中发挥认知主体的作用。钱梦龙强调，在实施素质教育过程中，语文训练不仅有存在的必要，而且还要努力提高语文训练的质量和效果。①

1. 小学阶段"强化训练"教学方法呈现

在李晓艳的《在阅读教学中设计听的训练——〈日月潭〉教学的体会》教学案例中，李晓艳是这样利用"听"来让学生整体感知课文的：

> 谈话导入新课后，我就开始为同学们当导游。我流利、有感情地背诵课文，给同学们介绍日月潭的美丽风景。事前，我就要求同学们认真听、用心记。听完老师的介绍后，说一说都听到了些什么，然后请同学们简单地复述。同学们在复述时，都是头说一点儿，尾说一点儿，自己感兴趣的说一点儿。这样，这次复述显得杂乱零碎，还没有达到整体感知课文的目的。于是，我见机让同学们小声读课文后，再要求学生能按课文先后顺序讲，同学们合上书认真听并及时补充。这样，文章的脉络、层次，形象的明暗色彩，便在学生头脑中逐渐明晰起来了。学生通过听、说，从而整体感知课文，了解课文大意。②

在这个案例中，李晓艳非常重视学生听的训练，强调听得清楚、听得准、听得深的训练等。

2. 中学阶段"强化训练"教学方法呈现

钱韵在《中学作文教学思维训练初探》一文中对写作教学思维训练的做法进行了说明。她在这篇文章中提出，在阅读和再造复述中训练学生的想象能力，通过看图作文训练学生的想象能力，运用具象化训练培养学生的想象能力；利用课文进行思维条理性的训练，通过掌握各种文体的基本结构方式进行思维条理性的训练；通过"一题多做""一事多写"训练创造性思维的流畅性，通过"寻找联系""举一反三"训练创造性思维的变通性，通过"换元运思""反弹琵琶"训练创造性思维的独特性，通过阅读、复述看图作文，运用具象化训练培养学生的想象能力。例如，在学习《一件珍贵的衬衫》这篇记叙文后，教师可指导学生抓住这篇文章的主线——"我的感情发展"，学习写《一支珍贵的钢笔》或《一张珍贵的照片》，通过掌握问题的基本结构方式，实现利用课文达到训练思维的目的。③

① 钱梦龙. 2000. 为"训练"正名. 中学语文教学，（10）：3-4.

② 李晓艳. 1997. 在阅读教学中设计听的训练——《日月潭》教学的体会. 小学教学研究，（2）：2-3.

③ 钱韵. 1999. 中学作文教学思维训练初探. 中学语文教学参考，（7）：36-38.

二、重视教师启发指导

（一）语文教学大纲规定的"启发指导"教学方法表述

1. 小学阶段语文教学大纲中的"启发指导"教学方法阐述

1986年版小学语文教学大纲中提出，要废止注入式，采用启发式。教师要把知识讲清楚，要抓住重点和难点；不再讲得多，而要讲在点子上；不再讲得深，而要讲求实效；不再讲得细，而在于启发学生的思考。

1988年版、1991年版小学语文教学大纲在"教学中应该注意的几个主要问题"中提出：要采用启发式，废止注入式。

2. 中学阶段语文教学大纲中的"启发指导"教学方法阐述

1986年版中学语文教学大纲在"教学中应重视的问题"中提出：反对注入式，提倡启发式。

1990年版中学语文教学大纲在"教学中应重视的问题"中提出：反对注入式，提倡启发式，通过多种方法，引导学生积极思考，鼓励他们进行创造性思维活动，让他们自己动脑、动口、动手，在学习语文的实践中，自觉地提高认识，获取知识，增强能力，发展智力。

2000年版初中语文教学大纲在"教学中要重视的问题"中提出：提倡灵活多样的教学方式，尤其是启发式和讨论式，鼓励运用探究性的学习方式。

（二）语文课堂教学实践过程中的"启发指导"教学方法呈现

张鸿苓在《点拨教学与21世纪语文教育》一文中指出，点拨教学是20世纪后期中国语文教学改革的一朵奇葩，这一教学法的创始者和培育者蔡澄清先生因而成为中国语文教育界的一颗明星。点，"画龙点睛"，"点石成金"；拨，拨难为易，拨疑为悟，既点且拨，片言居要，省时力而收获丰。[1]

蔡澄清在《高中语文第一册第一单元教案》中将这个单元的教学方法概括为：教师相机诱导，适时点拨，引导学生深入理解和消化课文。例如，他在《雨中登泰山》这篇课文中使用了这样的教学方法：

"登"——作者是怎样登山的？结合这个问题的研读，引导学生弄清：
a. 作者的登山过程；b. 文章的写作顺序；c. 作者重点描写的景物；d. 文章

---

① 张鸿苓. 1999. 点拨教学与21世纪语文教育. 中学语文教学，（12）：3-5.

的段落层次。[①]

熊海滨在《〈写一个熟悉的人〉作文指导教案——语文第九册〈基础训练 6〉第 6 题》这一案例中，在指导学生进行作文训练时，强调作文指导课需要注意审文题、明特点、借写法、列提纲和总结，如在"明特点"这一环节的教学片段如下：

> 师：出示小黑板
> 品质：助人为乐、大公无私、热爱劳动、工作负责……
> 性格：倔强、爱发脾气、好强、爱说爱笑……
> 兴趣爱好：爱唱歌、爱集邮、爱踢球、爱种花……
> 生：（齐读）
> 师：现在你能说说你还知道这三个方面的哪些特点吗？
> 生：一个人的特点有不少，大家要选最突出的特点来写。[②]

在"列提纲"这一环节，教师的做法是：请一学生按照小黑板上规定的题目、特点、事件、着重描写的方面等列提纲，其他同学在下面列提纲。

三、重视学生自学能力培养

（一）语文教学大纲规定的"培养自学能力"教学方法表述

1. 小学阶段语文教学大纲中的"培养自学能力"教学方法阐述

1986年版小学语文教学大纲中提出：教会学生查字典是培养语文自学能力的重要举措；要十分重视培养学生的自学能力，教师要注意教给学生学习方法，尽可能多地让他们自己动脑、动口、动手，逐步培养学生的自学能力，养成自学习惯。

1988年版、1991年版小学语文教学大纲在"教学中应该注意的几个主要问题"部分提出要重视培养学生的自学能力。其中，1988年版小学语文教学大纲指出，要教给学生一些学习方法，使他们真正成为学习的主人；教师要按照各年级的教学要求，逐步培养学生的自学习惯。1991年版小学语文教学大纲进一步指出，要教给学生一些学习方法，鼓励他们采用适合于自己的方法，主动地进行学习。

2000年版小学语文教学大纲在"教学中应该注意的几个问题"部分指出，

---

① 蔡澄清. 1992. 高中语文第一册第一单元教案. 语文教学通讯，（7）：28-30.
② 熊海滨. 1997.《写一个熟悉的人》作文指导教案——语文第九册《基础训练6》第6题. 江西教育，（1）：31.

学生是语文学习的主人。在教学过程中，要加强学生自主的语文实践活动，引导他们在实践中主动地获取知识，形成能力，避免烦琐的分析和机械的练习。

2. 中学阶段语文教学大纲中的"培养自学能力"教学方法阐述

2000年版高中语文教学大纲在"教学中要重视的问题"中提出，让学生在教学过程中主动学习、探究。

（二）语文课堂教学实践过程中"培养自学能力"的教学方法呈现

顾培民在《浅谈中学生自读品质的培养》一文中强调教学方法，认为应"教给学生具体的自读方法。如通过查找资料了解写作背景，通过工具书扫除文字障碍，通过'读'（根据不同的目的要求采取不同的读法，如默读、轻读、朗读及速读、研读等）去理解句意、段意、文意，掌握情节、内容，通过分析综合去掌握结构层次和中心，通过比较鉴别去发现特色，通过联系、推理做出自己的判断和评价等"[①]。

孔立新在《运用点拨法培养学生的创新精神》一文中强调：运用点拨法培养学生的创新能力，就是想通过对现行以书本知识为本位、教师为中心以及传统灌输为主要特征的教学模式的根本变革，逐步减弱教学的强制性和划一性，增强教学的选择性和开放性；构建以学习者为中心，以学生自主活动为基础的新型教学过程，大力推进教学活动由教向学的转变，使教学活动真正建立在学生自主活动、主动探索的基础上，进而达到培养学生的创新意识，发展其创新能力的目的。[②]

蔡澄清在《高中语文第六册第三单元教案》中使用的教学方法是：以整体阅读为主，以学生自读和练习为主，以综合分析为主。例如，《我的古代的车马》一课教学中的教学环节有组织学生讨论、填写表格内容，具体做法是教师事先印制好表格，要求学生在自读课文的基础上各自填写表格中的内容；表格先由学生个人自己填写，教师抽查几份，向全班公布，发动学生评议、修改、补充所填的内容，力求填得准确、完整。[③]

第六节　中小学语文课堂教学评价

参考1996年版高中语文教学大纲对教学评估和考试的阐释，教学评估是对教师教学水平与教学效果的估量和评价。考试是对学生学习情况与学习成绩的检

---

① 顾培民. 2000. 浅谈中学生自读品质的培养. 中学语文教学参考，（5）：18-19.
② 孔立新. 2000. 运用点拨法培养学生的创新精神. 中学语文教学，（2）：12-14.
③ 蔡澄清. 1992. 高中语文第六册第三单元教案. 语文教学通讯，（3）：40-43.

查和测验。据此可以理解为，教学评估既包括教学自身的评价，也包括对教师教学的评估。考试既包括考查学业水平，也包括考查学生的学习情况。因此，这里将对教师的评估放入教学评估中，将对学生的评估放入考试中。

一、对教学的评估

（一）语文教学大纲规定的教学评价表述

1. 小学阶段语文教学大纲中的教学评价阐述

2000年版小学语文教学大纲中提出，语文教学评估要符合语文学科的特点，遵循语文学科自身的规律；要重视教学评估情况的分析和反馈，以利于教学。该教学大纲针对教师评估提出，要重视教师的教学过程和教学效果，不要以学生的考试成绩作为唯一的评估依据。

2. 中学阶段语文教学大纲中的教学评价阐述

1996年版高中语文教学大纲中首次出现"评估与考试"部分，指出对教学的评估要从不同学校、不同学生的实际出发，要符合语文学科的特点，遵循语文教学自身的规律。评估时还要注意到语文教师在思想文化素养和教学语言行为方面的身教作用，除了要依据学生卷面考试的成绩，还要重视教师在激发学习兴趣、指导学习方法和培养学习习惯方面的教学手段与教学效果。

2000年版初中语文教学大纲与2000年版小学语文教学大纲保持一致，并相应提高要求，如"对教师的评估要重视教师的教学过程和教学效果，不要以学生的考试成绩作为唯一的评估依据"，"要重视教学评估情况的分析和反馈，以利于改进教学"。

2000年版高中语文教学大纲对教学评估的要求与2000年版初中语文教学大纲对教学评估的要求保持一致。

（二）语文课堂教学实践过程中的教学评价呈现

中小学语文教学评价中除了评语还有量化评价，这一时期出现了很多评价量表。这里选择其中有代表性的两个量表进行介绍。

1. 小学语文课堂教学评价方案介绍

在北京市小学语文课堂教学评价方案中，小学语文课堂教学评价指标共6项，有17个评价要点（表2-2）。①每项评价指标分为A、B、C、D共4个等级，

---

① 吴爱宝. 1990. 小学语文课堂教学评价指标的制订与实施. 江西教育，（2）：18-19.

下面以A级为例进行说明。

表 2-2　北京市小学语文课堂教学评价指标

评价指标	评价要点	权数
1. 教学目标	（1）教学目标的确定 （2）教学目标的体现	0.10
2. 教学内容	（3）知识的传授 （4）能力的培养 （5）思想教育	0.22
3. 教学过程	（6）课堂结构安排 （7）教学密度 （8）反馈与调节	0.20
4. 教学方法	（9）教法的选择和运用 （10）教学手段的选用	0.20
5. 教学能力	（11）教态 （12）语言 （13）板书 （14）应变能力	0.16
6. 教学效果	（15）教学任务的完成 （16）学生学习的积极性 （17）学生的学习负担	0.12

1）教学目标：①教学目标的确定：教学目标要明确、具体、恰当，一般包括知识、能力、思想教育和学习习惯等方面。②教学目标的体现：教学过程中的各个环节都要围绕教学目标安排，并能在教学中逐步得到落实。

2）教学内容：①知识的传授：能把握知识的内在联系；抓住教材特点，突出教学重点，解决难点；所教知识准确，无科学性错误。②能力的培养：重视独立识字、听话、说话、阅读、写作等能力和良好习惯的培养。③思想教育：正确把握教材中的思想教育因素，准确理解文章的思想感情，思想教育要适时、适度，要依据语文学科的特点，在语言文字训练中进行思想教育，重在熏陶感染、潜移默化。

3）教学过程：①课堂结构安排：教学各个环节之间相互联系紧密，时间分配有利于突出重点。②教学密度：能充分利用课堂教学时间。③反馈与调节：根据课堂实际及学生的反馈信息及时调整教学。

4）教学方法：①教法的选择和运用：根据教材内容选择适当的教学方法。②教学手段的选用：重视课本包括插图的使用，恰当地使用教学实物这样的直观教具和投影、录音、录像等现代化教学手段辅助教学。

5）教学能力：①教态：教态自然、亲切，精神饱满。②语言：用普通话进行教学，语言规范、清楚、简洁、流畅，感染力强。③板书：板书设计合理，能突出重点，字迹工整，使用恰当。④应变能力：能灵活处理教学中出现的问题。

6）教学效果：①教学任务的完成：在规定时间里，能较好地完成教学任务。②学生学习的积极性：在整个教学过程中，学生的积极性和主动性得到充分发挥，学生思维活跃。③学生的学习负担：课业负担合理，低年级不留课外作业；中、高年级能在规定的时间内完成。[①]

2. 中学语文课堂教学评价方案举例

陈子玉在1997年对"中学语文课堂教学质量评价"进行了探索，构建了贵州省中学语文课堂教学质量评价量表，如图2-1所示。可以看到，该量表总共包括四大指标，即教学目的与教学内容、教学方法、教学素养、教学效果。四大指标既相互独立又相互联系，每项指标又包含若干个子指标，各子指标的指向明确。在应用的过程中，权重比分是建立指标体系的重要内容。[②]

学校		座别	任课教师	听课时间					
评价项目	序号	评价标准	标准分	等 级					得分
				优 1	良 0.8	中 0.6	差 0.4	极差 0.2	
教学目的与教学内容 40	01	目的明确，目标具体恰当	6						
	02	观点正确，知识准确，无思想性、知识性错误	6						
	03	突出重点，解决难点	9						
	04	课堂结构设计合理，层次清晰	8						
	05	重视基础知识的教学	6						
	06	思想教育渗透于知识传授与能力培养之中							
教学方法 28	07	导入新问题自然，教学内容衔接得当	3						
	08	教学方法具有启发性，学生思维活跃	8						
	09	教学情感与课文的情感基本一致，激情充沛地进行教学	5						
	10	重视基本技能的训练与语文能力的培养	9						
	11	课堂教学时间控制得当	3						
教学素养 22	12	用普通话教学，语言准确，语速适当，思路清晰	10						
	13	板书工整，内容简明，具直观性	7						
	14	教态自然亲切，师生情感融洽	5						
教学效果 10	15	完成本堂课的教学任务，目标基本实现	6						
	16	堂堂小结，反馈信息良好	4						
		合计分值	100						
对教学的简要评语及建议：									

图2-1　贵州省中学语文课堂教学质量评价量表

① 佚名. 1996. 北京市小学语文学科课堂教学评价方案（试行）. 中小学管理，（Z1）：28-30.
② 陈子玉. 1997. 中学语文课堂教学质量评价的探索. 黔东南民族师专学报，（4）：74-76.

可见，无论是当时经济发达的北京市，还是经济相对落后的贵州省，语文教学评价都注重对学生学业的评价，此外还关注对教师教学素养的评价。

二、重视语文考试

（一）语文教学大纲规定的教学评价表述

1. 小学阶段语文教学大纲中的教学评价阐述

1986年版小学语文教学大纲在"努力改进小学语文教学"中提出，改进考查学生成绩的方法，要根据教学大纲的要求和教材内容，确定考查范围。在考查中，既要考查语文基础知识，又要考查听说读写的能力。要采取多种方式，重视在日常的教学活动中对学生的学习情况进行考查，严格控制考试次数。

1988年版小学语文教学大纲在"教学中应该注意的几个主要问题"中提出，要改进成绩考查的方法，要加强教师的自身修养。

2000年版小学语文教学大纲中提出，要从态度情感和知识能力几个方面，采用书面、口头多种形式进行综合考查，不要考查词语解释；不要用难题、怪题、偏题和繁琐机械的题目考学生。由此可见，在这一时期的小学阶段，"语文考试"的相关内容要求尚未出现。

2. 中学阶段语文教学大纲中的教学评价阐述

1990年版中学语文教学大纲的"教学中应重视的问题"中提出，要对学生的学习及时做出分析评价，并指导他们自我评价。

1996年版高中语文教学大纲对"语文考试"的要求是：着重检查学生理解和运用祖国语言文字的能力。避免脱离读写听说的实际，单纯用知识概念、名词术语考学生；要紧密联系平时的语文训练、命题要针对学生学习的实际；要注意检查学生的自学语文的能力，考试方式要多样化；要重视教学效果的及时反馈。

2000年版初中语文教学大纲与2000年版小学语文教学大纲保持一致，并适当提高要求，如"对学生的评估要重视语文积累、语言文字运用能力和语文水平发展的评价，实行定量和定性相结合、客观与主观相结合、笔试和口试相结合，坚持态度情感与知识能力并重、过程与结果并重"，"语文考试要以主观试题为主……不能用难题、怪题、偏题和繁琐机械的题目考学生。语法修辞和文体常识不列入考试范围"。2000年版高中语文教学大纲对语文考试的要求与2000年版初中语文教学大纲的要求保持一致。

（二）语文课堂教学实践过程中的教学评价呈现

1. 语文课堂教学评价以评估能力为主

以1997—2000年的上海语文高考卷为例，各项能力题分值及占比如表2-3所示。[①]

表2-3 1997—2000年上海语文高考卷各项能力题分值及占比统计

类别	1997年		1998年		1999年		2000年	
	分值	占比(%)	分值	占比(%)	分值	占比(%)	分值	占比(%)
识记能力	16	10.7	8	5.3	5	3.3	4	2.7
理解能力	48	32	40	26.7	46	30.7	39	26
分析能力	24	16	26	17.3	22	14.6	20	13.3
应用能力	60	40	70	46.7	70	46.7	74	49.3
鉴赏能力	2	1.3	6	4	7	4.7	13	8.7

注：以上占比数据均以分值除以语文总分150分再乘以100%计算得出

由此可见，这个时期考试的主要内容是基本能力，与语文教学大纲的要求保持一致。

2. 语文课堂教学评价测试出现标准化倾向

2000年左右，我国中小学语文教学趋向标准化的考试。我国课后练习和考试的情况是，平时作业里包含了表述题和"标准化的练习"，但高考的试卷里却只包含标准化的试题。以《祝福》为例，有学者指出，受高考的影响，《祝福》的教学参考书或教案的编写者多提供类似高考的题型，如选择题、填空题等。[②]

况涛在《标准化考试——束缚中学语文教育的镣铐》一文中指出，要解放中学师生的思维个性，尤其是广大师生对语文学习的思维个性，中学语文考试必须摒弃"标准化试题"，跳出"标准化命题"的束缚。[③]

---

① 鲍志伸，时海成. 2000. 评2000年上海语文高考试题的新变化. 中学语文教学参考，（10）：4-6.

② 谢世涯. 1998. 新加坡与中国学生语文作业和考试之比较——以鲁迅《祝福》为例. 中学语文教学，（7）：20-23.

③ 况涛. 2000. 标准化考试——束缚中学语文教育的镣铐. 中学语文教学，（8）：13-14.

第七节　中小学语文课堂教学资源与教学设备

一、教学资源

（一）语文教学大纲规定的教学资源表述

1. 小学阶段语文教学大纲中的教学资源阐述

2000年版小学语文教学大纲在"教学中应该注意的几个问题"中提出，要充分利用现实生活中的语文教育资源，优化语文学习环境，努力构建课内外联系、校内外沟通、学科间融合的语文教育体系。

2. 中学阶段语文教学大纲中的教学资源阐述

中学阶段的语文教学大纲并未将"语文教学资源"作为独立的部分加以阐述。

（二）语文课堂教学实践过程中的教学资源呈现

在中小学语文教学过程中，教学资源主要体现为社会资源的利用方面。谢维和认为，教育和社会之间的资源交换存在4种类型：垂直的交换类型、平行的交换类型、间接的交换类型和直接的交换类型。对于中小学语文教学资源而言，其更多地体现为课内外交换类型。[①]

方传念在《语文教学课内外衔接方法例说》一文中提出，课内外教学资源开发有3种方法：内引、外联和对比。[②]我们从教学资源交换来看，主要有如下3种类型。

1. 结合课文，开发个人生活经验资源

例1：教学《社戏》一文"夏夜行船"一段中的"淡黑的起伏的连山，仿佛是踊跃的铁的兽脊似的，都远远地向船尾跑去了，但我却还以为船慢"一句时，提示学生思考这一句是如何形象贴切而又含蓄地表现出了船行之快的，并要求学生结合自己坐船（车）的体验谈谈其是如何感觉船（车）行驶（物体运动）的快慢的，从而引出判别物体的运动状况是跟选择参照物有关

---

① 谢维和. 1994. 论教育与社会的资源交换. 教育研究，（12）：25-29.
② 方传念. 1999. 语文教学课内外衔接方法例说. 中学语文教学参考，（11）：24-25.

的这一原理。文中观察者以行船作参照物，因为他与船的位置没有任何变化，觉得船未走，而是河岸的连山迎面而来，于是便产生了"连山向船尾跑去，我却还以为船慢"的判断结论。

例2：教《食物何处来》一文可围绕训练重点"掌握下定义和分类别的说明方法"这样设计：利用教材中"食物""自养""异养"的定义和分类，给学生讲解下定义、分类别的方法，然后让学生用上述方法给"汽车""自行车""飞机""拖拉机"等下定义、分类别。最后查词典，看别人是怎样定义的，让学生的能力在对比中得到巩固和提升。

2. 结合课文，开发音乐艺术文化资源

例：语文教师教学《白杨礼赞》，教师在讲到象征手法时，穿插唱了《小白杨》歌曲的内容。教师问："歌曲是歌颂谁的？"学生异口同声"解放军"。接着，教师把歌词一改，唱道："一个呀解放军，站在哨所旁，胳膊粗，腿儿壮，守卫着北疆……"学生听后，一个个哈哈大笑，教师便佯装不解问学生笑什么，学生答："这太直露了，没有艺术魅力。"就这样通过歌曲的穿插，学生在生动活泼的气氛中很快便明白了象征手法的特点之一是：把作者想说而又不愿直说的意思托意于物，从而增强文章的表现力。然后顺势导出象征手法的另一特点，学生也就容易理解了。

3. 结合课文，开发价值观培育的社会资源

例：以教学《我的叔叔于勒》为例，一位教师在引导学生归纳出作品运用对比的手法，描述了菲利普夫妇对待亲兄弟于勒前后截然不同的态度，揭示了资本主义社会人与人之间的关系是"纯粹的金钱关系"的主题后，接着讲述了一个发生在同学们身边的例子："两年前，我校有位学生得了白血病，这位学生得到了全校及社会各界的帮助，病情得到了控制。在去年的抗洪救灾活动中，他们一家拿出200元钱捐献给灾区，数目虽然不大，但对于一个母亲早逝，父亲有病，又要承担昂贵医疗费的家庭来说，是多么的不容易啊！"这样通过现实生活中的人和事与课文内容进行对比，既让同学们体会到了社会主义大家庭的温暖，"一方有难，八方支援"，也让学生进一步深刻理解了19世纪资本主义社会的丑恶、虚伪，把外国19世纪的作品拉近到学生的身边。

二、教学设备

（一）语文教学大纲规定的教学设备表述

1. 小学阶段语文教学大纲中的教学设备阐述

2000年版小学语文教学大纲在"教学设备"中首次提出教学设备的要求，具体是：配备充足的适合少年儿童阅读的古今中外文学名著、其他人文科学读物、科技读物等各类图书，配备足够的工具书、教学挂图和教学辅助资料、报纸杂志，配备录音带、录像带、光盘，配备幻灯机、投影仪、电视机、收音机、录像机、计算机及其他辅助器材、网络资源，装备视听教室、语音实验室、多媒体教室。

2. 中学阶段语文教学大纲中的教学设备阐述

1996年版高中语文教学大纲在"教学设备"中提出，教学设备包括图书资料、视听设备、声像教材。

2000年版初中、高中语文教学大纲与2000年版小学语文教学大纲对教学设备的规定保持一致，如：配备工具书、文学名著、人文科学读物、科技读物、教学挂图、报刊等；录音带、录像带、光盘；幻灯机投影仪、电视机、收录机、录像机、计算机及其他辅助器材、网络资源，装备视听教室、语音实验室、多媒体教室。

（二）语文课堂教学实践过程中的教学设备呈现

20世纪90年代，多媒体大放异彩，进入了当时的社会各界，人们由此面临着一场新的技术革命。不同于以往的计算机，不同于电视、电影，多媒体的功能更加强大、全面，它可以把文字、影像、声音等媒体信息通过计算机有机组合起来，实现动态视频、音频数据的实时采集，实时压缩存储与播放，为使用者提供生动、多样化的界面。[①]

多媒体不仅在信息传递方面表现出特有的优势，而且在调动学生非智力因素、促进学生发展方面有着特殊的优势。在教学中采用多媒体组合的方式，图像、音像在传递信息方面具有容量大、生动、形象、直观等特点，可实现认识对象在虚实和静动之间的相互转换，不受时间、空间的限制，如上海建平中学以多

[①] 程红兵. 1995. 多媒体在语文教学中的应用. 语文学习，（11）：32-34.

媒体大屏幕教学技术改进了语文学科教学实验。

1. 语文教学设备中出现了多媒体 CAI

CAI 是计算机辅助教学（computer assisted instruction）的简称，是一种用计算机进行教学的崭新形式。它以计算机为媒介，通过计算机与学生之间的交互作用完成教学过程。多媒体 CAI 就是在 CAI 模式的基础上运用多媒体技术，促进教学效果的改进。

这种教学模式主要用于课后练习等，为的是强化记忆、强化某一技能的练习。在万克平的《多媒体计算机辅助阅读教学浅论》一文中有 3 个案例，教老舍的《在烈日和暴雨下》时，用京剧唱腔伴奏；教赵树理的《老杨同志》时，用晋剧的梆子腔伴奏；教都德的《最后一课》时，用《马赛曲》伴奏①。这种伴奏需要的音频、视频、图片等均属于多媒体资源。

2. 以板书设计为主，出现了 PPT 演示

周逢铸在《谈中学语文教学的板书设计》一文中指出，板书是教师深入钻研教材，根据教材特点，结合教学对象，认真考虑教法后，精心设计出来的艺术品。此外，板书还可用于学生预习课文时，学生可以按提纲式、提要式、列表式、线索式、评论式、综合式等方式写出预习笔记②，如下例所示。

海燕

按海面景象的变化，全诗可分为三部分

一、（开头——"在泛起白沫的大海上飞翔"）：描写大海上风暴刚形成，海燕便渴望着暴风雨的来临。

二、（接着——"雷声轰响"）：描写暴风雨迫近了，海燕勇敢地迎接暴风雨。

三、（接着——篇末）：描写暴风雨即将来临，海燕热情地迎接暴风雨。

（初中语文第六册）

杨林在《语文板书设计应研究什么》一文中强调板书设计的规律性，下面以《在马克思墓前的讲话》中的板书为例（图2-2）。③

---

① 万克平. 1999. 多媒体计算机辅助阅读教学浅论. 中学语文教学参考，（3）：33-35.
② 周逢铸. 1985. 谈中学语文教学的板书设计. 兰州教育学院学报，（1）：119-121.
③ 杨林. 1999. 语文板书设计应研究什么. 中学语文教学参考，（1-2）：120-121.

```
                        ┌ 理论贡献 ┌ 贡献 1
                        │          │ 贡献 2
逝世→贡献 ┤              │          │ 贡献 n        →影响 ┌ 对资产阶级
                        └ 实践贡献 ┤ 制造舆论            └ 对无产阶级 →痛悼
                                   │ 参加组织
                                   └ 创立协会
```

图2-2　杨林《在马克思墓前的讲话》板书设计

另外，PPT 出现在中小学语文课堂中，何群在《语文课堂教学中 PowerPoint 的基本运用》一文中提出，PPT 能够非常容易地制作出集文字、图形、图像、声音视频于一体的幻灯片，如"运用 PowerPoint 备课和讲课不能缺少其他音像资料乃至实物教具。在《琐忆》授课时，教师可以通过视频展示台投影鲁迅先生与青年作家亲切交谈的照片，以此导入新课，使学生与课文中描写的鲁迅'神会'"[①]。著名特级教师于漪说："课的第一锤要敲在学生心灵上，激起学生思想的浪花；或者像磁石一样，把学生牢牢地吸引住。用多媒体敲这'第一锤'，容易将学生带入积极思维状态。"[②]

---

① 何群. 2000. 语文课堂教学中 PowerPoint 的基本运用. 语文教学通讯，（18）：33-36.
② 转引自：黄淳波，刘京穗. 1998. 华夏教育文集 第1卷. 北京：中国物资出版社，89.

第 三 章

新课程改革时期（2001—2010年）：多维发展的课堂实践

　　2001年启动的新课程改革（以下简称新课改）与学术界对教育实践问题的反思密不可分。新课改之前，教育领域的一些研究者就纷纷发文指出教育实践中存在的问题，例如，叶澜认为，把丰富复杂、变动不居的课堂教学过程简括为特殊的认识活动，把它从整体的生命活动中抽象、隔离出来，是传统课堂教学观的最根本缺陷。它使课堂教学变得机械、沉闷和程式化，缺乏生机与乐趣，是学生厌学、教师厌教的主要原因。在此基础上，叶澜提出了"让课堂焕发出生命活力"的口号。[①]在学术界的这种反思中，新课改开始酝酿。1999年6月，《中共中央国务院关于深化教育改革全面推进素质教育的决定》发布，提出智育工作要转变教育观念，改革人才培养模式，积极实行启发式和讨论式教学，激发学生独立思考和创新的意识，切实提高教学质量。2001年，国务院批准《基础教育课程改革纲要（试行）》，标志着我国基础教育新课改全面启动。2001年9月，新课改在全国38个国家级试验区进行试验；2002年秋季，试验进一步扩大至330个县市；2004年秋季，在对试验区工作进行评估和交流的基础上，新课改被推向了全国。[②]

---

① 叶澜. 1997. 让课堂焕发出生命活力——论中小学教学改革的深化. 教育研究，（9）：3-5.
② 郑东辉. 2005. 新中国课程改革的历史回顾. 教育与职业，（13）：49-50.

第一节　　新课程改革的背景

21 世纪初，我国不同领域都发生了重要变革，教育实践中显现的问题也逐渐引人关注，在现代教育理论的洗礼和冲击下，基础教育领域的宏大变革正在不断孕育。

一、社会变革对教育现状提出挑战

教育是社会的子系统，不断地受到政治、经济、文化、科技等其他社会子系统的影响，甚至可以说教育变革是各社会系统相互作用的结果。2001—2010 年是 21 世纪的第一个十年，也是中国发展强劲的十年，中国取得了令世界瞩目的成就。经济方面，2001 年，中国正式成为世界贸易组织的第 143 位成员；2010 年，中国的国内生产总值连续两个季度超过日本，成为世界第二大经济体。[①]政治方面，2004 年通过《中华人民共和国宪法修正案》，规定"国家保护个体经济、私营经济等非公有制经济的合法的权利和利益"，"公民的合法的私有财产不受侵犯"，"国家尊重和保障人权"。科技方面，我国在高原铁路建设、月球探测等方面取得了成就，神舟五号、神舟七号飞船成功升空，我国不但成为世界上第三个独立掌握载人航天技术的国家，而且实施了出舱活动。国际地位方面，中国在非洲、东南亚以及拉美等国家和地区获得了高度赞誉，成为令人瞩目的大国。经济、政治、科技、国际地位等方面的发展深刻地影响着教育这个社会子系统，面对深刻的国家变革与当代信息技术的挑战，教育改革在不断酝酿。

二、教育实践中的问题引发反思

新课改之前，基础教育领域的很多问题已经引发了学术界的广泛讨论和反

---

① 华夏时报. 2010-11-16. 中国 GDP 连续两个季度超日本. https://www.chinatimes.net.cn/article/ 18334.html. [2022-11-09].

思，有些被发表到了学术期刊上，最终被总结到了《基础教育课程改革纲要（试行）》这个文件中。

新课改之前，学术界也在尝试描述课堂教学实践中存在的主要问题，具体包括：①完成认识性任务成为课堂教学的中心或唯一，教学目标设定中最具体的是认识性目标，甚至要求达到发展能力的目标。②钻研教材和设计教学过程，是教师备课的中心任务，教师只是把学生作为一个处于一定年级阶段的抽象群体来认识，研究的重点是学生能否掌握教材、难点在何处，即教师还是以教材为中心来认识学生，按照教材来设计问题或者相关练习，教师心中和教案上都有明确的答案设定。③上课是执行教案的过程，理想进程是完成教案，教案是剧本，教师是主角，学生是配角、群众演员甚至观众。而叶澜"让课堂焕发出生命活力"的观点涉及两个问题：第一，把教学作为特殊的认识活动时是否忽略了它与其他认识活动之间的联系；第二，"特殊认识活动论"能否概括教学的全部本质。

《基础教育课程改革纲要（试行）》中也指出了当时基础教育课程目标、结构、内容、实施、评价、管理中的诸多问题，详见表3-1。

表 3-1　基础教育课程中存在的主要问题与改革目标

类别	现状与问题	改革目标
课程目标	过于注重知识传授	强调形成积极主动的学习态度，使获得基础知识与基本技能的过程同时成为学会学习和形成正确价值观的过程
课程结构	过于强调学科本位、科目过多和缺乏整合	整体设置九年一贯的课程门类和课时比例，并设置综合课程，以适应不同地区和学生发展的需求，体现课程结构的均衡性、综合性和选择性
课程内容	"难、繁、偏、旧"和过于注重书本知识	加强课程内容与学生生活以及现代社会和科技发展的联系，关注学生的学习兴趣和经验，精选终身学习必备的基础知识和技能
课程实施	过于强调接受学习、死记硬背、机械训练	倡导学生主动参与、乐于探究、勤于动手，培养学生搜集和处理信息的能力、获取新知识的能力、分析和解决问题的能力以及交流与合作的能力
课程评价	过分强调甄别与选拔的功能	发挥评价促进学生发展、教师提高和改进教学实践的功能
课程管理	过于集中	实行国家、地方、学校三级课程管理，增强课程对地方、学校及学生的适应性

《基础教育课程改革纲要（试行）》中对基础教育课程领域不同方面的问题进行了详细的阐述，并针对这些问题提出了新课改的具体目标。

三、现代教育理论对教学实践进行审视

改革开放以后，在教育研究者对教育实践进行反思的同时，西方各种教育理

论和流派纷至沓来，哲学、教育学、心理学等的不同流派在我国教育理论界碰撞和交融，重铸而成的教育思想转向了个体生命本位，转向了促进学生的探究性学习和自主性成长，这些理念引导了新的课程教学改革。

现代教学论重视学生自主性的发展。关于教师在教学过程中的地位和作用，20世纪80年代比较权威的说法是"在教学过程中教师发挥主导作用"，它突出的是教师对学生学习过程的支配、控制和决定。在这种观念的指导下，教师大部分的时间是站在讲台上，用问答的方式支配整个学习过程，在提问的过程中纠正那些不符合自己预期的答案，以保证课堂不出"意外"，顺利进行。教师的空间站位以讲台为中心，教学行为主要表现为讲授、提问、板书、评价等。随着教学理论的发展和对教育实践的反思，学界逐渐丰富和加深了对教师主导的认识，认为教师主导与学生主体是相辅相成的。因此，课堂教学的核心问题逐渐变成如何促使学生主动学习，新课改也朝着这个方向努力。

心理学理论的流变也影响着教学设计。教学设计的心理化历程经历着从行为主义到认知主义再到建构主义的演变，行为主义强调建立刺激和反应之间的联结，认知主义转向关注学习者内在的信息加工过程，建构主义强调以问题为核心驱动学习者进行自主学习，要为学生营造学习问题的真实情境。在现代教学设计中，我们可以看到这3种类型的教学设计的交叉与重叠，建构主义以学习者为中心、支持多种自主学习策略等观念在现代教学中逐渐受到重视。

后现代主义倡导建立平等、合作、对话的师生关系。后现代教育理论对"以教师为中心"的师生关系提出了尖锐的批评，倡导在课堂上建立一种平等的师生关系，在这种关系中，教师不是"权威"，而是"平等中的首席者"。随着后现代主义师生观的浸润，教师渐渐放弃了权威的地位，以更加平等的姿态与学生交流。

四、教育政策对新课改进行引领

2000年前后，我国相继颁布了一系列对基础教育影响深远的重要文件，从政策层面指引着中小学教学，也深刻影响着语文学科的课堂教学实践。1998年，我国制定《面向21世纪教育振兴行动计划》，1999年颁布《中共中央国务院关于深化教育改革全面推进素质教育的决定》，2001年颁布《基础教育课程改革纲要（试行）》，2001年教育部印发《全日制义务教育语文课程标准（实验稿）》。通过这一系列文件，我国掀起了一场以"深化教育改革，全面推进素质教育"为宗旨的基础教育新课程改革，即新课改。此次改革以政府主导、专家引领、教师参与为特征，具体做法是自上而下，整体推进，理念引导，试验探索，渐进铺开，取得了诸多理论与实践成果。①

《中共中央国务院关于深化教育改革全面推进素质教育的决定》中对课程改革的指引主要包括两个方面：第一，针对教学过程，积极实行启发式和讨论式教学，激发学生独立思考和创新的意识，切实提高教学质量。要让学生感受、理解知识产生和发展的过程，培养学生的科学精神和创新思维习惯。第二，改变课程过分强调学科体系、脱离时代和社会发展以及学生实际的状况。抓紧建立更新教学内容的机制，加强课程的综合性和实践性，重视实验课教学，培养学生实际操作能力。

《国务院关于基础教育改革与发展的决定》中对课程改革的指引主要包括3个方面：第一，强调学生要具有初步的创新精神、实践能力、科学和人文素养以及环境意识；具有适应终身学习的基础知识、基本技能和方法。第二，建构适合学生身心发展的课程体系，小学加强综合课程，初中分科课程与综合课程相结合，高中以分科课程为主。从小学起逐步按地区统一开设外语课，中小学增设信息技术教育课和综合实践活动，中学设置选修课。第三，继续重视基础知识、基本技能的教学并关注情感、态度的培养；充分利用各种课程资源，培养学生收集、处理和利用信息的能力；开展研究性学习，培养学生提出问题、研究问题、解决问题的能力；鼓励合作学习，促进学生之间相互交流、共同发展，促进师生教学相长。

《基础教育课程改革纲要（试行）》中对课程改革的指引主要包括4个方面：第一，提出知识与技能、过程与方法、情感态度与价值观这三维课程目标；第二，在教学过程上，教师在教学过程应与学生积极互动、共同发展，促进学生在教师指导下主动地、富有个性地学习；第三，在教材开发与管理上，要积极利用并开发信息化课程资源，教材内容的组织应多样、生动，有利于学生探究，并提出观察、实验、操作、调查、讨论的建议；第四，在课程评价上，评价不仅要关注学生的学业成绩，而且要发现和发展学生多方面的潜能，了解学生发展中的需求，帮助学生认识自我，建立自信。

课题组分析后发现，2001年颁布的《全日制义务教育语文课程标准（实验稿）》也提出了新的教学理念：第一，在课程的基本理念中积极倡导自主、

---

① 张绍军. 2016. 我国新世纪基础教育课程改革从课程到课堂走向研究. 长沙：湖南师范大学，1.

合作、探究的学习方式；第二，课程目标根据知识和能力、过程和方法、情感态度和价值观3个维度设计；第三，在总目标中除了强调形成扎实的语文基础知识外，还强调"发展思维能力，激发想象力和创造潜能。逐步养成实事求是、崇尚真知的科学态度，初步掌握科学的思想方法"；第四，课程资源的开发与利用方面，语文教师应高度重视课程资源的开发与利用，创造性地开展各类活动；第五，在教学建议中强调充分发挥师生双方在教学中的主动性和创造性。

在信息时代和我国重要社会变革的背景之下，我国的教育理论研究者不断根据新的教育理论审视和反思教育实践，在这些因素的共同影响下，新课改逐渐拉开序幕。

第二节　中小学语文课堂教学目标

"三维目标"以其概括性和简明性成为2001年新课改的标志性术语，是新课改在教学层面上影响最为广泛的概念。三维目标在《基础教育课程改革纲要（试行）》中被明确提出，但研究者在解读、实践的过程中一直存在争议。

一、三维目标的提出、解读、质疑、辨析

三维目标被提出来以后，学术界对其内涵的解读并未达成统一，其中不乏质疑的声音，因此在描述其实践样态之前，有必要描述其内涵上的争议。

（一）三维目标的提出

三维目标提出的直接依据是2001年颁布的《基础教育课程改革纲要（试行）》和随后教育部副部长王湛在全国基础教育课程改革实验工作座谈会上的讲话。《基础教育课程改革纲要（试行）》在"基础教育课程改革的具体目标"部分明确提出："改变课程过于注重知识传授的倾向，强调形成积极主动的学习态度，使获得基础知识与基本技能的过程同时成为学会学习和形成正确价值观的过程。"其在"课程标准"部分明确提出，课程标准"应体现国家对不同阶段的学生在知识与技能、过程与方法、情感态度与价值观等方面的

基本要求"。王湛认为，首先，要根据基础教育的性质和时代特点，确定哪些基础知识和基本技能是学生终身发展必备的，同时应重新界定新时期基础知识与基本技能的概念；其次，要强调学习的过程与方法；最后，尤为重要的是要在学习知识的过程中潜移默化地培养学生正确的价值观、人生观和世界观，要引导学生在学习知识的过程中形成正确的价值选择，具有社会责任感，努力为人民服务，树立远大理想。

《基础教育课程改革纲要（试行）》中有两个地方出现了三维目标：第一个是在"基础教育课程改革的具体目标"部分的第一条，但是这里没有明确说出三维目标是课程目标；第二个是在"课程标准"部分，指出"课程标准"应该体现国家对不同阶段学生在这3个方面的基本要求，由此对课程标准的编写做出了规定。2001年的《全日制义务教育语文课程标准（实验稿）》在"课程标准的设计思路"部分则明确提出，"课程目标根据知识和能力、过程和方法、情感态度和价值观三个维度设计。三个方面相互渗透，融为一体，注重语文素养的整体提高"[①]。这里指出，三维目标是语文课程目标设计的依据。

（二）三维目标的解读

三维目标在《基础教育课程改革纲要（试行）》和2001年的《全日制义务教育语文课程标准（实验稿）》中被提出后，学术界纷纷对三维目标进行了概念阐释和解读。

对三维目标的概念阐释比较有代表性的是钟启泉和崔允漷，他们于2001年在《为了中华民族的复兴 为了每位学生的发展——〈基础教育课程改革纲要（试行）〉解读》一书中指出，课程目标陈述基本方式可以分为两类：一是采用结果性目标的方式；二是采用体验性或表现性目标的方式。[②]如表3-2所示。

表3-2详细列出了结果性目标的两个领域——知识领域和技能领域，以及体验性目标的两个领域——过程与方法领域和情感态度与价值观领域，并分别对这4个领域进行了水平划分。例如，知识领域包含了解、理解、运用3个水平，并在每个水平层次之后给出了用来描述这一水平的示例性词语，这些词语为广大一线教师表述相关目标提供了参考。

① 中华人民共和国教育部. 2001. 全日制义务教育语文课程标准（实验稿）. 北京：北京师范大学出版社，3.

② 钟启泉，崔允漷. 2001. 为了中华民族的复兴 为了每位学生的发展——《基础教育课程改革纲要（试行）》解读. 上海：华东师范大学出版社，3-29.

表 3-2　三维目标的分类及陈述表

学习领域		学习水平
结果性目标及其陈述方式	知识领域	1. 了解水平。包括再认或回忆知识；识别、辨认事实或证据；举出例子；描述对象的基本特征等。表述如说出、背诵、辨认等
		2. 理解水平。包括把握内在逻辑联系；与已有知识建立联系；进行解释、推断、区分、扩展；提供证据；收集、整理信息等。表述如解释、说明、比较、分析等
		3. 运用水平。包括在新的情境中使用抽象的概念、原则；进行总结、推广；建立不同情境下的合理联系等。表述如应用、使用、质疑、辩护、设计等
	技能领域	1. 模仿水平。包括在原型示范和具体指导下完成操作；对所提供的对象进行模拟、修改等。表述如模拟、重复、再现、模仿、例证、临摹等
		2. 独立操作水平。包括独立完成操作；进行调整与改进；尝试与已有技能建立联系等。表述如完成、表现、制定、解决等
		3. 迁移水平。包括在新的情境下运用已有技能；理解同一技能在不同情境中的适用性等。表述如联系、转换、灵活运用、举一反三、触类旁通等
体验性目标及其陈述方式	过程与方法领域	1. 经历（感受）水平。包括独立从事或合作参与相关活动，建立感性认识等。表述如经历、感受、参加、参与、尝试、寻找等
	情感态度与价值观领域	2. 反应（认同）水平。包括在经历基础上表达感受、态度和价值判断；做出相应的反应等。表述如遵守、拒绝、认可、认同、承认、接受等
		3. 领悟（内化）水平。包括具有相对稳定的态度；表现出持续的行为；具有个性化的价值观念等。表述如形成、养成、具有、热爱、树立等

　　钟启泉也对三维目标的内涵进行了详细阐释。他认为，第一维目标（知识和技能）指向人类生存所不可或缺的核心知识和基本技能；第二维目标（过程与方法）中的"过程"指向应答性学习环境与交往体验，"方法"指向基本学习方式和生活方式；第三维目标（情感态度与价值观）指学习兴趣、学习态度、人生态度以及个人价值与社会价值的统一。三维目标是一个整体，不可分割。任何学科的构成总是包含知识、方法、价值这样 3 个层面的要素：其一，构成该学科的基础知识和基本概念的体系；其二，该学科的基础知识和基本概念体系背后的思考方式与行为方式；其三，该思考方式与行为方式背后的情感、态度和价值观。[①]因此，"三维目标"不是在学科之外强加于学科教学的价值追求，而是学科自身内在隐含的价值。

　　钟启泉还介绍了日本学者水越敏行"教学目标链"的设计思路、分析的层级与领域表，区分了"目标层级"（包括学科、单元、课时）与"目标领域"（包括认知目标、行为目标、体验目标）两个维度，建构了教学目标分析的框

---

① 钟启泉. 2011. "三维目标"论. 教育研究，（9）：62-67.

架，如表3-3所示。①

表 3-3 教学目标分析的层级与领域表

层级与领域	A 认知目标	B 行为目标	C 体验目标
Ⅰ 学科·领域			
Ⅱ 单元·题材			
Ⅲ 课时·阶段			

表3-3区分了目标设计的层级与领域，3个目标层级与3个目标领域共同构成了9个区域，教师在进行教学目标分析时，必须兼顾这9个"细胞"，并且三维目标在实践操作层面应该根据师生互动的动态过程进行落实，不应该机械地以课时为单位平均分摊。

除此之外，其他学者也对三维目标进行了解读，例如，杨九俊认为，三维目标是"课程总体目标"的3个向度，不能直接拿来当成教学目标。②王宇翔认为，三维目标的实质就是广为人们所熟悉的知识、能力和品德目标，在知识获得的过程中培养能力和培育品德，其协调统一就是智育和德育的协调统一，是对我国教育方针的具体落实。③蔡铁权则认为，三维目标的重点应该放在其在教学过程中是如何实现的。④杨钦芬认为，三维目标拓展了知识、技能的视域；过程和方法是让学生能有效监控自己的学习过程；情感、态度与价值观则体现了情感目标的复杂性、层次性和多维性，更具弹性和灵活性。⑤

（三）三维目标的质疑

研究者从两种角度对三维目标提出了质疑：一种是从布卢姆的教育目标分类学角度；另一种则是从教学论角度。

1. 从布卢姆的教育目标分类学角度质疑三维目标

吴红耘和皮连生根据布卢姆的教育目标分类学质疑了三维目标的提法。修订后的布卢姆认知目标分类框架将认知目标按两个维度划分：一个是知识

---

① 钟启泉. 2011. "三维目标"论. 教育研究，（9）：62-67.
② 杨九俊. 2008. 新课程三维目标：理解与落实. 教育研究，（9）：41.
③ 王宇翔. 2013. 新课程三维目标的原点解读. 教育评论，（6）：40.
④ 蔡铁权. 2006. 三维目标的课程观诠释. 全球教育展望，（3）：59-60.
⑤ 杨钦芬. 2008. 新课程三维目标的解读与整合策略. 教育学术月刊，（7）：17.

维度。知识被分为4类：事实性知识、概念性知识、程序性知识和元认知知识（也称反省认知知识）。另一个是认知过程维度，每一类知识的掌握都可分为6级水平，即记忆、理解、运用、分析、评价和创造。三维目标分类框架是从学习领域和学习水平两个角度来建构的，两个框架的对比如表3-4和表3-5所示。

表 3-4　修订后的布卢姆认知目标分类框架

知识维度	认知过程维度					
	1. 记忆	2. 理解	3. 运用	4. 分析	5. 评价	6. 创造
A. 事实性知识						
B. 概念性知识						
C. 程序性知识						
D. 元认知知识						

表 3-5　三维目标分类框架

学习领域		学习水平
结果性目标	知识	1. 了解；2. 理解；3. 运用
	技能	1. 模仿；2. 独立操作；3. 迁移
体验性目标	过程与方法（或能力与方法）	1. 经历（感受）
	情感态度与价值观	2. 反应（认同） 3. 领悟（内化）

　　吴红耘和皮连生参照安德森等修订的布卢姆的教育目标分类学框架指出，三维目标分类框架主要存在以下问题。

　　第一，三维目标中的核心概念"知识""技能"的定义边界不清，互相交叉。对于表3-5中的技能，因为其第一级水平是"模仿"，所以只适合指称动作技能。如果此处的知识应该与布卢姆分类学中的广义知识概念相对应的话，学习方法或思维方法已包含在广义知识概念中，不应该另提"方法"。学习方法如果指认知策略的话，也属于广义的知识。三维目标没有对知识和技能做出明确的界定，容易引起歧义。

　　第二，混淆"目标"和"非目标"。表3-5中的"过程与方法"是指教学过程与教学方法或者学习过程与学习方法，如自主学习、探究性学习、合作学习等，这些涉及的是"如何去哪里"而不是"去哪里"，"去哪里"才是目标，而"如何去"，包括"方式"或"途径"等，是手段、过程，而不是目标，不应该在教育目标范围内讨论它们。

第三，"体验性目标"这一提法值得商榷。表3-5中的知识、技能、价值观如果未被学生接受，那么它们就都是外在的。只有经过学生的体验（或经历、经验）之后，它们才能转化为学生内在的能力或倾向，成为一定的学习结果。所以，任何目标都需要经历一个体验过程才能实现，包括知识、技能的获得，把"体验"单独列为目标是荒谬的。

第四，学习领域与学习水平的划分逻辑值得商榷。经历（感受）水平、反应（认同）水平和领悟（内化）水平这些术语不能与"过程"结合起来用来描述过程目标。例如，我们不能说"过程"的经历（感受）水平、"过程"的反应（认同）水平和"过程"的领悟（内化）水平。[①]

由于教育基本理论和课程理论还处于建设之中，研究者对某些概念存在争议在所难免，但是这种争议和讨论本身是有利于教育理论发展的。

2. 从教学论角度质疑"三维目标"

从教学论角度对三维目标提出质疑的学者以王策三先生为代表，其质疑主要包括以下几个方面。

第一，"三维目标"不是创新。我国教学论早已指出，课程要素或主要成分有3个基本方面：关于客体对象属性及其规律的科学知识；关于活动，尤其是认识活动的科学方法；与道德、审美关系和活动相联系的价值经验。这就从课程要素的角度提出了三维目标。

第二，混淆学习过程与学习结果。把"过程与方法"列为三维目标之一，把学习结果与学习过程甚至教学过程相混淆，不仅概念含糊，而且存在明显的逻辑错误。

第三，三维目标结构关系混乱。新课改是把"过程与方法""情感态度与价值观"作为与"知识与技能"同等重要的目标维度加以阐述的，有的论者因此称它为"平行结构论"。而有的论者征引日本学者"崭新学力观"的"冰山"隐喻，把知识维度放到了"冰山"山顶，因此称之为"倒置（结构）"论。这些议论，且不究其是非正误，明显表现为信手写来，互不一致。

第四，三维目标落实困难。三维目标援引的是日本学者"三维目标链"

① 吴红耘，皮连生. 2009. 修订的布卢姆认知教育目标分类学的理论意义与实践意义——兼论课程改革中"三维目标"说. 课程·教材·教法，(2)：92-96.

的说法，区分目标的层级和领域，形成和通过"目标"的"链条"，加以落实，在层级中渐次细化，兼顾层级和领域之间的关联，看起来似乎很细致、很具体，当然也不无一定意义，但是，无论细致、具体到哪个层级和领域，还只是目标，广大教师并不能因此搞明白在某某层级和领域中究竟怎样进行操作。[①]

（四）三维目标争议焦点辨析

综合上面两篇文章的质疑和其他关于三维目标内涵讨论的文献，我们发现争议焦点主要存在于以下几个方面。

1. 三维目标是课程目标还是教学目标？

三维目标是课程目标还是教学目标？有人认为它指向课程总体，如杨九俊，也有人认为它指向教学实践，如崔允漷，这种对三维目标层级的定位不清造成了实践中的混乱。《基础教育课程改革纲要（试行）》指出，课程标准"应体现国家对不同阶段的学生在知识与技能、过程与方法、情感态度与价值观等方面的基本要求"。2001年的《全日制义务教育语文课程标准（实验稿）》指出，"课程目标根据知识和能力、过程和方法、情感态度和价值观三个维度设计"，课程目标指的是"课程本身要实现的具体目标和意图，它规定了某一教育阶段的学生通过课程学习以后，在发展品德、智力、体质等方面期望实现的程度，它是确定课程内容、教学目标和教学方法的基础"。[②]教学目标指的是教学活动预期所要达到的结果，一个具体的教学目标的表述应该包括4个要素：行为主体、行为动词、情境或者条件、表现水平或标准。三维目标显然是课程目标，一门课程的总目标要依据知识与能力、过程与方法、情感态度与价值观这3个维度来进行设计，但并不是说每节课的教学目标都要包括这3个维度。课程实施具有系统性和连贯性，在系统的、连贯的课程实施过程中达成这3个维度，就实现了课程的三维目标。

2. 三维目标是谁的三维？

三维目标不是3种目标，三维应该指向一个事物的3个方面，例如，一个盒子的长宽高3个维度都指向盒子。那么三维目标是谁的三维呢？目前有两种看法：一种是指向学科系统，是学科系统的3个方面；另一种是指向学生的学习结

① 王策三. 2015. "三维目标"的教学论探索. 教育研究与实验，（1）：1-11.
② 全国十二所重点师范大学联合编写. 2014. 教育学基础（第3版）. 北京：教育科学出版社，169.

果，是学生学习结果的3个方面。如果是第一种，则需要修正第一个维度，将"知识与能力"改成"概念命题与理论"。"概念命题与理论""过程与方法""情感态度与价值观"这3个层次都是从知识的角度提出的，并且程度由浅入深变化。①任何一个学科或者学科系统都包括这3个方面。如果是第二种，则存在逻辑问题，因为"过程与方法"不属于学习的结果，而是达成学习目标的过程。钟启泉在《"三维目标"论》中指出，"第一维目标指人类生存所不可或缺的核心知识和基本技能；第二维目标的'过程'指应答性学习环境与交往体验，'方法'指基本学习方式和生活方式；第三维目标指学习兴趣、学习态度、人生态度以及个人价值与社会价值的统一"②。这里的第一维是从知识的角度阐释的，而第二维和第三维则是从学生学习结果的角度阐释的。据此看来，这三维目标并不指向同一个事物，不是同一个事物的3个方面，"三维"的提法有待商榷。但是，根据《全日制义务教育语文课程标准（实验稿）》的规定，作为课程目标的三维目标应该是课程学习结果的3个方面，这里的"过程与方法"和"结果"又存在逻辑矛盾。"过程与方法"是不是目标，也一直存在争议。

二、三维目标的实践样态

2001年颁布的《全日制义务教育语文课程标准（实验稿）》在"课程标准的设计思路"部分明确指出，"课程目标根据知识和能力、过程和方法、情感态度和价值观三个维度设计"。也就是说，三维目标是课程目标，课程目标应该在整个课程教学的系统性和连续性中实现，那么是否每一节课都要体现三维目标呢？这个无法明文规定，只能是教师根据具体的教学设计自己理解和把握。有的教师直接把三维目标作为教学目标，有的教师不直接按照三维目标的方式来写，但是努力在目标设计中体现新课改的理念，如关注学生的学习过程、重视语文教学的人文性等。

（一）三维目标在具体教学课例中的呈现方式

三维目标的呈现方式主要分为两种。第一种是直接把三维目标作为教学目标来表述，如表3-6中的4个课例的目标所示。

---

① 李润洲. 2016. "三维目标"研究的回顾与创新. 教育科学研究，（9）：30.
② 钟启泉. 2011. "三维目标"论. 教育研究，（9）：62-67.

表 3-6　直接将三维目标作为教学目标的案例

序号	年份	标题	目标设计
1	2002	反思 突破 创新——小学语文第八册《全神贯注》教学札记①	知识、能力方面：通过默读和朗读，初步把握文章的主要内容；抓住重点词语，联系上下文，并结合自己的生活经验和情感体验理解重点语句，体会罗丹工作时的全神贯注，对艺术的精益求精。 习惯、方法方面：通过预习，逐步培养学生搜集信息、整理信息、运用信息的能力；运用感情朗读、表演朗读等多种方法体会人物的思想感情；运用圈点标注等方法精读课文，把握课文的主要内容；小组讨论，尝试合作学习，与他人交流自己的阅读感受，分享自己的阅读体验。 情感、态度、价值观方面：通过对课文中罗丹全神贯注工作时的动作、语言描写的涵泳、品味、揣摩，体会罗丹丰富的内心世界；通过联想和想象填补、充实课文中的"空白"，与罗丹进行心灵的对话、交流，获得更加独特和个性化的情感体验，从而领悟到"一切工作，如果值得去做，而且要做得好，就应该全神贯注"
2	2005	《乡愁》教学设计之一②	知识与技能：把握基调（思想感情），激情朗读，掌握诗歌鉴赏知识，培养诗歌鉴赏能力。 过程与方法：读诗，想象，互讨，创作，师生互动。 情感态度与价值观：运用多媒体辅助教学，使学生入其境、得其情，体验乡愁的情感，理解海外游子对祖国母亲的深深思念，激发学生爱祖国、爱家乡、爱亲人的情感；学习诗歌选择平凡而丰富的意象递进组合，来概括诗人坎坷的生活经历和对祖国的绵绵思念的手法。 融入德育：培养思国爱家情感
3	2010	《陈情表》教学设计③	知识与能力目标：①品味作者在叙述中蕴含的真切情感，理解"忠""孝"的含义；②积累文言词语。 过程与方法目标：①诵读法，体会作者在叙述中蕴含的真切情感；②点拨法，点拨字、词、句，通过抓住文本中的关键语句，使学生领会"情""理"结合的手法；③讨论法，通过关键问题的提挈，廓清思维认识。 情感态度价值观目标：①了解"孝"是中华民族的传统美德；②学会感恩，懂得用爱来报答长辈
4	2013	无处安放的文化乡愁——《听听那冷雨》教学设计④	知识与技能目标：在反复诵读中体会文中的情思、意境和独具魅力的语言；通过对文本的赏析，学习作者运用语言的技巧。 过程与方法目标：自主学习，反复诵读，抓住关键语句，并结合自己的体验领悟文章的思想感情。 情感与价值观目标：理解作者深沉的乡愁，以及对传统文化浓郁的思慕之情；学生能通过活动体验实现个性化、多元化解读

　　第二种是参考三维目标的理念设计教学目标，但是没有把教学目标分成三维目标所包含的3个条目，即不是从"知识与技能""过程与方法""情感态度与价值观"3个维度表述的，如表3-7所示。

① 冯春. 2002. 反思 突破 创新——小学语文第八册《全神贯注》教学札记. 山东教育科研，（10）：33-34.
② 胡颖. 2005.《乡愁》教学设计之一. 语文建设，（2）：20-21.
③ 祝宇. 2010.《陈情表》教学设计. 现代语文，（11）：116.
④ 谢树峰. 2013. 无处安放的文化乡愁——《听听那冷雨》教学设计. 语文教学之友，（8）：28.

表 3-7 不按三维目标表述的教学案例目标

序号	年份	课例题目	目标设计
1	1995	九年义务教材小学语文第四册《丑小鸭》教案①	1. 学会课文里的9个生字和课文出现的新词； 2. 通过丑小鸭的故事培养学生从小和善待人、互相尊重和正确认识自己的思想行为； 3. 有感情地朗读课文，背诵课文最后一段
2	2005	人教版小学语文二年级下册《丑小鸭》课堂教学实录及点评②	1. 正确、流利、有感情地朗读课文，学会积累好词好句； 2. 理解课文内容，学会正确对待自己
3	2007	《丑小鸭》教学设计及反思③	1. 会认14个生字，会写12个字； 2. 正确、流利、有感情地朗读课文，积累好词佳句； 3. 感受故事所表达的积极意义，引导学生感悟出要善待他人、互相尊重的道理，同时要正确地认识自己
4	2008	《丑小鸭》教学设计④	1. 会认14个生字，会写12个字； 2. 正确、流利、有感情地朗读课文，积累好词佳句； 3. 懂得善待他人、互相尊重的道理，同时要正确地认识自己
5	2008	《丑小鸭》教学设计⑤	1. 理解丑小鸭的形象就是作者的自我写照； 2. 揣摩语言，体味童话的艺术魅力； 3. 引导学生理解丑小鸭形象的现实意义
6	2009	《丑小鸭》（第二课时）教学设计⑥	1. 会认14个生字，会写12个字； 2. 正确、流利、有感情地朗读课文，积累好词佳句； 3. 懂得要善待他人、互相尊重的道理，同时要正确地认识自己
7	1995	《济南的冬天》教学评析⑦	1. 抓住"景""情"二字，引导学生学习从不同角度观察、描写景物的方法； 2. 培养学生有感情朗读的能力； 3. 使学生在情感上与作者产生共鸣
8	2003	《济南的冬天》微型教案⑧	1. 理解作者对大自然的赞美之情，培养学生热爱祖国河山的思想感情； 2. 学习抓住事物特征展示事物特点的作文方式； 3. 培养学生探究、合作的学习能力
9	2009	《济南的冬天》教学案例⑨	1. 知识目标：①根据课文中的语言环境理解词语的意义；②学习准确生动的语言描写方法，品味文章的画面美，体会作者蕴含在字里行间的情感；③理解修辞手法对景物描写的作用。 2. 能力培养点：①抓住景物特征，按照一定顺序进行准确的描写，提高语言表达能力；②通过反复朗读，培养学生的语感。 3. 情感体验点：①引导学生感受大自然的美景；②培养学生热爱祖国大好河山的思想感情（观察自然、欣赏自然、感悟自然）

---

① 赵玉春. 1995. 九年义务教材小学语文第四册《丑小鸭》教案. 辽宁教育，（Z1）：58.

② 赵小坤，毛云. 2005. 人教版小学语文二年级下册《丑小鸭》课堂教学实录及点评. 中小学教学研究，（7）：33.

③ 戴慧萍. 2007.《丑小鸭》教学设计及反思. 中小学教学研究，（4）：51-52.

④ 陈建先. 2008.《丑小鸭》教学设计. 小学教学参考，（13）：26-27.

⑤ 柳静. 2008.《丑小鸭》教学设计. 文学教育（下），（3）：82.

⑥ 林莺歌. 2009.《丑小鸭》（第二课时）教学设计. 语文教学通讯，（9）：31-32.

⑦ 王清泉. 1995.《济南的冬天》教学评析. 电化教育，（1）：26-27.

⑧ 张晓勤. 2003.《济南的冬天》微型教案. 中学语文教学参考，（7）：23-24.

⑨ 丁维仲. 2009.《济南的冬天》教学案例. 文学教育（上），（12）：90.

续表

序号	年份	课例题目	目标设计
10	2010	清水出芙蓉 天然去雕饰——《济南的冬天》教学设计①	1. 理解重点词句，品味积累语言，体味济南的冬之美； 2. 在朗读、品析中感受自然之美，初步培养感悟散文的能力
11	1988	《鸟的天堂》教学设想（六年制第十册）②	1. 激发学生热爱大自然的思想感情； 2. 学习本课抓住事物的特点，按一定顺序观察事物的方法，掌握动态和静态描写手法； 3. 联系课文内容理解课后第二题的句子所表达的思想感情
12	2003	入情入境 感悟运用——谈《鸟的天堂》的导学思路③	1. 感受大榕树的奇特和美丽，体会大榕树上众鸟纷飞的壮观景象，培育热爱大自然、热爱美的感情； 2. 诵读，在读中积累语言，培养语感； 3. 体会语言文字的生动准确，并试着运用动静结合的方法练习表达
13	2006	《鸟的天堂》教学设计④	1. 学会6个生字，能正确读写下列词语：纠正、逼近、茂盛、做巢、静寂、留恋、翠绿、颤动、不计其数、应接不暇； 2. 有感情地朗读课文，背诵课文中喜欢的部分；理解内容，感受文中描写"鸟的天堂"那种人与自然友好相处的和谐之美，增强保护生态环境的意识； 3. 体会文章的思想感情，引导学生感悟课文的语言之美
14	2010	以读促写 充分发挥课文的"例子"作用——《鸟的天堂》教学有感⑤	1. 学生自主学习生字词，熟读课文，理清课文思路； 2. 重点学习5—9自然段，品读感悟作者如何写榕树之大、绿和茂盛；作者从整体到局部观察大榕树，从整体"我"认为有许多榕树，而朋友却说"只有一株榕树"，突出榕树之大，从局部的"枝"和"叶"的描写，突出榕树的绿和茂盛；在反复的朗读过程中体会作者遣词造句的精彩之处； 3. 重点学习课文第12—13自然段，学习点面结合的描写方法，体会作者从听觉、视觉的角度出发，从写鸟儿的叫声、形态、动作中表现出作者对鸟儿的喜爱之情，从而表达作者对大自然的热爱和赞美之情

　　若直接把三维目标当成教学目标，则目标就被分成3个维度，但是由于教师对3个维度的认识不同，他们对这3个维度的表述也存在一些差异。例如，表3-6中，在《全神贯注》这个教学案例中，教师区分的3个维度是知识、能力，习惯、方法，情感、态度、价值观。在《听听那冷雨》这个教学设计中，教师区分的3个维度是知识与技能、过程与方法、情感与价值观。由此可以看出，教师似乎直接把三维目标作为教学目标来使用，但是也根据自己的

①　余志明. 2010. 清水出芙蓉 天然去雕饰——《济南的冬天》教学设计. 中学语文教学，（7）：57-58.
②　柴晓云. 1988.《鸟的天堂》教学设想（六年制第十册）. 宁夏教育，（2）：11.
③　朱先云. 2003. 入情入境 感悟运用——谈《鸟的天堂》的导学思路. 人民教育，（12）：31-33.
④　李照兴. 2006.《鸟的天堂》教学设计. 中小学电教，（8）：52-53.
⑤　张玉秀. 2010. 以读促写 充分发挥课文的"例子"作用——《鸟的天堂》教学有感. 才智，（33）：73.

需要进行了微调。

　　表3-7呈现了一些经典课文篇目在不同年代的教学目标，如呈现了《丑小鸭》这个经典课文篇目在1995年、2005年、2007年、2008年、2009年的教学目标，从中我们能看出1995—2009年教师主要强调识字、朗读、情感态度、修辞写作等方面的目标。虽然没有按照三维目标的条目来撰写，但是这些内容本身就涉及了知识与技能、情感态度与价值观等方面的内容。例如，识字目标里强调"会认14个生字，会写12个字"就包含了认字的知识和写字的技能；"通过丑小鸭的故事培养学生从小和善待人、互相尊重和正确认识自己的思想行为"则指向情感态度与价值观的培养。也就是说，三维目标中的"知识与技能""情感态度与价值观"这两个维度的目标一直就存在，也与语文教育的工具性和人文性两个方面相契合，因此这两类目标是不同年代教师对经典课文篇目的教学设计的共同特征。新课改以后，有些教师为了响应政策的引导，增加了过程与方法维度的目标。

　　从以上课例可以看出，对三维目标概念认识上的不一致从理论探讨延伸到了实践。第一，"知识与能力"和"知识与技能"由于在政策文件中没有得到统一，在具体的教学设计中也没能得到统一。第二，"过程与方法"目标主要被理解成课堂上生生之间、师生之间互动的过程，有些课例从学生学习过程的角度加以描述，有些则从教学方法的角度加以描述。有些关于"过程与方法"的表述不像是目标，而更像是直接描述师生互动过程，如"读诗，想象，互讨，创作，师生互动"（表3-6中的例2）。教学目标的表述应该包括行为主体、行为动词、情境或者条件、表现水平或者标准4个要素，表3-6中的例2这种表述则缺少了"表现水平或标准"。第三，有的教师把"情感态度与价值观"目标理解成了"德育渗透"，"渗透"是把学生当成一个待塑造的"客体"，而新课改的理念则是强调学生在教学中的主体地位，这可以看成是新旧课程理念冲突在目标陈述中的表现。情感态度与价值观目标的表述思路主要是先让学生理解课文表达的情感、态度、价值观，然后培养学生相应的情感。

（二）知识与技能目标仍然占据重要的位置

　　从表3-6和表3-7中可以看出，知识与技能目标仍然得到重视。让学生获得学科知识和技能一直是中小学教育的主要目标。由于知识与技能是高考测试的主要内容，它们在中小学学科课程的教学目标中具有无法撼动的重要地位。从表3-7的14个以及其他2001—2010年发表的课堂教学设计或实录来看，几乎所有的教学目标中都包含知识与技能目标。知识目标包括字词的学习和积累，以及关于文章主要内容的事实性知识；技能目标主要包括学习文章的写作手法以及有感情地朗读课文。知识与技能目标通常放在教学目标的第一条，例如，在《鸟的天堂》这个教学实录里，教师设计的知识与技能目标是"能正确读写下列词语：纠正、逼近、茂盛、做巢、静寂、留恋、翠绿、颤动、不计其数、应接不暇"①。

教师在表述教学目标时，常常把知识与技能目标和过程与方法目标放在同一条里，或者把知识与技能和情感态度与价值观目标放在同一条里，导致条理并不是很清楚。例如，《陈情表》教学设计中的知识与技能目标为：品味作者在叙述中蕴含的真切情感，理解"忠""孝"的含义；积累文言词语。②《全神贯注》教学设计中的知识与技能目标为："通过默读和朗读，初步把握文章的主要内容；抓住重点词语，联系上下文，并结合自己的生活经验和情感体验理解重点语句，体会罗丹工作时的全神贯注，对艺术的精益求精。"③《爱莲说》教学设计中的知识与技能目标为："反复诵读课文，揣摩背诵课文，理解文章的主旨（要求学生提交自制的朗读背诵声音文件）；自主浏览信息，学习一些文言词语，体会本文托物言志和衬托的写法，学习记叙、抒情、议论的结合；参与网上讨论，学会协作学习；学习写对联。"④

（三）过程与方法目标逐渐得到重视

尽管关于"三维目标是谁的三维"的讨论在理论层面没有形成定论，但是在实践层面，教师更倾向于把过程与方法目标理解为课堂上学生学习的过程与方法，并对学生的学习过程与方法以及思考过程给予更多的关注和重视。句式主要表述为：通过自主诵读、讨论、合作、探究、想象、创作、分享……+学习结果，例如，《听听那冷雨》教学设计中的过程与方法目标是："自主学习，反复诵读，抓住关键语句，并结合自己的体验领悟文章的思想感情。"⑤由此可以看出，

① 李照兴. 2006.《鸟的天堂》教学设计. 中小学电教，（8）：52-53.

② 祝宇. 2010.《陈情表》教学设计. 现代语文，（11）：116.

③ 冯春. 2002. 反思 突破 创新——小学语文第八册《全神贯注》教学札记. 山东教育科研，（10）：33-34.

④ 倪冬梅. 2006. 中学语文《爱莲说》教学设计. 中小学信息技术教育，（12）：34-35.

⑤ 谢树峰. 2013. 无处安放的文化乡愁——《听听那冷雨》教学设计. 语文教学之友，（8）：28.

过程与方法目标的表述为直接描述学生学习过程，然后加上"领悟文章的思想感情"这个结果；或者直接表述为学习或教学方法，例如，《陈情表》教学设计中的过程与方法目标是：诵读法，体会作者在叙述中蕴含的真切情感；点拨法，点拨字、词、句，通过抓住文本中的关键语句，使学生领会"情""理"结合的手法；讨论法，通过关键问题的提挈，廓清思维认识。①

也有教师把过程与方法目标和能力目标混合在一起写的。例如，《全神贯注》教学设计中的习惯与方法目标是："通过预习，逐步培养学生搜集信息、整理信息、运用信息的能力；运用感情朗读、表演朗读等多种方法体会人物的思想感情；运用圈点标注等方法精读课文，把握课文的主要内容；小组讨论，尝试合作学习，与他人交流自己的阅读感受，分享自己的阅读体验。"②

除了学习的过程与方法外，老师也关注学生的思考过程，即学生是如何得出这个答案的。例如，在《小橘灯》教学设计中，教师"要让学生理解'行动描写及表现人物性格的作用'"，先安排学生从课文中找出有关的词语，如"登上（凳子）""想摘（电话）""爬下（凳子）""缩回（小手）""（对我）点头""摇头"，正当教师准备让学生讨论这些词语的作用时，有位学生举手发言："我认为这些行动描写表现了小姑娘镇定、勇敢、乐观的精神。"这脱口而出的答案完全可以算得上是"标准"答案了，如果我们仅仅关注结果，那么，教学目的显然已经达到了。但是，这位教师不满足于此，接着问了一句："你很聪明，你是怎么看出来的？跟大家说说好吗？"③由此从对结果的肯定转向了对过程的询问。在教学中，教师不应仅仅满足于结果的"准确无误"，而更应关注学生得出答案的过程。

（四）情感态度与价值观目标的重视与困境

随着三维目标的提出，情感态度与价值观目标得到了一线教师的重视，几乎所有的案例都会涉及情感态度与价值观目标。这类目标设计主要包括两个方面：一是让学生深入体会课文作者的情感态度与价值观；二是让学生在理解课文情感态度与价值观的基础上，形成相应的情感态度与价值观。但是由于教室场域的局限性，这类目标主要停留在"感受"层面。按照钟启泉等对情感态度

① 祝宇. 2010.《陈情表》教学设计. 现代语文，（11）：116.
② 冯春. 2002. 反思 突破 创新——小学语文第八册《全神贯注》教学札记. 山东教育科研，（10）：33-34.
③ 张聪慧. 2005. 三维目标该如何统一. 语文建设，（8）：34-35.

与价值观目标的表述，这类目标主要包括3个水平：经历（感受）、反应（认同）、领悟（内化）。经历水平指的是"独立从事或合作参与相关活动，建立感性认识等"；反应水平指的是"在经历基础上表达感受、态度和价值判断，做出相应的反应等"；领悟水平指的是"具有相对稳定的态度；表现出持续的行为；具有个性化的价值观念等"，这些都指向学生形成、内化情感、态度、价值观的过程。①但是课堂上的情感态度与价值观目标主要指的是让学生理解课文作者传达的情感、态度和价值观。例如，《全神贯注》教学设计中的情感态度与价值观目标是："通过对课文中罗丹全神贯注工作时的动作、语言描写的涵泳、品味、揣摩，体会罗丹丰富的内心世界；通过联想和想象填补、充实课文中的'空白'，与罗丹进行心灵的对话、交流，获得更加独特和个性化的情感体验，从而领悟到'一切工作，如果值得去做，而且要做得好，就应该全神贯注'。"②再如，《乡愁》教学设计中的情感态度与价值观目标是：运用多媒体辅助教学，使学生入其境、得其情，体验乡愁的情感，理解海外游子对祖国母亲的深深思念，激发学生爱祖国、爱家乡、爱亲人的情感；学习诗歌选择平凡而丰富的意象递进组合，来概括诗人坎坷的生活经历和对祖国的绵绵思念的手法。③也有一些案例中的教学目标没有使用情感态度与价值观字样，但是使用了"体会""感受"等与情感有关的词语。例如，《绿叶的梦》这个教学设计中的情感态度与价值观目标为：①理解课文内容，感受大自然的美好，体会自然带给孩子的充实与愉悦；②学习作者珍爱自然，用真情描写自然，记录生活的一些表达方法。④

情感态度与价值观目标最终应指向学生的情感态度与价值观的内化和形成，但是很多案例所呈现出的目标描述只停留在理解层面。情感态度和价值观的形成需要一个过程，甚至是长期的过程，在形成的过程中需要不断强化，最终得到内化，因此，这类目标是很难完全在课堂上完成的。学校必须辅助以系统、连贯的其他类型的教育，才能保证情感态度与价值观的认同和内化。

① 钟启泉，崔允漷．2001．为了中华民族的复兴，为了每位学生的发展——《基础教育课程改革纲要（试行）》解读．上海：华东师范大学出版社，3-29.
② 冯春．2002．反思 突破 创新——小学语文第八册《全神贯注》教学札记．山东教育科研，（10）：33-34.
③ 胡颖．2005.《乡愁》教学设计之一．语文建设，（2）：20-21.
④ 范铁红，杨振兴，石蕾蕾．2006．冀教版小学语文四年级上册《绿叶的梦》教学设计．教育实践与研究，（Z1）：45-46.

三、三维目标实践样态述评

（一）理论层面的争议导致实践表述上的新旧杂糅

新课程标准中的三维目标，是针对过去教学片面强调"知识技能"一维目标而提出的。三维目标提出之后，学生学习的过程与方法、学生的思考过程、学生情感态度与价值观的培养等都得到了重视，这是三维目标对新课程改革的重要贡献。

但是，三维目标由于概念层面存在争议，学术理论探讨和一线实践教学存在一定程度的脱节，再加上我国幅员辽阔，东、中、西部教师素养存在较大的地域差异，城市和乡村教师的素养也存在较大差异，因此不同的教师对"三维目标"的理解是不同的，这就导致教师在实践层面表述三维目标的时候存在较大的个体差异。在具体的教学设计中，很多教师对知识、技能、能力、过程与方法的理解与官方文件中的解读是不一致的，再加上传统教学理念的"惯性"，教师的三维目标表述甚至呈现出一种"新旧杂糅"的特点。

（二）理论层面的争议导致操作上的顾此失彼

实践层面的另一个问题是，有些教师在课堂教学中刻意追求情感目标，把大部分时间用在了让学生谈感受、讲体会、说理想、道想象上，却没有有效地给予引导，结果浪费了课堂教学时间。有些教师在课前让学生收集有关文本的信息资料，课上让学生汇报交流和讨论信息资料，课后让学生自由选择拓展阅读材料，这种放手让学生收集信息、交流信息的方法值得肯定，但教师在课堂上对学生收集的资料不加筛选，不加评价和引领，任由学生展示信息，这样的教学安排挤占了阅读文本的时间，挤占了进行语言文字训练的时间，把语文课变成了"资料汇报课""历史课""常识课"，显然无法达成语文学科的知识与技能目标或者过程与方法目标。[①]

由此可见，对于"三维目标"的推广和运用来说，教师的理解极其重要。教师对新课程改革理念中"三维目标"的理解是"官方的课程"和"实施的课程"之间的桥梁，决定着教师本人课程设计和实施的方向，也在某种程度上决定着新课程改革的推进程度。因此后续课程改革应该更多关注一线教师对课程改革理念的理解程度和个体差异，并在此基础上提出更具针对性的培训和指导方案。

---

① 温德峰，于爱玲. 2006. 语文教学三维目标的"顾此失彼". 当代教育科学，（17）：52-53.

第三节 中小学语文课堂教学内容

一、语文教学内容的纲领性规定

实践样态中的课堂教学内容实际上是随着时间推移线性地呈现在课堂教学过程里的。教师常常会根据自己的理解和学生的反应对教材中的内容进行调整，这种调整深受新课改理念的影响。

（一）《基础教育课程改革纲要（试行）》对教学内容的规定

《基础教育课程改革纲要（试行）》对学科教学内容改革提出了新的要求，概括起来主要包括4点（表3-8），即加强课程内容与学生生活的联系、倡导综合课程和选修课程、开发校本课程，以及进行教材改革，这些内容在新课改的实践中都有所体现。

表 3-8 《基础教育课程改革纲要（试行）》对学科教学内容的要求

序号	教学内容改革	具体要求
1	加强课程内容与学生生活的联系	改变课程内容"难、繁、偏、旧"和过于注重书本知识的现状，加强课程内容与学生生活以及现代社会和科技发展的联系，关注学生的学习兴趣和经验，精选终身学习必备的基础知识和技能
2	倡导综合课程和选修课程	积极倡导各地选择综合课程。学校应努力创造条件开设选修课程。在义务教育阶段的语文、艺术、美术课中要加强写字教学
3	开发校本课程	学校在执行国家课程和地方课程的同时……开发或选用适合本校的课程。积极开发并合理利用校内外各种课程资源
4	进行教材改革	教材改革应有利于引导学生利用已有的知识与经验，主动探索知识的发生与发展，同时也应有利于教师创造性地进行教学。积极鼓励高等学校、科研院所的专家、学者和中小学教师投身中小学课程教材改革

（二）《全日制义务教育语文课程标准（实验稿）》对教学内容的规定

2001年，教育部颁布新的义务教育课程标准《全日制义务教育语文课程标准（实验稿）》，这个课程标准也受到了新课改理念的影响，呈现出与2000年之前的教学大纲不一样的特征。表3-9对比了2000年版小学语文教学大纲和2001年的《全日制义务教育语文课程标准（实验稿）》的异同。

表 3-9　2000 年的小学语文教学大纲与 2001 年的语文课程标准教学内容比较

类别	2000年版小学语文教学大纲[①]	2001年的《全日制义务教育语文课程标准（实验稿）》[②]
拼音、识字、写字	学会汉语拼音的声母、韵母、声调和整体认读音节，能够准确拼读音节，正确书写声母、韵母和音节，认识大写字母，熟记《汉语拼音字母表》。 认识常用汉字 3000 个左右。学会其中 2500 个左右，做到会写，并了解在具体语言环境中的意思。 用硬笔写字，写得正确、端正、整洁，行款整齐，有一定速度。用毛笔临帖，字写得匀称，纸面干净	学会汉语拼音。能说普通话。认识 3500 个左右常用汉字。能正确工整地书写汉字，并有一定的速度
使用工具	学会用汉语拼音等两种查字典的方法，能根据读写的需要比较熟练地查字典词典。能独立识字	学会使用常用的语文工具书。初步具备搜集和处理信息的能力
阅读	对阅读有浓厚兴趣，阅读程度适合的文章，能理解主要内容，体会思想感情，领悟表达的一些方法，注意积累语言材料。能用普通话正确、流利、有感情地朗读课文。默读有一定速度，边读边思考。背诵优秀诗文不少于 150 篇（含课文）。学习浏览，能根据需要收集有关材料。 养成良好的阅读习惯。课外阅读总量五年制不少于 100 万字，六年制不少于 150 万字	具有独立阅读的能力，注重情感体验，有较丰富的积累，形成良好的语感。学会运用多种阅读方法。能初步理解、鉴赏文学作品，受到高尚情操与趣味的熏陶，发展个性，丰富自己的精神世界。能借助工具书阅读浅易文言文。九年课外阅读总量应在 400 万字以上
写作	能把自己的见闻、感受和想象写出来，做到内容具体，感情真实，有一定条理，语句通顺，书写工整，注意不写错别字，会用常用的标点符号。养成留心观察、认真思考、勤于动笔、认真修改自己作文的良好习惯	能具体明确、文从字顺地表述自己的意思。能根据日常生活需要，运用常见的表达方式写作
口语	口语交际要讲究文明礼貌。听人说话能领会主要内容。坚持说普通话，能用普通话清楚明白地表达自己的意思	具有日常口语交际的基本能力，在各种交际活动中，学会倾听、表达与交流，初步学会文明地进行人际沟通和社会交往，发展合作精神
综合性学习		能提出学习和生活中的问题，有目的地搜集资料，共同讨论；结合语文学习，观察大自然，观察社会，书面与口头结合表达自己的观察所得；能在老师的指导下组织有趣味的语文活动，在活动中学习语文，学会合作；在家庭、学校生活中，尝试运用语文知识和能力解决简单问题

　　这两个文件中的教学内容大体相似，但是 2001 年的《全日制义务教育语文课程标准（实验稿）》中增加了一些更具有时代特征的内容，如强调要尊重文化多样性；希望学生掌握语文学习方法；在发展语言能力的同时发展思维能力及科

---

　　① 课程教材研究所. 1999. 20世纪中国中小学课程标准·教学大纲汇编：语文卷. 北京：人民教育出版社，255-256.

　　② 中华人民共和国教育部. 2001. 全日制义务教育语文课程标准（实验稿）. 北京：北京师范大学出版社，4.

学的态度；进行探究性学习，积极倡导自主、合作、探究的学习方式；努力建设开放而有活力的语文课程等；此外还新增了综合学习，融合了听说读写等语言技能，并鼓励在生活和活动中学习语文，这一倾向也在教学过程中得到了体现。

二、语文课堂教学内容的实践样态

语文教学内容既包括在教学中对现成教材内容的沿用，也包括教师对教材内容的"重构"处理、加工、改编乃至增删、更换；既包括对课程内容的执行，也包括在课程实施中教师对课程内容（正的或负的）创生。[①]教学过程中的关键是重构。新课改以来，语文教师对教材的重构呈现出了一些新的特征，如更加注重教学内容的人文性，注重教学内容呈现的科学性、综合性、生成性、实践性等。

（一）挖掘教学内容的人文性

2001年的《全日制义务教育语文课程标准（实验稿）》的基本理念部分明确提出，语文课程丰富的人文内涵对学生精神领域的影响是深广的，学生对语文材料的反应又往往是多元的[②]。这里强调了语文课程的人文内涵，反映在语文教学中就是强调语文课程的人文性。语文课程的人文性主要体现在人文知识上，人文知识体现着人本观念、个人观念和自由观念，而且具有体验性、个体性、反思性和非真理性等特征。[③]人文知识的学习过程是学生进行个性化体验的过程。为了最大限度地让学生在课堂上进行体验，教师应该注重创设课文情境、情感氛围，营造开放而安全的教学环境。人文知识的获得过程包括感受、理解、体验、升华，其中的每一环节都必须靠学生亲自去完成，例如，让学生通过个性化的诵读加深感悟与移情，以及鼓励学生通过联想与想象，对文本进行个性化的解读等。

1. 创设情境，重视人文知识学习的体验性

2000年以后的语文阅读内容组织重视情境创设，即为学生创设一个与课文内容有关的情境，让学生更有代入感，使其更好地理解课文，详见表3-10。

---

① 陆红华. 2009. 定位 整合 设计——以《渔父》为例谈语文教学内容的选择. 语文学习，(5)：30-32.
② 中华人民共和国教育部. 2001. 全日制义务教育语文课程标准（实验稿）. 北京：北京师范大学出版社，2.
③ 罗祖兵，黄迎. 2013. 语文人文知识教学的异化及其矫正. 中国教育学刊，(12)：38.

表 3-10　课文情境创设举例

序号	年份	课文名称	情境创设
1	2002	《本命年的回想》①	课前把学生收集的部分资料张贴在教室内外，前后门两旁贴对联，门上贴财神和"金童玉女"赐福图，教室内壁贴几张年画，为《本命年的回想》的这篇课文创设情境
2	2002	《全神贯注》②	先用幻灯片显示出罗丹的一件件杰作，用恰如其分的介绍把学生带入罗丹创造的艺术世界中，用富有感染力的导语拨动学生的心弦。学生边看边不时地发出赞叹：罗丹为什么会有这么伟大的成就？这跟"全神贯注"有什么联系？学生的学习兴趣被调动起来了，迫不及待地打开书去阅读课文
3	2002	《我是中国人》③	剪辑以下视频——开国大典中的升旗仪式，因运动员在国际赛场上获得冠军而升国旗、奏国歌，科技工作者在南极升挂五星红旗——并配以声情并茂的解说。这样通过创设情境，促使学生形成最佳的情绪状态，积极有效地投入学习
4	2003	《乡愁》④	上课前，PPT 屏幕上以台湾海峡为背景，展示课题《乡愁》，播放佟铁鑫演唱的《乡愁》。用二胡曲《江河水》作为整节课的背景音乐
5	2007	《生物入侵者》⑤	在《生物入侵者》这个案例中，上课一开始，教师为学生创造了生物入侵者的情境：提供了一组有关食人鱼的新闻材料和画面。 1. 请学生概括这组新闻的主要内容。 2. 说说什么是生物入侵者。 3. 学生展示课外搜集的资料——①水葫芦②食人鱼③澳大利亚兔子
6	2008	《感受亲情》⑥	在《感受亲情》这个教学设计中，第一个环节，教师播放《摇篮曲》让学生想象画面，用这个情境作为导入。第二个环节，教师出示自己儿子的影集，讲述儿子成长的点滴，请学生把自己带来的影集拿出来，跟小组的同学讲讲自己的成长故事。第三个环节，请学生说说能为父母做些什么
7	2008	《梅花魂》⑦	在《梅花魂》这个教学设计中，先让学生欣赏歌曲《故乡的云》，教师激情导入：漂泊异国他乡的游子，多么渴望回到魂牵梦萦的故乡！而对于外祖父来说，这一切只能在梦中实现（以思乡的歌曲导入，渲染乡愁，创设情境，做到了未入文而先有情）

　　情境提供的代入感更容易引起共鸣，在情境中的学习是持久而深刻的、是体验性的。例如，表 3-10 中的《感受亲情》课例中，教师通过播放《摇篮曲》营造

---

　　① 傅道春，江平，袁冬华. 2002. 学习语文就是学习文化——《本命年的回想》教学实录与访谈. 语文建设，(4)：27-29.

　　② 冯春. 2002. 反思 突破 创新——小学语文第八册《全神贯注》教学札记. 山东教育科研，(10)：33-34.

　　③ 康双珍. 2002. 构建计算机辅助小学语文阅读教学模式. 中国电化教育，(5)：35-36.

　　④ 李芳，叶祖贤，陈照星. 2003. 没有感情就不是语文课了——《乡愁》教学实录及评点. 语文建设，(7)：16-18.

　　⑤ 金栋华. 2007. 新课程语文"合作—探究"式课堂教学课例. 中小学教学研究，(4)：36-37.

　　⑥ 孙艳坤. 2008. 冀教版小学语文三年级上册《感受亲情》教学设计及反思. 教育实践与研究（小学版），(Z1)：62-63.

　　⑦ 李孟海. 2008. 人教版小学语文五年级上册《梅花魂》教学设计. 教育实践与研究（小学版），(Z1)：56-57.

了一种充满亲情的情感氛围，同学们很容易想到自己的妈妈或者慈母的形象。教师再通过讲述自己儿子的影集，使学生获得更多的亲情体验，之后请学生讲述自己带来的影集，每一个环节都重视学生自己的感受、体验与移情。

2. 涵泳咀嚼，通过个性化诵读加深感悟与移情

除了创设情境，帮助学生进行感受与理解之外，教师还注重让学生通过自己对文辞的涵泳咀嚼，加深对作品的感悟并产生移情。在诵读中，"诵"侧重通过"声"（音韵、节奏等）而"背"，目的在于得其文辞；"读"侧重"抽绎"（感悟、理解），目的在于得其意蕴。[①]语文教学的目的在于认识人、解放人、充实人、提升人，这个目的是在学生的个性化诵读（表3-11）中完成的。

表3-11　个性化诵读举例

序号	年份	课文名称	诵读举例
1	2003	《紫藤萝瀑布》[②]	《紫藤萝瀑布》教学案例中的第三部分，教师请同学们放声朗读，通过朗读去咀嚼和品味：最美丽的一个句子、最动人的一种情感、最难理解的句子、最富有哲理的句子、用得最妙的词语、用得最妙的修辞方式、最富有层次感的描写
2	2003	《乡愁》[③]	诗歌教学中，教师总是要求学生反复诵读，体验诗歌中的情感，包括齐读、分组读、慢读等。 师：同学们，我们一起来试读这首诗。（请学生齐读第一、二小节） 师：（示意学生停下）这两节语速要慢点儿，读出思念之情
3	2009	《绿》[④]	师：请同学们再读第2自然段，哪儿让你感受特别深，可以反复朗读。 师：你能带我感受那份绿意吗？（一位学生声情并茂地朗读） 师：听了你的朗读，我也感受到了清凉，舒服极了！ 师：点评得真好，那么你乐意把你的感悟通过朗读表现出来吗？ 师：我也想试试，好吗？（教师入情入境地诵读，学生情不自禁地一起鼓掌） 师：谁也能把溪水的变化读出来？

诵读可以使学生体味到汉语语调的抑扬顿挫之美，诵读时也会伴随联想、想象等心理活动，能加强学生对文本的理解。例如，在《紫藤萝瀑布》这个课例中，学生就通过诵读慢慢品味作者在文辞中表达的细腻情感。在窦桂梅老师经典

---

① 张心科. 2018. 诵读教学的历史演变与现实运用. 语文建设,（19）：39-44.

② 熊芳芳，刘占泉. 2003. 咀嚼语言：语文教学的本分——《紫藤萝瀑布》教学设计及评点. 语文建设,（10）：19-22.

③ 李芳，叶祖贤，陈照星. 2003. 没有感情就不是语文课了——《乡愁》教学实录及评点. 语文建设,（7）：16-18.

④ 陈丹. 2009. 感悟 使语文更具魅力——《绿》案例分析. 黑龙江科技信息,（5）：111.

的课堂教学案例《秋天的怀念》中，她也是要求学生通过反复诵读体会作者对母亲深深的怀念的。[①]

3. 联想想象，对主人公的内心世界进行个性化解读

想象是一种特殊的思维形式，是人在头脑里对已储存的表象进行加工改造，形成新形象的心理过程。想象能突破时间和空间的束缚，对机体起调节作用。阅读的过程始终伴随着想象，想象是阅读过程中一项十分重要的活动，可以说，失去了想象，也就失去了阅读。新课改之后的语文阅读教学也很重视学生在阅读过程中的想象。例如，在学习《黄河象》一课时，教师让学生对黄河象的来历进行了假想，让学生和科学家一样联想黄河象从热、渴、喝、陷，最后得出淹死在河里的结论。[②]《在烈日和暴雨下》一课中，作者描绘了祥子在烈日和暴雨下拉车的痛苦遭遇，教师启发学生，将主人公换成"我"（学生）进行具体的想象：

> 农历六月十五日中午，烈日炎炎，上烤下烫，"我"在马路上艰难地拉车，汗流如注，又喘又渴，一步一步地挣扎在死亡线上……然后让同学描述自己想象的情景。有一个同学描述道："我又渴又累，毒花花的太阳晒得我背上又热又疼，仿佛就要裂开千百道伤口似的，脚既酸又软，迈不动也得迈，手掌起了一个个血泡，破了，汗一浸，痛死了……"学生一旦进入作品人物的角色中，便与作者的思想感情、人物命运息息相通了。[③]

（二）教学内容组织的心理学化

赫尔巴特把心理学引入教育，追求教学的科学性，并提出了系统的"教学心理学化"理论。[④]在教学活动中，教师对教材的处理、呈现会直接影响学生对信息的接收和加工状况，组织教学内容是优化教学效果的一个重要环节，新课改之后，教师更加重视教学内容组织的心理学化。

1. 识字教学内容的心理学化

（1）通过多感官参与的方式理解词语

教学对象是低年级小学生时，动手操作、亲身体验等方式能够帮助学生更好

① 张鑫，叶青. 2020. 语文特级教师教学风格的形成与比较——以窦桂梅和于永正执教《秋天的怀念》一课为例. 教师教育论坛，(6)：33-36.

② 康双珍. 2002. 构建计算机辅助小学语文阅读教学模式. 中国电化教育，(5)：35-36.

③ 李世利. 2002. 语文课的情商培养. 福建教育学院学报，(5)：34-35.

④ 贺国庆，刘向荣. 2006. 赫尔巴特教育心理学化的理性分析. 教育学报，(5)：12-20.

地理解词义。例如，在课文中遇到"北斗七星"这个词时，教师请学生上讲台，动手摆出北斗七星的形状，通过比较、画图，使学生对"北斗七星"这个词有很好的理解，而且学生都兴趣盎然。[①]

（2）通过视频降低认知负荷帮助学生理解词语

低年级小学生的思维处在具体运算阶段，具体形象的视频能够帮助学生更好地理解词义。心理学实验研究更是证明了视频这一独特的知识呈现方式对于学生的概念理解具有重要的作用，视频主要是通过影响学生的认知投入，直接影响认知负荷，进而影响学习成绩的。[②]例如，在《精彩的马戏》教学设计中，教师制作了"山羊走钢丝"的动画课件，让学生在动态的、多维的、生动活泼的情景中理解"出色、稳稳当当、绝技"这些词语的含义。

（3）通过阅读促进学生附带性词汇学习

儿童在阅读过程中学习新词汇，这种学习方式被称为附带性词汇学习。有些教师首先要求学生先自读段落，从中找出自己不懂的词，教师不直接说出词义，而是让学生根据上下文自己推导词义，这个过程有利于提高学生对附带性词汇的学习能力。例如：

> 有学生指出不明白什么是"距离"。我先让学生找出带有这个词的句子，再认真读一读，想想"它们之间的距离"里的"它们"指谁。通过反复阅读，学生自然会发现这里的"它们"是指天上的星星。带有"距离"的句子是"天上的星星是在动，可是看起来它们之间的距离好像是不变的"，并引导学生联系上一段中的"这颗星和那颗星，中间总是隔那么远"，这两句有什么关系。学生就能想出"距离"的具体含义：两颗星星相隔的长度。[③]

2. 阅读教学内容组织的心理学化

阅读的本质是一项认知活动，从内部认知过程的角度来看，阅读主要涉及以下4种认知过程：①整合：运用个体的原有知识来理解课文的意义；②组织：识别课文中的要点及其相互关系；③精加工：在阅读时做出必要的推理；④监控：评价自己的理解状况并调整自己的阅读策略。教师会通过设计板书、PPT等帮助

---

① 何洁媚. 2001. 手段灵活　形式多样　低年级词语教学一得. 教育导刊,（12）：45.

② 顾小清, 舒杭. 2016. 信息技术的作用发生了吗——用学习分析技术刻画学习行为印记. 现代远程教育研究,（5）：10.

③ 何洁媚. 2001. 手段灵活　形式多样　低年级词语教学一得. 教育导刊,（12）：46.

学生"组织"课文内容，或者在仿写教学中提供支架。[①]

（1）设计板书或者PPT帮助学生组织课文内容

有些教师借助多媒体技术来呈现课文的逻辑框架，面对低年级的小学生，有些教师甚至把课文的主要内容做成动画，帮助学生识别课文中的要点及其相互关系。例如，在《小壁虎借尾巴》这个课例中，教师利用计算机逐一播放课文中的插图，让全体学生观察后用一两句话说出图意，然后让学生打开课文，边听课文录音边看课文，找出相应的自然段和插图，最后引导学生利用插图内容去概括各自然段的主要内容。[②]

（2）教师在阅读教学中提供"支架"，帮助学生仿写

支架原意是指建筑行业中的脚手架，这里用来形象地说明教师为学习者搭建向上发展的平台，引导教学的顺利进行，使学习者掌握和内化知识技能。例如，在《乡愁四韵》课例中，教师引导学生理解作者是运用"意象"来表达乡愁的，并归纳出诗人余光中喜欢用的物象，然后指点学生抓住物象特征进行联想，为学生的仿写提供了支架，详见表3-12。

表3-12　教师提供支架 学生仿写《乡愁》

训练点	用PPT展示物象	指点思考方法	选择表达方式	教师举例
运用意象表达乡愁	诗人余光中喜爱用的物象：海峡、青笛、蟋蟀、燕子、长江、黄河、黑土、长城……	选取其中某个物象，抓住特征，展开联想和想象	用两句诗表达	乡愁是绵绵的长城，岁月绵绵，情也绵绵

教师为学生提供支架，激发他们的灵感，取得了很好的学习效果。学生纷纷回应，而且情不自禁地为同伴鼓掌。

> 学生1：乡愁是一条长长的小路，路也漫漫，情也漫漫。
> 学生2：乡愁是南飞的大雁，鸣声悠悠，情也悠悠。

这一教学内容为学生的学习提供了支架，降低了难度、坡度，激活了学生的最近发展区。[③]

（3）根据学生的认知过程呈现教学内容

1967年后，随着行为主义逐渐让位于认知主义，教学设计也开始关注学习者的内在心理过程，教师把教学的重点放在引导学生成为学习过程的活跃参

---

① 王小明. 2008. 阅读与阅读教学：心理学视角. 课程·教材·教法，（9）：31.
② 吴忠豪. 2007. 1978—2005语文教育研究大系·小学教学卷. 上海：上海教育出版社，40-48.
③ 肖建民. 2005. 语文教学设计的细节艺术. 语文学习，（12）：19-21.

与者上。①例如，有的教师在一个具体的学习活动开始之前呈现"学习指南"
（图3-1），并请学生针对学习指南提问，这是一个"逼迫"学生主动思考的过
程。有的教师重视学习材料的呈现顺序，从正反两个方面呈现学习材料，例
如，在学习《百家姓》时，教师让学生先学姓氏的词，随后在黑板上呈现是
姓氏的词和不是姓氏的词，让学生选出不是姓氏的词（图3-2），通过这种反
向选择让学生更好地学习姓氏。

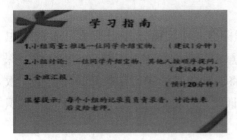

图3-1　课例中的"学习指南"

图3-2　请学生选出不是姓氏的词

　　20世纪90年代，建构主义开始影响教学设计，建构主义注重以问题为核心
驱动学习者进行自主学习，强调营造学习问题的真实情境和协作学习的重要性。
在《你来问，我来答》这个课例中，教师请同学们带来"实物"进行现场问答，
实物能够更好地营造出问答的情境（图3-3）。教师提供协作学习的资源并创设协
作学习的情境，如图3-4所示，教师要求：只有全班中有6人以上完成闯关任
务，游戏才算闯关成功，并提供闯关成功的奖励。此时全班同学处在一种真实
的、协作的教学情境中。②

图3-3　依据"实物"问答

图3-4　闯关成功的小组可以发贴纸

　　基于行为主义、认知主义、建构主义这3种类型的教学设计是一种并存而

---

① 宋耀武，崔佳. 2018. 心理学发展与教学设计的演变. 教育研究，（7）：95-101.
② 课例《百家姓》《你来问，我来答》及图 3-1、3-2、3-3、3-4 来自东北师范大学附属小学课堂教学视频案
例库。

非替代的关系，新课改后的教学设计中，我们能看到这3种类型的教学设计的交叉与重叠。教师会根据具体需求进行教学设计，但是建构主义的以学习者为中心、支持多种自主学习策略等观念在现代教学中已经被广泛实施，这些策略激发了学生的主动性，因此2000年后的课堂教学呈现出了更加生机勃勃的特征。

（三）教学内容组织的活动性

2001年的《全日制义务教育语文课程标准（实验稿）》指出，要"爱护学生的好奇心、求知欲，充分激发学生的主动意识和进取精神，倡导自主、合作、探究的学习方式"①。新课改的重要理念是将课堂教学的中心从教师转向学生，激发学生的主动性，创造充满生机和活力的课堂，因此新课改以后的教学内容组织呈现出明显的活动性特征。

1. 教学内容组织中设计丰富的活动

在《本命年的回想》课例中，教师在课前布置了"风俗民情画""搜集民间传说"任务，还在课堂教学活动现场进行了"新港镇过年风俗"的采访活动。教师先念一篇关于家乡过年风俗的文章，请学生打分和评价，再让学生将其和所学习的课文进行对比，让学生亲身体会作者的写作和修辞手法。②

在《月亮湾》课例中，教师创设了一种接待游客的情境，并请学生设计宣传画，拍视频，练习导游词。学生自由组合，分成"小画家组""摄影家组""小导游组"，选择自己喜欢的方式进行读、画、演、说，根据教师提示的目标进行合作学习，教师给予学生充分的活动和交流时间，让学生自主读书，动脑、动手、动口。③

在《鸭儿饺子铺》课例中，教师设计了"小组合作，演一演课文中叙述的故事"这个环节。首先，学生4人自由组合，分别担任导演、主要演员和热心观众；其次，教师指名学生上台表演，之后师生进行评价。④

---

① 中华人民共和国教育部. 2001. 全日制义务教育语文课程标准（实验稿）. 北京：北京师范大学出版社，2.

② 傅道春，江平，袁冬华. 2002. 学习语文就是学习文化——《本命年的回想》教学实录与访谈. 语文建设，（4）：27-29.

③ 冯晔. 2004. 自读自评，扣读导悟，读出情趣——苏教版语文第四册《月亮湾》教学设计及反思. 小学教育科研论坛，（4）：70-71.

④ 李红花. 2005. 苏教版六年制小学语文第五册 自主阅读 自我感悟——略读课文《鸭儿饺子铺》教学设计与点评. 中小学教学研究，（7）：45.

　　在《景阳冈》课例中，为了实现对课文的整体感知，教师请学生通过模仿古典小说中每个章节小标题的形式给课文的4个部分加小标题。学生们跃跃欲试，默读课文，划找词句，推敲语言，琢磨词句，捻得一字，很有成就感。于是在一阵紧张的默读思考准备后，学习成果出来了：学生加的小标题有"晌午吃酒十八碗，不顾劝阻向虎山""大虫抓人扑掀剪，武郎打虎踢打揪"。[①]

　　在《记承天寺夜游》课例中，教师请学生自己当小老师，讲解文章的四大要点：一讲作者和作品背景；二说重点字词和句子翻译；三做课后练习；四议人物形象或中心思想。讲的学生和听的学生都十分投入。这个环节结束之后，教师又抛给学生一个问题："联系我们学过的苏轼的作品，概括苏轼一生的经历，谈谈你的看法。"[②]教师要求学生分组合作，或自己独立完成，查找完资料后以小论文的形式在课堂上进行交流。任务布置下去后，学生分头行动起来，积极性很高，很快就交上了作业。

　　在《观察和描写事物特点》课例中，教师宣布课题，用幻灯片出示图片；组织学生观察图片并讨论；请每个小组合作编一个故事；各小组轮流表演本组编的故事。[③]这个过程都是学生通过小组合作完成的。

　　在《看图学写对话》课例中，首先，教师用一篇例文引路，通过小组讨论和分角色朗读的方式分析例文的写法，例如，写对话一定要写清人物的动作、语言、神态；要仔细观察，展开合理想象。其次，教师请学生任选一幅自己最喜欢的图，选好角色，用课上总结出的3招，模拟图中的情景进行对话，其他学生边听边补充。教师选定其中一组，然后请一位学生按照老师刚才讲的3招，说说他们的对话，请其他学生来评论。再次，每个学生自主创作，然后自评，自评之后请其他学生进行评价；最后，学生根据评价进行修改。[④]

2. 课堂教学时间分布上的活动时间增加

　　图3-5和图3-6是不同年代语文教学视频中不同教学内容的时间分布图。由于视频数量较多，无法单独呈现每一个视频的序列，因此课题组在视频库中随机选取了新课改前（1991—2000年）和新课改后（2001—2010年）的10个视频，共20个视频，以统计不同阶段课堂教学内容在时间分布上的差异。

---

　　① 曹鸿飞. 2006. 浙教版小学语文第十二册《景阳冈》教学课例评析. 中小学教学研究，(6)：39-40.
　　② 丁旭琴. 2010. 让探究之花盛开在初三语文课堂——复习课《记承天寺夜游》教学案例与反思. 山西师范大学学报（自然科学版），(S1)：123-125.
　　③ 任得宝，巢宗祺，于漪，等. 2003. 自主·合作·探究：语文教改探索的高地——《观察和描写事物特点》课堂教学实录及评点. 语文建设，(3)：12-14.
　　④ 杨务生，杨永彬. 2010.《看图学写对话》习作教学案例. 广西教育，(10)：38.

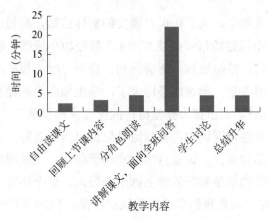

图3-5 新课改前不同教学内容的时间分布

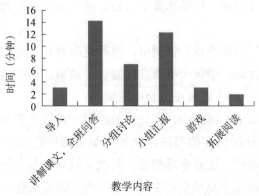

图3-6 新课改后不同教学内容的时间分布

通过比较与分析新课改前和新课改后不同课堂教学内容的时间分布，我们发现，面向全班同学，以问答形式讲解课文仍然是阅读课堂教学的主体形式，问答的内容包括两个方面：第一个方面是对于课文的阅读理解，包括读课文、读写字词、了解段落中心思想以及课文表达的情感；第二个方面是学习作者的写作手法，以后能将其用在学生自己的作文中，包括用词准确、修辞手法恰当、段落之间逻辑严整、全篇结构合理等。同时也有很多改变，最重要的变化是学生活动和师生互动时间显著增加了，新课改以后分组讨论、小组汇报，甚至游戏的时间明显超过了新课改前。小组汇报从无到有，2001年之后约占了课堂教学时间的1/4，这说明，更多教学内容以活动的方式组织起来，学生的主体性逐渐得到了重视，与新课改之前相比，新课改之后的课堂教学呈现出了生机勃勃的特征。

（四）教学内容组织的生成性

预设是教学的基础和条件，但教学本身也是一个动态的生成过程。新课改之前的教学案例中，教师更强调预设的合理性，但是随着新课改理念对学生主体性的重视，以及对课堂灵活性的期许，新课改后的很多课堂教学案例中出现了更多的"生成"环节，是教师意料之外的、在课堂情境中自然产生的结果。

在《雾凇》课例中，授课教师在引领学生体会雾凇的美之后，让学生说说心中的感受，大部分孩子如教师所想，都表达了自己对雾凇的赞美与喜爱。突然一位男同学举手提问："老师，南京能不能看到雾凇？"此言一出，教室里如同炸开了锅，以下是教师的做法。

> 师：同学们，你们认为南京能形成雾凇吗？
>
> （学生有喊"能"的，也有喊"不能"的）
>
> 师：（微微一笑）其实书上已经告诉我们答案了。请大家再去读读关于雾凇形成的第二自然段。
>
> 生：（自读课文）
>
> （这时，教室里又开始骚动起来，学生们纷纷喊道："不能，不能！"）
>
> 师：怎么？有答案了吗？
>
> （提问的学生也举起了手。老师请他发言）
>
> 生：第二自然段告诉我们，雾凇形成的条件有两个：一是空气中要有过于饱和的水蒸气；二是气温要足够低。我是从"雾凇，是空气中过于饱和的水蒸气遇冷凝结而成的"这句话得到结论的。南京虽然是滨海城市，但是空气中的水蒸气没有达到饱和的程度，况且气温也不会像东北地区那样能达到零下三四十度，所以，在南京，我们无法看到雾凇。
>
> 师：（打趣地说）看来，要想看雾凇，你只有穿着厚厚的大棉袄，坐飞机、火车到东北去一饱眼福啦![①]

上例中，学生提出了一个教师预设之外的问题，老师并没有制止或者对此感到生气，而是引导学生回到课文中寻找答案。这不但体现了课堂互动中的生成性，还体现了宽松的课堂心理气氛。

---

① 查静. 2006. 期待生成的美丽——关注小学语文阅读教学课堂生成的课例研究//江苏省教育学会. 江苏省教育学会2006年年会论文集（文科专辑），6.

很多教师在讲完课文之后，会请学生进行扩展思考：除了课文中讲到的办法以外，还有没有其他的可能性。例如，在《司马光》课例中，教师让学生讨论"有无其他办法救小伙伴"；在《跳水》课例中，教师让学生讨论"有无其他办法去救小孩"；在《捞铁牛》课例中，教师让学生讨论"有无其他办法捞铁牛"；在《曹冲称象》课例中，教师让学生讨论"有无其他办法称象"；在《乌鸦喝水》课例中，教师让学生讨论"有无其他办法让乌鸦喝到水"。[①]

新课改提倡的课堂是开放和生成的课堂，它更多地关注课堂上生成的新问题、新内容，更多地关注学生在课堂中个性化的生命活动，教学内容也被演绎得更具动态性、开放性、自主性。

（五）教学内容组织的整合性

整合是指把零散的东西彼此衔接起来，从而实现信息系统的资源共享和协同工作，形成有价值、有效率的一个整体。教材整合就是根据教学的需要，调整课文顺序，重新确立单元主题，重新设定教学目标的教材组织方法，具体做法是将主题、格调、作者、体裁、写作方法等相似或迥异的几篇课文整合在一起，进行类比或者对比学习，让学生就某些核心问题进行探究，带动学生对整个单元文本的阅读。

1. 阅读篇目的整合——群文阅读

对阅读篇目进行整合主要有3种方法：有的是将同一主题的文章整合在一起，有的是将同一作者所写的文章整合在一起，有的是将同类写法的文章整合在一起。依据主题进行整合是比较常见的一种方法，如将都是描写杰出人物的课文整合在一起，详见表3-13。[②]

表3-13　依据主题进行阅读篇目整合

整合内容	具体做法
教学目标	①知识与能力：掌握传记文学的写法，了解常用的人物描写方法。②过程与方法：通过小组合作自主完成阅读，全班同学合作完成作文的评点修改。③情感态度和价值观：通过学习本单元的人物传记以及拓展阅读其他的传记文学作品，感受这些伟人的人格魅力
教学内容	①读课文：《邓稼先》《闻一多先生的说和做》《孙权劝学》。②读课文：《音乐巨人贝多芬》《福楼拜家的星期天》。③拓展阅读推荐书目：《凡·高传》《居里夫人传》《苏东坡传》。④浏览网页：阅读"描神绘态，凸显品性"这个网页，学习写作方法，完成作文，在网站上发表

续表

整合内容	具体做法
教学过程	①通过小组合作，了解几位在人类文明史和文化史上做出卓越贡献的杰出人物，感受他们的人格魅力，体会作者在为我们讲述他们不平凡的一生或者展示他们精彩的生活片段时，是如何精心选择材料来凸显其人格中最值得人们景仰的一面的。 ②通过广泛阅读各个领域人物的传记，理解成功者付出的艰辛努力，体会取得成功需要具备哪些要素。 ③学习描写人物的方法，进入相关网页，在广泛阅读各类写人的作品后，练习写一篇以人物描写为主要内容的作品，并通过合作进行修改
教学成果呈现方法	①通过小组合作，学习课文中杰出人物的品质，对文章进行赏析。 ②举行一个传记文学读书报告会。 ③写作并修改自己的文章，通过全班讲评的方式，赏析优秀作品，探讨写作方法

说明：通过这样的设计，学生对文章中杰出人物的优秀品质，以及描写人物的方法才能有更深的体会，而且通过整合，他们的学习更完整、更系统

还有一些教师把同一个作者写的几篇文章整合在一起，如将陶渊明的多篇作品整合在一起进行教学，详见表3-14。[①]

表 3-14　根据作者进行阅读篇目整合

整合内容	具体做法
教学目标	整合初中语文教材中陶渊明的诗文，全面了解陶渊明的生平，理解他对污浊现实的不满和对恬静的田园生活的热爱
教学内容	精读《桃花源记》《五柳先生传》《归园田居》《饮酒》，自读《归园田居》
教学过程	①阅读这些诗文，扫清字词障碍。 ②结合这些诗文，联系陶渊明生活的社会背景，谈谈你对陶渊明的认识，并说说你是否理解和支持陶渊明的观点。 ③以"我眼中的陶渊明"为题写一篇研究性学习报告

说明：因为初中教材里有许多陶渊明写的文章和诗歌，同时他的作品风格及思想对后世文人的影响非常大，所以有必要整合他的相关作品，让学生进一步了解陶渊明的人格魅力，这样既可以带领学生在复习的基础上进行研究性学习，又可以给他们提供一种评价历史人物的方法

整合课文，能够为学生提供更加丰富多样的阅读材料，整合篇目的范围还能够延伸到课外甚至网络阅读，是在单篇阅读基础上对教材的进一步重构。最重要的是通过一条主线梳理系列文章，有利于在这个过程中培养学生比较、分析、归纳的思维方式。根据作者进行的篇目整合，更能够为学生多面地、客观地呈现作者的信息，克服单篇阅读的局限。

除了主题和作者外，教师可以将使用同类写法的文章整合在一起，例如，在讲完宗璞的《紫藤萝瀑布》之后，教师可以请学生阅读席慕蓉的《白色山茶花》，请学生感悟花与生命的真谛。[②]教师还可以将同一主题但格调不同的篇目整

---

① 葛菁. 2006. 语文新课程中的教材整合初探. 语文建设，（2）：10-11.

② 熊芳芳，刘占泉. 2003. 咀嚼语言：语文教学的本分——《紫藤萝瀑布》教学设计及评点. 语文建设，（10）：19-22.

合在一起，例如，可以将苏轼的《水调歌头·明月几时有》《江城子·密州出猎》《江城子·十年生死两茫茫》放在一起教学，让学生感受豪放派词人苏轼也有不朽的婉约词作。①在具体的教学实践中，很多教师立足课内文章，实现对个别文章的小归纳；也有教师拓展课外文章，实现对一类文章的大归纳。有教师把这种围绕一个主题整合多篇课文的教学内容组织方式称为单元阅读教学。

2. 语言技能整合——读写结合

有些教师在教学内容的组织上，把阅读和写作结合起来，强调在充分输入的基础上进行输出，在充分阅读的基础上尝试创作。

（1）阅读课结束以后设计写作内容

在《紫藤萝瀑布》这个教学设计的最后，教师设计了如下写作练习。

> 宗璞遇见了藤萝花，席慕蓉遇见了山茶花，这些花告诉了她们生命的真谛。相信你也有过类似的经历，请以"与×××相遇"为题，学习两位作者的手法，仿写一篇从自然界体验生命的文章。②

在阅读《鸭儿饺子铺》这篇课文以后，教师提出：

> 读了这个故事，你有什么话想对老妪或者是王羲之说吗？把这些话有条理地写下来。③

在《水浒传》课例的结尾，教师说：

> 这部小说中，作者还刻画了许许多多人物，请你在课外认真阅读，选一个自己喜欢、熟悉的人物写一份200字左右的人物速写，下周进行交流。④

（2）读写结合，综合训练

也有教师采用"写—读—改"相结合的方式进行组合阅读与写作教学。以《我们家的猫》为例，教师主要分4个步骤来进行教学：第一步，布置学生在课前写一篇习作——"写自己喜欢的小动物"，再找一篇别人写小动物的文章读一

① 田奇蕊. 2003. 中学语文教学中的比较教学法. 教学与管理，（15）：69-70.
② 熊芳芳，刘占泉. 2003. 咀嚼语言：语文教学的本分——《紫藤萝瀑布》教学设计及评点. 语文建设，（10）：19-22.
③ 李红花. 2005. 苏教版六年制小学语文第五册 自主阅读 自我感悟——略读课文《鸭儿饺子铺》教学设计与点评. 中小学教学研究，（7）：45.
④ 曹鸿飞. 2006. 浙教版小学语文第十二册《景阳冈》教学课例评析. 中小学教学研究，（6）：39-40.

读；第二步，学习课文《我们家的猫》，借鉴课文对动物特点的描写，通过举例子来学习生动的写作方法；第三步，迁移练写，在学习了这篇课文和其他写动物的文章的基础上，修改和补充课前所作的习作，做到写具体、写生动；第四步，课堂上点评学生的习作，示范修改。[①]

（六）教学内容组织的实践性

2001年的《全日制义务教育语文课程标准（实验稿）》指出，"语文是实践性很强的课程，应着重培养学生的语文实践能力，而培养这种能力的主要途径也应是语文实践，不宜刻意追求语文知识的系统和完整。语文又是母语教育课程，学习资源和实践机会无处不在，无时不有。因此，应该让学生更多地直接接触语文材料，在大量的语文实践中掌握语文的规律"[②]。

1. 在生活实践中识字

对于小学低年级学生，教师常把识字活动延伸到课外，比如，"你家里还有哪些物品是书上所没有的？请你在父母的帮助下写成词卡，自己注上拼音，举办一次家庭用品识字展览，评出识字大王"[③]。

2. 学完课文之后的实践拓展

在学习完苏教版语文第四册《月亮湾》这篇课文之后，教师布置了如下实践活动：第一，组织学生到附近农村参观，感受农村美丽的景色；第二，"你的家乡哪儿最美？"试着动手画一画，再向同学们介绍。[④]

在《金色的草地》教学设计的最后，教师设计的作业是：从课文中找出描写颜色的词语，填到语文天地中。说说自己是如何观察喜爱的花草的，用刚学会的观察方法观察自己喜爱的事物。这是一个综合实践活动，意在使孩子们在活动中学会认真观察，学会搜集资料，体验研究与成功的快乐。[⑤]

---

① 黄莉莉. 2006. 读写结合，提高语文教学效率——读写结合课例《我们家的猫》引发的思考. 语文教学通讯，（28）：56-57.

② 中华人民共和国教育部. 2001. 全日制义务教育语文课程标准（实验稿）. 北京：北京师范大学出版社，2.

③ 丰小龙. 2004. 在家中学识字 在生活中学语文——人教版课标语文一年（上）《在家里》教学设计. 辽宁教育，（Z2）：80-81.

④ 冯晔. 2004. 自读自评，扣读导悟，读出情趣——苏教版语文第四册《月亮湾》教学设计及反思. 小学教育科研论坛，（4）：70-71.

⑤ 张秀云. 2008. 冀教版小学语文三年级上册《金色的草地》教学设计. 教育实践与研究（小学版），（Z1）：64-65.

在《高原信使》教学设计的最后，教师设计的作业是：根据教师提供的"感动中国"人物名单，选出最喜欢的人物，并搜集他们的感人事迹和相关资料（包括照片、颁奖词等），认真观察身边熟悉的人物，发现他们的感人之处，通过典型事例记录他们的点滴，并为他们写出颁奖词，尽量配上插图或照片。[①]

在《梅花魂》教学设计的结尾，教师设计的作业是：写一篇《××赞》，用上本文的写作方法。课外积累思乡的诗词。学生自读首尾段，体会写作手法，把阅读教学与写作教学有机结合起来。特别是课外拓展中设计的小练笔，更是将读与写有机地融合在一起，让学生的阅读能力与写作能力得到"双赢"。[②]

在《戏曲大舞台》课例中，教师课前布置学生阅读并了解教材中所介绍的戏曲知识，建议学生上网或去学校图书馆查阅有关戏曲的资料。活动环节主要包括竞赛必答题、竞赛抢答题、戏曲演唱等几个部分。拓展活动是请学生们查找现代汉语中来自戏曲的内容，如"下海""排场""自报家门""捧场""挑大梁""插科打诨"等。[③]

三、小学语文综合实践活动

2001 年的《全日制义务教育语文课程标准（实验稿）》指出，"语文是实践性很强的课程，应着重培养学生的语文实践能力，而培养这种能力的主要途径也应是语文实践"[④]。很多教师在识字、阅读、口语、写作之外增加了"小学语文综合实践活动"这个内容，该活动在实践中的形式多样，如课本剧和跨学科综合实践活动等。

（一）课本剧

2001 年的《全日制义务教育语文课程标准（实验稿）》提倡语文教育的实践性、综合性、重陶冶感染等理念，这与课本剧不谋而合，因此，课本剧成为小学语文综合实践活动的重要内容。课本剧是以语文教材为基础，选取其中记叙性、动作性、冲突性较强的篇目加以改编，将课文的文学性与戏剧性相融合，经过艺

---

① 吴希胜，黄玉焕. 2008. 冀教版小学语文四年级上册《高原信使》教学设计与说明. 教育实践与研究（小学版），(10)：60-61.

② 李孟海. 2008. 人教版小学语文五年级上册《梅花魂》教学设计. 教育实践与研究（小学版），(Z1)：56-57.

③ 崔爱萍. 2005. 抽象变形象 构建竞赛式的教学情境——《戏曲大舞台》语文活动课教学设计. 中小学信息技术教育，(1)：34-36.

④ 中华人民共和国教育部. 2001. 全日制义务教育语文课程标准（实验稿）. 北京：北京师范大学出版社，2.

术的再创造形成的一种独特的戏剧样式。①新课改以后，很多学校进行了课本剧创作与表演，如表3-15、图3-7所示。

表 3-15　新课改时期的课本剧

序号	年份	剧名	主要内容
1	2005	《四季风铃》②	将几篇课文改编成"春之声""夏之魂""秋之韵""冬之情"四幕舞台剧
2	2005	《愚公移山》③	将《愚公移山》这篇课文改成四幕课本剧
3	2001	《守财奴》④	师生合作将课本内容改编为三幕剧："抢夺梳妆匣""诱骗继承权""死守金子库"。根据学生在化妆、表演、歌唱、朗诵等方面的不同特长，结合其自身的愿望和班里的具体情况确定演员，就地取材选择道具
4	2004	《西门豹》⑤	教师退居幕后，学生表演得十分投入，语言、动作和表情都经过了自己的深思熟虑，稚嫩却感人，表演结束后，同学们一个个品头论足起来。有的对表演者的感情、神态提出了自己的见解，有的指出个别地方的人物语言还可推敲，以更符合人物的性格，通过课本剧，学生更加深入地了解了课文内容
5	2004	《日出》⑥	学生不仅深层次地理解了文章，还有了自己的见解。学生改动了原剧的最后一个小节，并且提出了自己的观点
6	2003	《皇帝的新装》⑦	整个编写过程包括选取剧本素材、确定戏剧结构、编写人物台词、设计舞台提示等环节
7	2005	《将相和》⑧	课本剧主要靠人物的语言、动作来推动情节的发展。因此，人物语言要能充分地表现人物的性格、身份和思想感情，还要通俗自然、简练明确、口语化，适合舞台表演。将课文改编成剧本，要把原课文中的很多叙述性语言转化为对话或者旁白，并在不改变原意的情况下适当地增减

图3-7　江苏省铜山县小学生语文课本剧《春之声》《冬之情》剧照⑨

①　陈漪，黄爱华，李燕. 2010. 课本剧的理念背景和人文价值. 教学月刊，（2）：22.

②　张敬义，李文广，刘光浩. 2005. "四季风铃"（课本剧）——江苏省铜山县小学生语文综合性活动成果. 语文教学通讯，（Z1）：109-111.

③　雷再荣，胡红苹. 2005. 《愚公移山》——课本剧. 语文教学通讯，（5）：42.

④　马世孝. 2001. 寓教于乐 兴趣斐然——排演课本剧《守财奴》一得. 学科教育，（5）：27-29.

⑤　俞洲. 2004. 表演促学习 润物细无声——语文教学中运用课本剧表演的尝试. 语文教学通讯，（7）：44.

⑥　张士霞. 2004. 曹禺先生的剧本被改了？——《日出》课本剧引起的争论. 语文建设，（11）：31.

⑦　张绍强. 2003. 编写课本剧. 语文教学通讯，（Z3）：100-101.

⑧　滕衍平. 2005. 二度创造，参与并快乐着——浅说课本剧的编写. 语文教学通讯，（Z1）：112-113.

⑨　张敬义，李文广，刘光浩. 2005. "四季风铃"（课本剧）——江苏省铜山县小学生语文综合性活动成果. 语文教学通讯，（Z1）：109-111.

学生排演课本剧的历史在我国可以追溯到19世纪末，当时被称为"文明新戏"。学生排演的《官场丑史》《易水饯荆卿》都很受欢迎，"文明新戏"甚至成为一种风尚。①课本剧采用角色扮演的方式，加上特有的直观性、形象性，更能吸引人、感染人，在潜移默化中启迪智慧、弘扬人性，发挥寓教于乐的功效。更重要的是，作为综合舞台艺术，课本剧不但可以让学生综合运用语文课上学到的听说读写技能，而且可以让学生将多学科的知识融合运用到具体的实践中；艺术创作的开放性和容错性又给了学生极大的表现空间，这对于培养学生的人文艺术素养具有重要价值。

（二）跨学科的综合实践活动

语文可以与其他学科结合在一起组成综合实践活动，如与科学课、音乐课等进行结合，如下例所示。

例1：《奇怪的东南风》是人教版五年级下册《综合性学习》中的一篇课文，它是一篇研究报告，说的是一个硫酸厂排出的废气造成了小作者爸爸出现了奇怪的咳嗽。课文又揭示了"大气污染已严重危害人类健康"这个世纪难题。教师首先让学生自由默读课文，了解课文内容后，让学生掌握研究报告的写作特点及思路；然后设计了一些与报告内容有关的问题，以让学生深入了解报告内容；最后展示了环境污染的数据，在学生掌握了课文的写法之后，教师进行了治理废气的拓展训练。②

例2：湖南省某小学开展了以感受"家乡的变化"综合实践活动，在活动过程中，学生要完成一系列综合实践活动。活动准备部分包括：1.组织发动，明确活动主题；2.问卷调查，根据学生兴趣确定活动内容；3.发放《告家长书》，争取家长对活动的支持等系列活动。活动过程包括：1.按兴趣分组；2.调查研究，搜集资料（运用观察、访谈、问卷等方法）；3.整理资料，展示成果；4.汇报交流，评奖激励。活动总结部分包括：1.获奖代表畅谈体会；2.家长代表讲话；3.学生自由发言，谈谈在此次活动中的收获和感受；4.教师总结。通过走进社区调查，学生的写作素材也逐渐丰富起来了，学生写出了大量的选材新颖的习作。③

---

① 叶仁光．2001．提倡课本剧和学生演剧——关于语文教学改革的一点思考．课程·教材·教法，（4）：39-42.

② 赵世华．2010．环境教育在语文教学中的有机渗透——《奇怪的东南风》教学案例．环境，（S2）：13.

③ 翟玉晶．2007．感受"家乡的变化"综合实践活动．小学教学参考，（30）：91.

总之，开展语文综合性学习，不仅能使学生充分利用现实生活中的语文教育资源，还能极大地培养学生的组织策划能力、探究能力，以及口语交际能力、搜集和利用信息的能力，让学生在广阔的空间里学语文、用语文，全面发展学生的语文素养。

四、教学内容实践样态述评

综上所述，新课改时期，小学语文教学内容注重挖掘篇目的人文性，教学内容组织考虑学生的认知心理特点，教学内容的组织过程强调活动性、整合性和实践性，整体上兼顾了语文教学的"文道统一"，也就是说既注重语文的思想内容，又注重语文的语言表达形式。同时，教学内容的组织更加强调以学生为中心，给予学生更多亲身体验和动手操作的机会。

第四节 中小学语文课堂教学方法

新课改之前，教育学术界对课程改革已多有讨论，其中教学方法改革是讨论的重点。1999年发布的《中共中央国务院关于深化教育改革全面推进素质教育的决定》指出，"我们的教育观念、教育体制、教育结构、人才培养模式、教育内容和教学方法相对滞后，影响了青少年的全面发展，不能适应提高国民素质的需要"。这里特别提到要对教学方法进行改革。2001年的《国务院关于基础教育改革与发展的决定》中更是指出，"各地要建立教育教学改革实验区和实验学校，探索、实验并推广新课程教材和先进的教学方法"。

一、语文教学方法的纲领性规定

新课改整体上强调学生是学习的主体，提倡启发式、讨论式教学，并尊重学生的个体差异，注重语文各部分教学内容和教学方法的融合与交叉，在此基础上培养学生的综合语文素养。2001年的《全日制义务教育语文课程标准（实验稿）》从以下几个方面对语文教学方法做出了规定。[1]

---

① 中华人民共和国教育部. 2001. 全日制义务教育语文课程标准（实验稿）. 北京：北京师范大学出版社，16-18.

（一）识字教学方法的说明与规定

识字教学要将儿童熟知的语言因素作为主要材料，同时充分利用儿童的生活经验，注重教给识字方法，力求识用结合。运用多种形式直观的教学手段，创设丰富多彩的教学情境。写字教学要重视对学生写字姿势的指导，引导学生掌握基本的书写技能，养成良好的书写习惯。汉语拼音教学尽可能有趣味性，宜以活动和游戏为主，与学说普通话、识字教学结合起来。

（二）阅读教学方法的说明与规定

阅读是学生的个性化行为，不应以教师的分析来代替学生的阅读实践。要珍视学生独特的感受、体验和理解。提倡多角度的、有创意的阅读，利用阅读期待、阅读反思和批判等环节，拓展思维空间，提高阅读质量。各个学段的阅读教学都要重视朗读和默读。加强对阅读方法的指导，让学生逐步学会精读、略读和浏览。培养学生广泛的阅读兴趣，扩大阅读面，增加阅读量，提倡少做题，多读书，好读书，读好书，读整本的书。鼓励学生自主选择阅读材料。

（三）写作教学方法的说明与规定

写作教学应贴近学生实际，让学生易于动笔，乐于表达，应引导学生关注现实，热爱生活，表达真情实感。在写作教学中，应注重培养学生观察、思考、表现、评价的能力。鼓励自由表达和有创意地表达。提倡学生自主拟题，少写命题作文。重视引导学生在自我修改和相互修改的过程中提高写作能力。

（四）口语交际教学方法的说明与规定

口语交际是听与说双方的互动过程。教学活动主要应在具体的交际情境中进行。努力选择贴近生活的话题、采用灵活的形式组织教学，鼓励学生在各科教学活动以及日常生活中锻炼口语交际能力。

（五）综合性学习的说明与规定

综合性学习应强调合作精神，注意培养学生的策划、组织、协调和实施能力。综合性学习应突出自主性，重视学生主动积极地参与，主要由学生自行设计和组织活动，特别注重探索和研究的过程，提倡跨领域学习，与其他课程相配合。

二、语文教学方法的实践样态及特征

随着新课改在全国轰轰烈烈地开展，教学方法也在逐渐发生变革，新课改理念倡导自主、合作、探究的学习方式，这一理念也影响了教学方法的变化。教学方法可以被看作教学内容的运动形式，因此对教学方法变革的阐述需要结合具体的教学内容。下文从中小学语文的识字、阅读、写作、口语交际几个方面来探讨教学方法的实践样态。

（一）识字教学方法的实践特征

识字是小学语文教育的重要内容，在我国比较有影响力的识字教学改革实验有二三十种，其中比较有代表性的、影响较大的识字教学方法包括集中识字、随课文识字、注音识字、韵语识字、"字族文"识字（把一个"字类"的文字编成"字族文"，利用"字族文"识字）、听读识字（先听他人读书，听会记熟之后，用记忆中的字音、字义和字形对照）、字理识字（依据汉字的构字规律，运用汉字形音义的关系进行识字）、双脑识字、字根识字成群分级识字、部件识字、立体结构识字、多媒体电脑辅助识字、四结合识字（识字、查字、编码、打字）等，除此之外，还有趣味识字、奇特联想识字、快速循环识字、猜认识字、字谜识字等方法。[①]2000年11月召开的"全国小学语文识字教学交流研讨会"征集了30多种识字教学法，除前两次会议推出的识字教学法之外，又推出了19种识字教学法：主动识字教学法、阅读识字法、基因识字法、网络-再造识字教学法、双拼电脑识字法、解形识字法、二笔码辅助汉字教学法、口诀识字教学法、中国成语识字法、双法字理识字法、炳人识字法、应用识字教学法、兴趣识字法、拼字玩具识字法、诱导字帖识字教学法、庞光辉识字写字教学法、有广东特色的"注音识字"教学法、多媒体熟语识字法、全息识字法。除了上述三次会议推出的38种识字法外，遍布海内外的汉语识字教学法至少还有38种，包括字频识字、部首归类识字、字形系联识字、形义分析识字、诱思探究识字、集优识字、环境识字、发现探索识字、字拼法识字、民族双拼、大程序化、识字快车、大循环整体输入识字、汉字桥识字、中成码识字、纵横码识字、传统诵记识字、全语文识字、生活经历识字、速成识字（扫盲识字）、趣味识字、

---

① 黄先政，郭俊奇. 2018. 小学常用识字教学方法的比较与选用. 教学与管理，(5)：35-37.

形象识字、四结合识字、一般电脑识字、五笔字识字、全语双拼、快乐传真识字、综合高效识字、多媒体互动识字、字词扩散思考识字、TPR（total physical response）全身活动识字、零岁识字、婴幼科学识字、幼儿渗透性趣味识字、《聪明娃娃金钥匙》识字、《字经》快速认读识字、幼儿多元识字等。①新课改以后，识字教学整体上没有超出以上所列的方法，但是增加了一些新的特征。

1. "音、形、义" 并重的识字教学法

汉字由音、形、义3个要素组成，识字教学要帮助学生建立音、形、义三者之间的联系，使学生学过生字之后，能够会认、会读、会写、会用。通过分析2001—2010年的识字教学视频发现，教师十分注重对生字的字形进行分析与讲解，对生字的字音进行练习和订正，对汉字的字义进行解释，如下例所示。

长春市某小学教学视频《标点符号的争吵》转录节选

师：这个字你认识吗？（出示"叹"字）

生：tàn。

师：好了，"叹"字请你来分析它的字形。

生："叹"字是个左右结构的字，左边是个口字旁，右边是个又，组合在一起就是叹，叹气的叹。

师：那看老师这个动作就是叹气（做出叹气的动作），带口字旁说明跟嘴有关，我们之前学过好多口字旁的字，那你能不能说两个？

生：树叶的叶、唱歌的唱、吃东西的吃等。

师：那老师要问了，口字旁的字这么多，老师把他们收集起来了，看看你们认不认识（出示字卡）？

生：吹、鸣、喝、吃、叫。

师：老师标出这些字的拼音，大家一起来读一下。

生：叹—吹—鸣—喝—吃—叫。
　　tàn　chuī　míng　hē　chī　jiào

以上课例中，教师先分析了"叹"的字形，又演示了"叹"的意思，并整理了一些和"叹"字结构、偏旁相同的字，以帮助学生回忆，最后标出拼音，请学

---

① 中国教育学会教育实验研究分会汉字文化教育研究中心. 2006. 识字教育科学化论文集粹. 北京：中国轻工业出版社，324.

生们一起朗读。

课题组分析了新课改之后D小学（吉林省的一所实验性和示范性小学）的10节识字课教学视频后，发现教师在教学中注重使用多种识字方法以帮助学生识字，具体方法及其使用频次如图3-8所示。

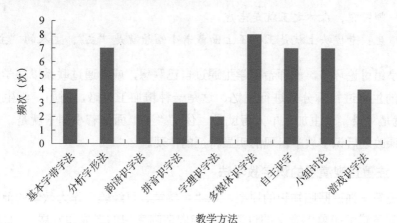

图3-8 D小学新课改后识字课教学方法统计图

从图3-8可以看出，新课改之后，教师在识字方法的使用上有以下两个特点：第一，识字方法的运用向综合化方向发展；第二，多媒体作为辅助工具，已经被广泛应用于识字教学中。

2. 重视自主合作的识字教学方法

2001年的《全日制义务教育语文课程标准（实验稿）》倡导"自主、合作、探究"的学习方式，新课改理念也呼吁尊重学生的主体地位，不同地区、不同学校的识字教学纷纷采用小组合作等形式来落实自主、合作、探究的理念。课题组在分析 2001—2010这一时期的教学视频时经常会听到："接下来请同学们在小组内交流一下你用什么方法记住了这几个字。""你能不能在小组内想出好办法记住它呢？"如下例所示。

长春市某小学教学视频《童年的问号》转录节选

师：哪个小组愿意汇报？好，这个小组。

生：我们小组研究的是"男"，田力就是男。

生：我们小组研究的是"主"和"住"，因为它们两个是好朋友，是一家人，主加上单人旁就是"住"，住去掉单人旁就是"主"，所以它们是好朋友。

师：我们来一起拍着手说一说好不好？单人旁加个主就是"住"。说得真好，"住"和"主"这两个字还有补充吗？

生：我们小组研究的"主"，我们想给大家出个谜语——"森林之王戴上小帽子"。

师：嗯，森林之王就是老虎。

生：老虎头上就是王，王上面戴着小帽子就是"主"，主人的"主"。

在小组讨论环节，教师希望学生通过自己联想，或者通过联系以往学过的生字对新的生字进行拆分来进行记忆，这是一种精加工策略，例如，学生介绍说"田力就是'男'""主加上单人旁就是'住'""王上面戴着小帽子就是'主'"，这是新课改之后识字教学出现的明显特征的体现。

3. 注重直观演示的识字教学法

直观教学强调回归知识的原型，以"可感觉、可经验"作为教学的前提和基础；在赋予感觉印象以意义的过程中，指向清晰意识的形成和发展。[①]直观一直是教学的一个重要原则和方法。识字教学中的直观主要包括实物直观和虚拟直观。实物直观包括直接向学生呈现与生字有关的"实物"，虚拟直观包括用视频呈现某一生字的演变过程，详见图3-9、图3-10[②]。

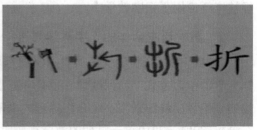

图3-9　讲"稻"字时出示实物稻穗　　图3-10　教师用视频呈现"折"字的演变过程

在《稻草人穿衣服》这个教学视频中，教师带来了几枝稻穗，让学生直接感知"稻"这个字。在《一只贝》这个教学视频中，教师用视频呈现了"折"字从象形的实物演变为现代汉字的过程，帮助学生理解字义，记忆字形。也有一些教师使用小视频来呈现汉字的笔顺，如图3-11所示。

① 陈旭远，张娟娟．2019．教学空间演变：基于1988—2018年教室的图像学阐释．华南师范大学学报（社会科学版），（4）：34-40.

② 《稻草人穿衣服》《一只贝》课例及图3-至图3-11来自东北师范大学附属小学课堂教学视频案例库。

图3-11　视频呈现"手"字的书写过程，方便学生看清笔顺

对于汉字学习来说，笔顺是重要的学习内容，直接关系到汉字的结构和外观，但是由于班级授课制的班额比较大，有时学生看不清老师在黑板上示范的写字过程，在CAI技术的帮助下，教师可以用视频动态地呈现汉字每一笔顺的书写过程，图3-11呈现了"手"的4个笔顺的书写过程。除此之外，生字课上，教师会在学生练习写字的时候放古典音乐，帮助学生感受汉字的韵味；让学生在练习书写之前先玩手指游戏，帮助学生活动手指。这些做法都体现了新课改提倡的尊重学生、理解学生的理念。

（二）阅读教学方法的实践特征

通过仔细对比1988—2015年的阅读教学视频可以发现，30多年来，阅读教学中教师讲解时提问的重点主要放在3个方面，即某段课文的意思、所用修辞手法、表达了什么情感，如表3-16所示。

表3-16　讲解课文段落时教师的主要问题[①]

年代	课文题目	讲解课文段落时教师提出的主要问题
1988	《斗鱼》	这段课文，作者从几个方面描写斗鱼美丽的外形？用了什么句子写鱼鳍的美丽？
1998	《美丽的小兴安岭》	谁愿意说说从录像画面上看到的小兴安岭的春天是什么样的？作者为什么写"抽出"枝条而不是"长出"呢？
2009	《捞铁牛》	第三段描写了捞铁牛的哪些准备工作？你可以把这段话浓缩成哪几个词？谁能看着这几个词把第三段复述下来？
2013	《狐狸阿权》	默读第二场景的内容，想想阿权看到了哪些情景，画出描写阿权想法的词句，体会阿权的心情

在《斗鱼》《美丽的小兴安岭》《捞铁牛》《狐狸阿权》4个教学视频中，教师讲解课文段落时的主要问题都指向学生对课文文意的理解、对作者或主人公情感的体验、对作者修辞手法的理解和运用这3个方面。因此，阅读教学的内容结构可以概括为3个方面，如图3-12所示。

① 以下课例来自东北师范大学附属小学课堂教学视频案例库。

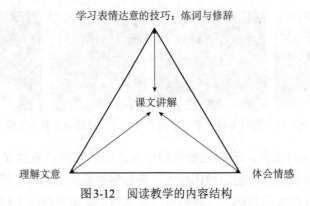

图3-12 阅读教学的内容结构

在学习这3个方面内容的时候，教师主要采用了自主阅读与讨论结合、"体验"与"品读"结合、读写结合等阅读教学法。

1. 自主阅读与讨论结合的阅读教学法

2001年的《全日制义务教育语文课程标准（实验稿)》指出，"阅读是学生的个性化行为，不应以教师的分析来代替学生的阅读实践……要珍视学生独特的感受、体验和理解"[①]。自主阅读教学强调学生在阅读过程中的自主性，自主性是指个体能够按照自己的意愿行事，能够自由表达意志，独立做出决定，自主推进行动进程等。自主阅读教学就是要在教学的过程中给予学生一些自主阅读的时间、自由讨论的条件以及表达自己看法的机会。自主阅读的流程主要包括课前自主预习课文—课上自主阅读—小组讨论—全班交流。教师通常使用学习指南来呈现课堂时间和教学方法的安排，本处以吉林省长春市D小学的阅读教学视频为例，如图3-13和图3-14所示。

学习指南 一
1.默读课文第三自然段，完成学习卡片1 （建议5分钟）
2.小组内交流学习卡片上填写的内容 （建议4分钟）
3.集体交流 （预计8分钟）

图3-13 《捞铁牛》学习指南示例　　　　图3-14 《捞铁牛》教学中的小组讨论

在讲《捞铁牛》这篇课文时，某一段的教学过程包括回顾自主预习内容—教

---

① 中华人民共和国教育部. 2001. 全日制义务教育语文课程标准（实验稿). 北京：北京师范大学出版社，16.

师呈现学习指南—学生自主默读，完成学习卡片，组内交流—小组汇报—个体再次默读推敲—教师总结。其中，学习指南规定了某段课文的学习内容、学习方式、学习时间，如图3-13所示。整体来看，学生自主阅读、自主交流的时间占到课堂总体时间的一半以上。

2. "体验"与"品读"结合的阅读教学法

新课改之后，教师注重根据课文内容创设阅读情境，常采用播放相关音乐、视频等方式渲染气氛，帮助学生进入课文呈现的情境。文章作者是先产生情感，然后诉诸文字，而读者恰好相反，是通过品读文字去体会作者当时的情感的。除创设阅读情境之外，教师还让学生反复朗读以品味精妙用词之后隐含的细腻情感，具体做法包括请某个学生带着情感朗读、教师示范朗读、全班集体朗读、请每个学生自己反复朗读等。例如，在《口技》这篇课文的教学中，朗读的设计如下所示。

第一遍：全班朗读，人人出声，读得沸沸扬扬。

第二遍：重点读第一段，教师先示范读，然后学生读，要求读得字正腔圆。

第三遍：重点读第二、三段，要求学生通过朗读理解文意，读出段中层次。

第四遍：重点朗读第三、四段，教师示范，学生演读，要求读得有情有景。

第五遍：重点朗读第四段，要求先急后缓，读出文中情景。[①]

朗读是把文字转化为有声语言的一种创造性活动，是一种出声的阅读方式。无论对哪种语言的学习来说，朗读都是十分重要的。朗读是阅读的起点，也是理解课文的重要手段。在课堂上，如果说讲授是教师的言语活动，那么朗读就主要是学生的言语活动，为了契合新课改给予学生更多自主性的要求，很多教师在阅读课上都注重学生的"朗读"和"品读"。

3. 读写结合的阅读教学法

古人用树来比喻阅读和写作的关系，认为阅读是树根，写作是树叶，只有根深才能叶茂。阅读是写作的基础，二者应该是相得益彰、难以分割的。因此，阅

---

① 祁小雪. 2007. 例谈语文阅读教学方法的创新. 中国教育研究论丛，（00）：387-389.

读教学的一个重点便是学习课文里的写作手法和修辞手法，并用于自己的写作之中。中国文人有"炼词"的传统，即根据内容和意境的需要，精心挑选最贴切、最富有表现力的字词来表情达意，卢延让"吟安一个字，拈断数茎须"以及贾岛"推敲"的典故都体现了这个传统。中小学语文教材中节选的都是著名作家的作品，其中精妙的修辞俯拾皆是。学习这些修辞和写作方法是阅读教学的重点之一。新课改之后，教师在阅读教学中更加注重以阅读内容衔接写作。例如，学完《济南的冬天》之后，请学生仿写《济南的秋天》；学完《背影》之后，请学生大胆讨论，分析《〈背影〉中的人情美》；学完与《蝉》有关的诗歌后，请学生查阅大量资料，写《古代诗人笔下的"蝉"》。①

（三）写作教学方法的实践特征

"言为心声，歌以咏志"，将心中的想法和情感转化为文字是作为"人"的重要技能，从古至今这个技能在中国的教育系统中都占据十分重要的地位。写作教学也一直是中小学语文教育的重要内容，新课改以后，写作教学的方法也有了一些改变。

1. 回归学生主体地位的写作教学法

新课改以后，教师在反思传统写作教学的基础上提出了写作教学需要遵循"学生主体地位的回归"这一理念。在传统写作教学中，从作文的命题、写作指导过程、作文批改到作文讲评，主动权都握在教师的手里。但是写作文是一种充满创造性的活动，学生必须拥有充分的自主性才能写出好的作文。只有让学生参与到作文主题的选择、作文的评价过程中去，才能激发他们的创作的热情。一线教师在具体方法上做出了尝试，如下面的"流动作文本"课例所示。

> 每个学生准备一本作文本，作为公共的流动作文本，一个学生只能在这个本子上写一篇作文，一个学生写完后，传给本组其他成员，使写作成为一种小组行为。随后将作文本流动到其他同学那里进行批改，每个同学只能在一个作文本上评一篇作文。作文讲评时分小组传阅，每个小组推荐同学发言。②

"流动作文本"成为一个班级的作文平台，同学们可以评阅、讨论其他人的

---

① 杨吉元. 2007. 读写结合：一种阅读教学方法的重新审视. 现代语文（教学研究版），（1）：67-68.
② 黄国权. 2003. 利用"流动作文"提高作文教学效率. 语文教学通讯，（8）：41.

作文，这个过程可以唤醒学生的主体意识，培养学生的评价和质疑能力，从而促进学生个体写作能力的提升。

2. 生活写作教学法

叶圣陶先生曾经指出，"生活如源泉，文章犹如溪水，源泉丰盈而不枯竭，溪水自然活泼地流个不停"①。生活写作强调作文与生活是密切联系的，"生活处处即作文"。因此，强调记录日常生活以及关注时效热词就成为重要的生活写作教学方法。

（1）强调记录日常生活的写作教学方法

日常生活写作强调着眼于学生的实际生活体验，尊重学生的主体性，鼓励学生以各种直接经验为基础，记录生活，表达感受。日常生活写作强调着眼于学生的实际生活体验，尊重学生的主体性，鼓励学生记录日常生活，与同学讨论，通过写作理解和思考生活，具体包括3个步骤：第一，鼓励学生记录社会活动、学校活动等，积累素材；第二，引导学生讨论，找到合适的切入角度和写作路径；第三，引导学生养成通过写作解读生活的习惯和培养相应的思辨能力，并能通过"写作"这一社会行动参与和反思社会生活。以下是两个日常生活写作的课例。

> 例1：某老师刚接新班，对同学们说，她想趁假期到每位同学家中走一走、看一看，但是老师喜欢按图索骥地自己找，希望学生能告诉老师自己家的位置，沿途要经过哪里，有什么标志性建筑，请大家写下来交给老师。这个活动使学生练习了"运用方位词进行有顺序的介绍和说明"，达成了教材里的习作要求。
>
> 例2：有位学生在一篇作文中诉说了一次"屈打成招"之事，他写道："当时，我恨不得当一个法官，判处爸爸三年徒刑。"爸爸读到后反思了自己的行为，并写了一篇《爸爸的忏悔》，希望儿子能原谅自己。作文成了父子沟通的途径。②

（2）关注时效热词的写作教学方法

关注时效热词，能够使学生了解社会变革，在不断的思考和表达中培养学生的社会责任感。具体来说，就是让学生直接了解社会热点，并对这些社会热点发表自己的感悟和看法，也可以针对社会热点事件进行辩论，让学生从不同的角度

---

① 岳晓春. 2011. 写作：新课改下小学语文教学中生活作文教学新探. 教育教学论坛，(29)：95-96.
② 张启超. 2004. 生活作文之探索——新理念下的作文教学改革实践. 语文教学通讯，(13)：49-51.

搜集信息，进行思辨和争鸣，最后获得对社会事件的独立看法，例如，对"共享单车""共享汽车""花呗"等问题的看法。下面是一名教师让学生关注新闻、从中寻找时效热词的例子。

> 某校老师每星期利用一节晚自习为学生播放《新闻周刊》，让学生通过叙述、分析、评价、总结这几个步骤来解析热点事件，帮助学生写出观点新颖、拥有良好的人文情怀和强烈的社会责任感的文章。[①]

生活在信息社会，我们每天都被动或主动地接受大量信息，以观众或参与者的身份与社会互动，我们几乎是无法回避地阅读和思考这些信息，这是现代人的生活方式。如果经过审慎的思考和文字表达锻炼，学生就能在经年累积中培养自己敏锐的社会观察能力和思辨能力。

3. 计算机辅助写作教学法

网络能打破时空的限制，让学生"观古今于须臾，抚四海于一瞬"（陆机，《文赋》）。网络为写作教学提供了3个方面的便利：第一，网络上海量的信息，大大拓宽了学生的阅读范围，也为学生创作提供了素材库；第二，写作教学中，教师可以充分利用多媒体技术，为学生提供一个能同时调动多种感官刺激的教学情境；第三，网络提供了一个便于发表交流的平台，解决了学生作文发表难和评价者单一的问题，在互联网上，每个学生都能机会均等地发表作文，并且拥有大量不同类型的读者，可以互相阅读评改，文章的优劣得失可以得到及时反馈。详见下例所示。

> 例1：教师在网上开设专栏服务作文教学，开设"激扬文字"和"日知书录"类专栏以来，收获学生的文章和评论达两万多条，内容涉及诗歌、小说、散文等各式各样的创作。学完蒲松龄的《狼》之后，教师让学生在网页上进行扩写，于是出现了很多有趣的版本，学生们纷纷扩写了千字上下的作文，表现出了丰富的想象力和饱满的创作欲望。[②]
>
> 例2：有的语文教师建立网站或网页，开辟了作文教与学的专栏，设有发表园地、习作簿、指导站等栏目。学生作文一旦被贴上网页之后，他可能会时刻关注着自己文章的点击率，如果没人看，他可能会马上修改，或者上

---

① 方景. 2019. 新课改背景下时效热词与作文教学实验性探究. 基础教育论坛，（23）：47-48.
② 银艳琳. 2004. 网络是作文教学的趣径——浅谈课改形势下的作文教学. 语文教学通讯，（Z2）：78-79.

传新的文章；除了点击率，作者还关心跟帖和评价，对有的意见可能欣然接受，对有的意见则会展开讨论和交流。网络发表平台，大大提高了学生写作的热情。[①]

在信息技术迅速发展、自媒体大量兴起的时代，每个人都是他人作品的观者，也是自己生活的记录者和表达者。学校的写作教学也逐渐朝着写作过程更加自主、写作内容更加贴近生活、写作方式更加开放的方向发展。

（四）口语交际教学方法的实践特征

2000年版小学语文教学大纲中首次用"口语交际"代替了以往的"听说教学"。2001年的《全日制义务教育语文课程标准（实验稿）》更是把口语交际放在了与识字写字、阅读、写作、综合性学习同等重要的位置。[②]听说教学的核心是培养听、说这两种能力，但是口语交际是"听与说双方的互动过程"[③]。口语交际的核心是言语活动的适当性问题，口语交际能力的培养需要一个长期的、开放的、实践性的过程。新课改之后，口语交际得到了语文教师的普遍重视。

1. 生活化的口语交际教学法

口语交际是现代生活的必备技能，生活中拥有最丰富的交际资源、最切实的交际需求。因此，口语交际不能局限于课堂，而应该延伸至实际生活中，如在超市购物时、在节日祝贺中、在庆典献词中、在调查访谈中等。学生需要在真实的生活中倾听、观察、体验、模仿、总结，由此才能学到如何在合适的场合说出合适的话。新课改后的口语交际教学呈现出了生活化的特征。从中国知网上2001—2010年发表的"口语交际教学设计"课例题目来看，老师们都紧扣本班学生的现实生活和现实需求进行教学设计，如《〈看望生病的同学〉口语交际教学设计》《〈学会拒绝〉口语交际教学设计》《〈说说我自己〉口语交际教学设计》《〈接待客人〉口语交际教学设计》《〈感谢和安慰〉口语交际教学设计》等。

① 蔡明. 2003. 网络作文·专题作文·特色作文——当前初中作文教学必须研究的三个问题. 语文教学通讯，（Z3）：9-11.

② 郭云岭，赵杰. 2009. 语文口语交际教学的思考. 教育理论与实践，（14）：55-56.

③ 中华人民共和国教育部. 2001. 全日制义务教育语文课程标准（实验稿）. 北京：北京师范大学出版社，18.

2. 注重语境的口语交际教学法

交际能力的核心是在具体的语境中说出适当的话语，也可以说交际能力的核心是言语的适当性，因此语境对口语交际至关重要。语境对语言具有限制和补充作用。语境对语言运用的限制作用主要表现在对词语的理解和选用上，语境对语言理解的补充作用主要表现在对语言的深层含义和言外之意的理解上。因此，在口语交际的课堂上，老师们十分注重为学生创设合适的语境，比如，通过播放视频、呈现实物、音乐渲染、语言描述等方式创设语境，调动学生的生活经验，激发学生的表达欲望。

例1：在《〈接待客人〉口语交际教学设计》中，教师将全班分为四组，每组设一张课桌为"茶几"，上面摆上茶具，请各组学生围坐于"茶几"旁，并播放轻松和谐的江南丝竹乐《步步高》，以创设出一种居家迎客的情境。[1]

例2：在《〈看望生病的同学〉口语交际教学设计》中，教师准备了一个课件，课件内容包括病房场景、学校场景、一束鲜花，并准备了若干录像，第一段录像是，丁大勇听说同班同学王晓燕病了，很着急，买了一束鲜花到医院看望，路上遇到王小娅同学，请他代为转达自己的问候，请大家看看丁大勇同学说得对吗？并请学生扮演丁大勇、王小娅、王晓燕进行口语交际。[2]

例3：在《你来问，我来答》这个教学设计中，教师运用学生带来的"宝物"（玩具）和照片为学生创设了口语交际的情境，见图3-15和图3-16。[3]

图3-15 教师用实物创设交际语境

图3-16 教师用照片创设交际语境

有了多媒体视频、音乐、图片、实物等资料的辅助，学生们更容易获得现场感，进而调动自己的"世界知识"，选择合适的交际语言。

---

① 吴剑宝. 2005.《接待客人》口语交际教学设计. 教学与管理，（29）：73.

② 徐丹. 2006.《看望生病的同学》口语交际教学设计. 教学与管理，（35）：68-69.

③ 该课例及图3-15和图3-16来自东北师范大学附属小学课堂教学视频案例库。

3. 注重交互性的口语交际教学法

口语交际是一个信息双向流动的多模态复合系统，参与者运用语言、表情、肢体语言、物体以及具体语境共同建构意义，其核心是社会互动。因此，口语交际练习一定要在真实的动态语言实践中进行。也就是说，学生不仅要能说出合乎语法的话，还要懂得在这个情境中说什么样的话才能被对方接受。因此，教学设计一定要体现交互性，交互性强的话题容易在课堂上形成你来我往的人际互动。

> 例1：在口语交际"猜谜语游戏"这节课上，根据谜语的特征，出谜者要步步诱导，让猜谜者逐渐接近谜底，而猜谜者既要猜出谜底，又要说清楚理由。活动的顺利进行需要双方根据具体语境不断进行调整，即双方需要沉浸到一种交互的情境中，才能完成游戏。[1]

> 例2：在《有趣的拼图》这节课的教学设计中，教师课前为每一组学生准备了各种形状的小图片，但是有意少放了几种，为拼图"制造"了一些困难，也提供了一个学生之间交互的契机。上课过程中，学生很快自然地想到了向其他组借图片，有些同学一次就借到了图片，有些同学几经周折才借到图片，有些同学一直没有借到图片，只好跟同组的伙伴商量换一种图形，这些水到渠成的交际场景和交际需求大大增加了对话的交互性。[2]

在新课改理念和《全日制义务教育语文课程标准（实验稿）》的指引下，汉语口语交际成为义务教育阶段语文学科的重要教学内容，在教学实践中也得到了应有的重视。[3]教师努力为学生选择贴近学生生活经验的话题，在教学中为学生创设交际语境和交往的契机。

三、语文课堂教学方法述评

（一）教学方法总体上表现出一些"自主、合作、探究"的特征

2001—2010是新课改的前十年，对于新课改的核心概念和实施效果，学界

---

① 顾芹. 2008. 口语交际教学应把握好四个维度. 教学与管理，（23）：39-40.

② 该课例来自东北师范大学附属小学课堂教学视频案例库。

③ 黄真金. 2009. 新课程背景下汉语口语交际教学问题的思考. 贵州师范大学学报（社会科学版），（4）：121-125.

褒贬不一，但这十年是新课改在中小学和所有学科全面开展的10年。2001年，《全日制义务教育语文课程标准（实验稿）》在课程的基本理念中提出，要积极倡导"自主、合作、探究"的学习方式。这一理念在2001—2010年的课堂教学方法中也得到了体现。在识字、阅读、写作、口语交际教学中，除了传统的讲授、练习等方法之外，教师还要求学生进行分组讨论，并向全班汇报讨论结果。写作教学的题目选择、写作过程、论文批改等环节都给了学生更多的自主权。这一时期的教学方法在形式上努力融入"自主、合作、探究"的元素，尤其是在公开课和中国知网上发表的课例中，老师们都努力地表现出自己的教学设计贴合了新课改的理念，给予了学生合作、探究的机会。如何在适应高考改革和社会需求的情况下改进教学方法，仍然需要教育研究者的不断探索。

（二）教学方法与CAI技术逐渐融合

随着信息技术的发展和学校现代化进程的推进，新课改时期，CAI已经逐步走进小学课堂。CAI技术集文字、声音、图画、动画于一体，为中小学语文教师提供了创设学习情境、呈现学习内容、重组学习材料、促进师生互动的好方法，因此备受中小学语文教师青睐。例如，在识字教学中，教师用动画呈现汉字演变规律和汉字笔顺；在阅读教学中，教师运用优美的音乐、直观的动画创设阅读情境；在写作教学中，教师搭建开放型、交互式作文教学平台，为师生、生生之间互相展示、评论、批改作文提供便利。此外，现代信息技术还大大拓展了学生的阅读空间。因此，新课改时期教学方法改革的另一个明显特征是，教学方法与多媒体辅助教学技术的深度融合。这一时期，几乎所有的公开课教学视频都使用了CAI，可以说这一时期现代多媒体技术在重塑课堂教学的互动方法和形态。但是CAI技术的运用应该建立在教师对学生已有经验细致了解、对教学内容融会贯通、对教学互动过程深思熟虑的基础之上，CAI技术与专业知识、教学知识之间如何实现更深层次的融合，还需要教育技术专家和广大一线教师的不断探索。

第五节　中小学语文课堂教学评价

新课改背景下，关于教学评价的研究不断深入，教学评价理论获得了长足发展。现代教学评价建立在哲学、心理学、教育学、管理学、教育测量学等学科的基础上，新课改时期，中小学语文课堂教学的评价类型、评价形式、评价内容、评价对象、评价时机等都发生了一些变化。

一、语文教学评价的纲领性规定

1999年6月，《中共中央国务院关于深化教育改革全面推进素质教育的决定》从宏观层面提出"建立符合素质教育要求的对学校、教师和学生的评价机制"。2001年的《基础教育课程改革纲要（试行）》中提出了评价改革的方向。从宏观上来看，改革并进一步完善符合素质教育要求的考试制度和招生选拔方式，有条件的地方要取得新的突破。从具体层面来看，要改革考试评价和招生选拔方式，探索科学的评价办法，发现和发展学生的潜能，帮助学生树立自信心，促进学生积极主动地发展。改革考试内容和方法，小学成绩评定实行等级制；初中部分学科实行开卷考试，重视实验操作能力考查。教师不得公布学生考试成绩和按考试成绩排列名次。总之，具体的教学评价既要关注学生的学业成绩，又要发展学生的潜能；既要了解学生当前的实际需求，也要帮助学生认识自我的发展方向；既要依靠单纯的书面测验，通过考试检查学生对知识技能掌握的情况，也要运用多种方法，综合评价学生的情感、态度、价值观，尤其是创新精神与实践能力的变化与进步等。

2001年，《全日制义务教育语文课程标准（实验稿）》发布，在"评价建议"方面指出，语文课程评价的目的不仅是为了考查学生实现课程目标的程度，更重要的是为了检验和改进学生的语文学习和教师的教学，改善课程设计，完善教学过程，从而有效地促进学生的发展；不应过分强调评价的甄别和选拔功能，要突出语文课程评价的整体性和综合性，要从知识与能力、过程与方法、情感态度与价值观几方面进行评价，以全面考查学生的语文素养；形成性评价和终结性评价都是必要的，但应加强形成性评价；定性评价和定量评价相结合，更应重视定性评价；实施评价，应注意教师的评价、学生的自我评价与学生间互相评价相结合。①

二、语文教学评价的实践样态及特征

新课改以后，课堂评价的功能和形式都发生了一些变化。由于课堂教学评价

---

① 中华人民共和国教育部. 2001. 全日制义务教育语文课程标准（实验稿）. 北京：北京师范大学出版社，18-19.

是在教学过程中产生的，课题组采用教学视频分析法，以D小学为个案，选择了D小学2001—2010年的20节语文课堂教学视频，以"滴水折射世界"的视角来分析新课改时期语文课堂教学评价的特征。

（一）评价类型

2001年的《全日制义务教育语文课程标准（实验稿）》明确提出，"对学生的日常表现，应以鼓励、表扬等积极的评价为主，采用激励性的评语，尽量从正面加以引导"[①]。也就是说，在教学过程中，当学生答对问题时，教师要尽量给予积极的评价，如"你真棒""回答得很好""有创意，这点连老师都没想到"。当学生写字有了进步时，要适时地加以肯定，如在练习本上写上"有进步"的字样，或画面红旗、画个笑脸、画颗星星等。当学生没有说出教师期望的答案时，教师不能辱骂和体罚学生，应该慢慢引导，帮助学生说出正确答案。课题组基于相关文献，把教师的教学评价类型分为肯定性评价和否定性评价，根据其具体表现又细分为具体、笼统和暗示3种程度，具体分析结果如表3-17所示。

表3-17　教师课堂教学评价类型统计表

评价维度	评价类型	评价次数（次）	合计（次）	所占比例（%）
肯定性评价	具体肯定	924	1564	92.6
	笼统肯定	608		
	暗示肯定	32		
否定性评价	具体否定	58	125	7.4
	笼统否定	19		
	暗示否定	48		

表3-17显示，教师肯定性评价的总次数是1564次，其中具体肯定性评价次数最多，为924次，占肯定性评价次数的59.1%；笼统肯定性评价次数也相对较多，为608次，占肯定性评价次数的38.9%；暗示肯定性评价次数为32次，占肯定性评价次数的2.0%。教师的否定性评价次数整体较少，总计125次，其中具体否定性评价次数为58次，占否定性评价次数的46.4%；暗示否定性评价次数为48次，占否定性评价次数的38.4%；笼统否定性评价次数为19次，仅占否定性评价次数的15.2%。由此可以看出，该学校教师响应了新课改的要求，在课堂教学评

---

① 中华人民共和国教育部. 2001. 全日制义务教育语文课程标准（实验稿）. 北京：北京师范大学出版社，19.

价行为类型的选择上以积极肯定性评价为主，其中肯定性评价占到了总体评价次数的92.6%，否定性评价占到了总体评价次数的7.4%。

　　新课改以来，无论是肯定性评价还是否定性评价，教师的评价内容都更为具体了，通过对样本视频中教师的肯定性评价进行频次统计和分类发现，大部分教师会在学生评价后指出具体的正确内容，并对学生的答案进行引导与提升，详见图3-17。

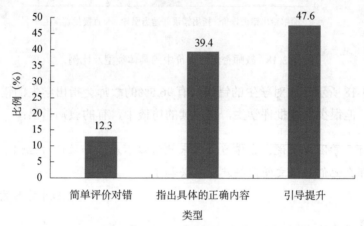

图3-17　教师肯定性评价中的具体类型及比例

注：因四舍五入，部分数据之和不是100%，下同

　　如图3-17所示，在肯定性评价方面，指出具体的正确内容和引导提升的比例合计占到了87.0%，也就是说，教师大部分时候能对学生进行具体评价和引导提升，明确指出学生哪里做得很好，学生在哪方面表现得很优秀，如"你听得很认真"，"你的声音真洪亮"，"你的思路很清晰，问题回答得很全面"等，能够让学生听过之后有所感悟和启发。长久下去，学生就能从教师的课堂教学评价中全面客观地认识自己，明确自身的优点和长处，激发自身的潜力和兴趣，增强自信心、自豪感和荣誉感。与此同时，教师也意识到了鼓励性评价给自身和课堂带来的诸多益处，感受到积极正向的评价是实现师生、生生有效对话的"桥梁"，是促使课堂生成的"助推器"。师生之间、生生之间进行评价时所传递出的积极正面、乐观向上的信息，有助于营造一种温馨、亲和的课堂氛围，也有助于促进学生的学习、成长和发展。

　　在否定性评价方面，视频分析数据显示，如果学生答错了，教师大部分时候会指出学生的错误并进行适当引导，如图3-18所示。

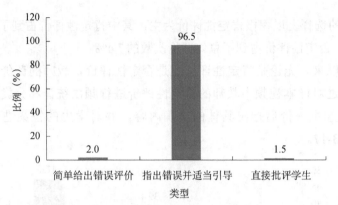

图3-18　教师否定性评价中的具体类型及比例

如图3-18所示，面对学生的错误，有96.5%的教师会指出学生的错误并适时加以引导，但很少直接批评学生，在后续的访谈中，有的教师指出：

> 对于学困生来说，在学习上本来就信心不足，如果还对他们进行批评的话，那么他们对语文学习早就没有兴趣了。
>
> （D小学S老师访谈）

也有的教师认为：

> 我是一个新老师……对学生的评价基本上都是鼓励和表扬，不敢批评，怕打击他们的自信心。如果学生回答错了，我会暗示性地请别的同学回答，不会当面否定。
>
> （D小学H老师访谈）

还有的教师认为：

> 现在哪还敢批评教育学生啊，现在家里基本上都是一个孩子，家家当个宝儿似的，老师批评了，家长也不干啊！
>
> （D小学Y老师访谈）

由此可见，教师在对学生进行评价时，除了考虑答案的对错外，也会考虑评价对学生兴趣的影响，还会考虑到评价对师生关系的影响。为了保持良好的师生关系，教师尽量不批评学生，这种对师生关系的重视受到了新课改倡导的"师生平等"理念的影响。同时，随着社会的整体进步，儿童在社会和家庭中地位的提升，学生与教师处于双主体地位，教师也下意识地不会轻易批评学生。

（二）评价形式

从呈现形式来看，教师课堂教学评价可以分为口头语言评价、书面语言评价和体态语言评价。其中教师使用口头语言评价的频率是最高的，因为口头语言是一种最便利、最高效、最直接的评价形式。而在新课改时期，教师的体态语言评价也比较多，从公开课的情况看，教师的体态语言评价借助手势、动作、表情等来传递信息，表露内心，寄托情感，给学生留下了深刻的印象。例如，教师用面部表情或肢体动作示意性格内向的学生回答问题，可以让他们真实地感受到教师对他们的鼓励，激发起他们内心的激情与勇气。另外，当语言表达与非语言表达发生碰撞、产生矛盾时，非语言表达往往能更加真实地反映出个体内心情感的变化，以达到"此时无声胜有声"的效果。例如，老师在课堂上讲知识点时发现有一位学生没有专心听课，还左顾右盼，窃窃私语，老师没有停止授课，而是边讲边走到这位同学身边，轻轻地拍一拍他的肩膀，以此来提醒该学生认真听讲，这反而比停下讲课、当面批评学生所达到的效果更好。为了深入研究体态语言评价，课题组对其进行了分类和整理，发现其包括微笑、皱眉、瞪眼3种面部表情和挥手、点头、鼓掌、竖大拇指、轻抚学生5种肢体动作，详见图3-19。

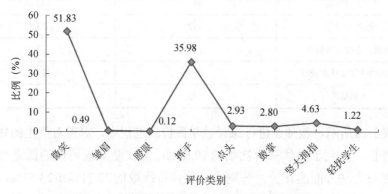

图3-19　教师课堂教学体态语言评价类别及比例

在课堂教学体态语言评价中，教师使用最多的是微笑，占整体体态语言评价的51.83%；第二是挥手，占35.98%；第三是竖大拇指，占4.63%；第四是点头，占2.93%；第五是鼓掌，占2.80%；第六是轻抚学生，占1.22%。教师在课堂教学过程中皱眉和瞪眼的比例很少，分别占0.49%和0.12%。有的教师表示："孩子们上课很积极，回答问题很踊跃，我会对他们微笑，对他们频频点头。"还有的教师表示："我们班里一般会通过鼓掌和竖大拇指的方式表扬学生，他们很受用。"这一时期的教师更注重面带微笑，营造舒服、亲和的课堂氛围。

（三）评价内容

课堂教学评价的内容比较繁杂，有些研究者将其分为学术性评价与非学术性评价，课题组借鉴了这种分类方式。学术性评价指向课程教学的目标，主要是三维目标：指向知识与技能的评价，主要是指教师针对学生学习和掌握相关知识与技能情况所做的评价；指向过程与方法的评价，主要是指教师针对学生掌握学习过程和学习方法情况所做的评价；指向情感、态度与价值观的评价，主要是指教师针对学生了解和把握学习资料当中的情感、态度与价值观情况所做的评价。[①]非学术性评价是指对学生规范性的课堂行为表现及学生人格特质的评价。对学生规范性的课堂行为表现的评价有"这一组同学听得很认真，腰板坐得笔直，很好""全班该安静下来了，我们的讨论就到这里"等评价；对学生人格特质的评价有 "你真聪明，老师说一遍你就领悟了""你很勤奋好学"等评价，具体次数和比例见表3-18。

表 3-18　教师课堂教学评价内容统计表

教师评价内容	评价行为的次数（次）	所占比例（%）
知识与技能	652	39.63
过程与方法	387	23.53
情感、态度与价值观	131	7.96
规范性的课堂行为表现	390	27.71
人格特质	85	5.17

如表3-18所示，教师在进行课堂教学评价的过程中，着重对学生的知识与技能进行评价，占到了总体评价次数的39.63%；其次是对规范性的课堂行为表现以及过程与方法方面的评价，分别占总体评价次数的27.71%和23.53%；所占比例最少的，也是最容易让教师忽视的是对学生情感、态度与价值观的评价以及对学生人格特质的评价，分别占总体评价次数的7.96%和5.17%。由此可以看出，教师的课堂教学评价内容涉及最多的是知识与技能，涉及较少的是情感、态度与价值观以及学生的人格特质。从视频分析结果来看，教师较多地评价学生掌握知识的程度、学习习惯的养成、学习态度和学习方法情况，较少评价学生的能力水平和人格特质。

---

① 叶立军，斯海霞．2011．代数课堂教学中教师的评价行为研究．教育理论与实践，（3）：41-43.

（四）评价时机

课堂教学是一个动态发展、逐步生成的过程。在教学过程中，教师评价行为的时机显得尤为重要。一个好的教师，会把握住课堂教学中的细节，会在合适的时机对学生做出准确、合理、适切的评价。研究者将教师课堂教学评价的时机分为时间时机和特殊情境时机，又进一步将时间时机分为即时评价和延时评价，详见表3-19。

表 3-19　教师课堂教学评价的时间时机统计

评价时机	评价行为次数（次）	行为出现的比例（%）
即时评价	1574	94.08
延时评价	99	5.92

从表3-19可以看出，在课堂评价时间时机上，出现次数最多、所占比例最高的是即时评价，总次数达到了1574次，所占比例为94.08%，而延时评价出现的次数仅为99次，所占比例为5.92%。

课堂上的特殊情境时机包括迸发思想火花、出现错误、遇到困难、出现课堂问题行为等。迸发思想火花指的是在课堂教学过程中，思想和精力高度集中所出现的灵感和一念之间的想法，含有创新的意味。课堂问题行为在教育心理学上指的是学生违反课堂常规，妨碍及干扰课堂正常秩序所表现出的行为，主要表现为：第一，学习动力不足，消极抵制，表现为上课前准备不足，丢三落四；课上不认真听讲，爱做小动作，扰乱课堂秩序。第二，上课时注意力不集中，表现为东张西望，擅离座位，上课说话、吃东西、思想开小差，看课外书，爱在书本上乱写乱画等。第三，行为冲动，表现为同学之间产生矛盾，你不让我我不让你，甚至相互打骂。第四，逆反心理，表现为常和老师对着干，例如，老师不允许在课堂上随便说话，他非站起来说个没完；老师让大家默读课文，他非大声读出来。第五，性格偏执，表现为学业成绩不佳，沉默寡言，内向腼腆不合群，不善于表现自己，内心自卑，容易丧失学习兴趣和自信心，遇事逃避退缩，性格孤僻。新课改之后，教师教学评价的特殊情境时机如表3-20所示。

表 3-20　教师课堂教学评价的特殊情境时机统计

评价时机	评价行为次数（次）	行为出现的比例（%）
迸发思想火花	49	30.43
遇到困难	16	9.94
出现错误	86	53.42
出现课堂问题行为	10	6.21

从表3-20可以看出，教师的评价行为较多地出现在学生出现错误的时候，次数是86次，占总体评价次数的一半以上；其次是当学生迸发思想火花的时候，教师会进行评价，出现的次数为49次，占总体评价次数的30.43%；当学生遇到困难的时候，教师较少会进行评价，占总体评价次数的9.94%；当学生出现课堂问题行为的时候，教师也很少进行评价，仅占总体评价次数的6.21%。

这一结果表明，教师对于课堂上如何在恰当的时机对学生进行评价是模糊不清的，没有明确的概念和意识，教师没有很好地意识到评价时机的重要性。面对课堂教学过程当中出现的诸多良好时机，教师没有明确地捕捉和意识到，也没有在恰当的时机进行评价，以激发学生学习的兴趣和积极性。有的教师指出，"我也不知道应该在什么时机评价学生最好，反正学生回答完问题就应该鼓励"。还有教师指出，"在课堂中纠正学生非课堂问题时会打扰其他学生的思路"。具体怎样把握课堂教学过程中的评价时机问题，需要教师细细琢磨，慢慢思考。

总而言之，评价时机的把握直接影响着评价的效果，在恰当的时机给予正确的评价能有效激发学生的学习热情，鼓舞学生学习的斗志，这是教师在今后课堂教学评价过程中所要学习和加强的。同时，在课堂教学中，教师也要将即时评价与延迟评价结合起来，恰到好处地发挥各种评价的作用，以促进学生的全面、健康发展。

三、语文教学评价述评

新课改以后，课堂教学评价具有以下特征：第一，教师注重激发学生的学习兴趣，主张鼓励与引导。教师的课堂教学评价行为多以积极肯定且具体的正面评价为主，尤其是在学生回答问题的时候表现最为明显。当学生回答问题有困难时，大多数老师会对学生进行积极的引导和启发，使他一步一步接近正确答案，或者是请其他学生来帮助他。不管回答得是否完整、准确，只要有勇气站起来回答问题，大多数老师都会给予欣赏的眼光和浓浓的笑意。第二，承认学生是课堂主体，坚持多元化评价。例如，口头语、体态语与书面语评价相结合，自评与互评结合，即时与延时评价相结合等。多数教师在评价时会有意识地结合多种评价方式，例如，学生回答问题正确时，教师会给予表扬，还会为他竖大拇指或点头（口头言语评价与体态言语评价相结合）；学生小组展示很精彩的时候，老师会为小组表现鼓掌喝彩；学生想到与众不同的答案时，老师会把它写在黑板上，鼓励大家集体分析，即自评与互评相结合。第三，注重学生的学习过程，适时追问评价。大部分教师有了"过程重于结果"的教学意识。尤其是在遇到一些难题、怪题、灵活的或开放式问题时，很多教师会鼓励学生开动脑筋，勤于思考，积极发言，这时答案已然不是最重要的了。如果有学生能够迸发思想火花，创造性地解决一些问题，一些教师则会抓住这个重要的契机，积极引导学生关注学习的过程，进一步追问如"你是怎样想到这个方法的？""大家想一想这位同学的方法好不好，与自己的方法有哪些不同之处？"在教师的引导下，学生的注意力会再一次聚焦到学习方法和学习过程上来。

第六节　中小学语文课堂教学环境

一、CAI 技术与语文课堂教学的深度融合

2001 年的《基础教育课程改革纲要（试行）》指出，"大力推进信息技术在教学过程中的普遍应用，促进信息技术与学科课程的整合，逐步实现教学内容的呈现方式、学生的学习方式，教师的教学方式和师生互动方式的变革，充分发挥信息技术的优势，为学生的学习和发展提供丰富多彩的教育环境和有力的学习工具"。因此，新课改时期，CAI 技术与语文课堂教学开始逐渐深度融合。

（一）PPT 代替板书呈现主要内容

在信息社会，教室里逐渐形成了一整套以计算机为核心的多媒体设备，传统教学内容的存储、呈现方式都发生了重要变革。PPT 能够呈现文本、声音、图像、视频等不同模态的信息，其多功能性和兼容性为教师的备课和教学提供了方便，因此，在条件允许的学校，教师逐渐尝试借助多模态的 PPT 来设计和呈现教学内容，如下例所示。

初中一年级《秋魂》教学设计

教学形式：集图、文、声、乐、像于一体，多媒体电化教学。

第一部分：

《姑苏行》乐曲声中，多媒体投影螺旋式显示小标题"秋实"。

老师范读，投影同时显示摄像或图片：成熟的桃林、苹果树、葡萄架、向日葵、黄瓜和《周总理外交风云》中的录像片段。读完，投影显示

以下板书：

不是风，已霉烂
不是雨，已干瘪 ＼ 秋实是"风吹雨打的结果"

不是光，已苍白
不是热，已憔悴 ＼ 秋实是"光射日晒的结果"

要虚怀若谷，成功之时首先要想到来自各方的帮助和支持；不要贪天之功，以为己有；

要知恩图报，不要忘恩负义。

提问相应的俗语、谚语，归纳并投影显示：滴水之恩，定当涌泉相报；一个篱笆三个桩，一个好汉三个帮；众人拾柴火焰高；团结就是力量。①

在该课例中，教学内容主要由7个部分组成，每一部分都用PPT展示（与上例中的"第一部分"相同），PPT几乎代替了板书的呈现功能。在课例的结尾，文章作者还建议："朗读时的图像衔接，可设置等待时间，设计总时间大致和朗读这部分文字时间相当。板书、哲理、俗语谚语的文字显示可用鼠标控制。摄像条件不足的学校，可用图片代替。"②可见这一时期，PPT设计和展示已经成为语文课堂教学的重要内容。

（二）计算机辅助提问与练习

除了主要使用PPT代替板书以外，计算机还实现了其他的教学辅助功能：第一，资源即时共享，学生能在自己的计算机设备上看到各组同学课前准备的资料；第二，辅助提问及课堂练习，学生可以通过计算机回答教师的问题，计算机可以帮助教师统计正确率，能够用音乐形式奖励回答正确的学生；第三，辅助生生互动，学生能在自己的设备上看到教师提供的拓展资料，还能在讨论区发表评论或者提问，详见下例所示。

初中二年级《人民解放军百万大军横渡长江》教学设计

教学方法：

指导学生综合性学习，运用影视片段和多媒体手段，化"抽象"为"具体"，让学生由静态的课堂学习转变为动态的校园活动。

---

① 周正平. 2001. 初一语文《秋魂》的教学设计. 中国电化教育，(4)：33-35.
② 周正平. 2001. 初一语文《秋魂》的教学设计. 中国电化教育，(4)：33-35.

教学设计：

课前准备：

学生自愿组成若干小组，分别作预习准备。

历史组。收集整理百万雄师渡大江这一伟大历史事件的背景资料。

地理组。翻阅全国与江西、安徽、江苏三省地图。

诗词组。选出本星期"一周一诗"中全班背诵的一首诗：《七律·人民解放军占领南京》（毛泽东）。

新闻组。通过查询资料或访问老师，了解新闻这一表达形式的基本特点，准备在课堂上给全班同学讲解、分析；

录制组。在校电教组教师的指导下，从《开国大典》《渡江侦察记》《风雨下钟山》中，截取反映渡江战役的几个片段，加以组合，存入专题网页，以供上课时使用。

教学过程：

一、展示新闻的广阔背景

教师点击主机，学生的屏幕上出现各组准备的资料，在抑扬顿挫的配乐朗诵声中，课文内容一一显示在屏幕上。

1. 由"诗词组"学生代表上台带领全班同学背诵毛泽东同志的诗《七律·人民解放军占领南京》。

2. 由"录制组"学生负责放映人民解放军横渡长江的几个壮烈的片段（镜头）：毛泽东发布命令；整装待发的百万大军；激战的江面；插在南京总统府上的红旗。

二、了解新闻特点，分析课文内容

由"新闻组"学生代表上台讲解。

新闻一般由标题、导语和主体部分三个方面组成。标题要准确、醒目。导语，简单地说，就是新闻的提要，简明扼要地概括报道的事实，让读者一眼就明了这则新闻主要写什么。主体部分要具体、充分地报道事件的始末，使读者对事件有一个比较完整的了解。请大家找出课文中的标题、导语与主体部分。

教师提问：

1. 课文中的导语告诉了读者几个情况？

2. 课文主体部分522字可以划分为几个层次？哪个层次写得最详？

学生立即各自点击屏幕，思考回答……

几分钟后，学生回答问题的正确率被反馈到教师机的屏幕上：

三个情况：参加战斗部队的数量——百万大军；战斗的具体区域——西起九江，东至江阴，纵横一千余华里；战果——已经冲破敌阵。

教师及时掌握了学生的学习状况。电脑还会给回答正确的学生一段悦耳的乐曲作为奖励。

为了让学生充分运用计算机网络功能，体会国内外新闻……教师设计了类似"电子公告板"的一个"课堂讨论区"界面，学生可以根据自己的喜好选择与这则新闻有关的多条报道大军渡江的消息，点击网络上的相关资料，自主地理解课文，比较着去阅读。这时，学生们可以围绕自学提示中的问题，在"课堂讨论区"中以文字输入的方式展开交互式讨论，提出自己的疑问，并寻求答案。①（引用时有删减）

（三）网站资源与教学结合

在信息社会，网络和搜索引擎大大拓展了学生的眼界，沿着一个路径检索，任何人都能很快地获得大量的相关知识。教师将教材与相关网络资源结合起来，为学生创设了更广泛的学习和讨论空间，如下例所示。

课前，教师将教学中要利用的信息放在用 FrontPage 制作的网站雾凇里，将文章内容分成雾凇美景、形成原因和形成过程三大部分，并和自然、社会等学科进行整合（如九九歌、《白雪歌送武判官归京》、其他地方的雾凇和吉林特色），以丰富的学习资源拓展学生眼界，为形成意义建构提供服务。学生通过寻找学习合作伙伴，组成学习兴趣小组，进入网站学习相应内容。教师组织学生讨论学习所得，并通过 BBS 发表自己的想法。

在《〈将进酒〉网络教学设计》中，我们看到学生通过专题网站提供的"唐诗漫步"、"诗人档案"、"相关链接"、"诗海泛舟"和"课文导读"等，自主寻找资料、分析信息和整合信息，进行个性探究；通过比较李白的诗作来揣摩李白诗歌浪漫飘逸的风格，尊重了学生的个性欣赏水平和习惯；又通过协作学习对李白诗歌及其风格进行了争论。②

新课改10年间涌现了一大批CAI实验，取得了比较显著的成效。多媒体技

---

① 成良祥. 2003. 现代信息技术与语文教学的整合——《人民解放军百万大军横渡长江》. 教育信息化，
（4）：72-73.

② 陈智. 2005. 转变学习方式 提高语文素养——评析《〈将进酒〉网络教学设计》. 信息技术教育，（3）：57.

术被引进课堂，课堂教学内容以更直观的形式呈现，教师与学生的互动更为频繁，学生自学时间更为充分，这些都为课堂增添了活力。

（四）实物直观向虚拟直观转变

"直观教学强调回归知识的原型，以'可感觉、可经验'作为教学的前提和基础；在赋予感觉印象以意义的过程中，指向清晰意识的形成和发展。"[1]因此，"直观"一直是重要的教学原则，也是教学媒体变革的最主要动力之一。"直观"除了能促进学生的认知过程外，还有利于师生之间确立"共同注意"，这是有效教学的前提，因此直观一直是一个非常重要的教学原则。新课改时期，在信息技术的介入下，直观教学原则从实物直观逐渐转向虚拟直观。

图3-20至图3-22[2]展现了1988—2010年的教学媒体变迁历程。20世纪80年代的教学媒体以黑板和实物为主，还包括幻灯机和教师手绘插图。黑板是教学内容最主要的载体，随着教学的展开，教师会逐步把主要内容写在黑板上，下课时，板书就成了本课内容的"摘要"。当教师讲到"鱼"字时，把一缸金鱼放在幻灯机上，屏幕上出现了鱼游水中的画面，这种做法既吸引了学生的注意，又直观地展示了"鱼"（图3-20）。20世纪90年代，电化教学媒体大量增加，包括彩色电视机、CD机、录音机。教学内容还是主要通过黑板呈现，但是有电视机播放录像作为辅助（图3-21）。21世纪的前10年，智能多媒体讲台和实物展示仪逐渐进入课堂，在讲"鱼"字的时候，教师就可以用多媒体播放"鱼"从实物到简体字的演变过程（图3-22）。

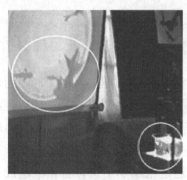

图3-20　投影机和实物结合

图3-21　普通电化教学媒体

---

① 俞子恩．2018．自然主义教育时期直观教学思想的内在逻辑及其理论意义．延边大学学报（社会科学版），（1）：126-133．

② 该课例及图3-20至图3-22来自东北师范大学附属小学课堂教学视频案例库。

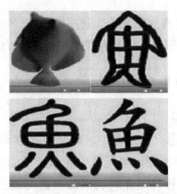

图3-22　视频呈现鱼字的演变过程

这一时期，教学内容主要通过PPT呈现，直观教学原则在执行过程中体现为从实物直观逐渐向虚拟直观转变。教师还能借助计算机强大的信息检索和编程功能，更好地实现教学的交互性。例如，依据行为主义的程序教学理论，教师设计CAI程序，依据操作条件反射中的强化原理与学生互动，帮助学生沉浸于学习状态。由于新课改提倡的"自主、合作、探究"等学习理念深入人心，学生也在课堂上获得了更多使用媒体的机会。

二、趋向平等、合作的教学空间形式

2011年是新课改十周年之际，根据21世纪教育研究院等机构针对教师的大范围调查结果，新课改最为正面的结果之一是"自主、合作、探究"教育理念的有效传播。①

（一）合作学习观念在教学空间中的体现

合作学习于20世纪70年代在美国兴起，改革开放初期传入中国，因为合作学习拥有坚实的理论基础并能够较好地处理教学中的几对重要关系，所以逐渐在教学理论中得到了广泛传播。2001年的《基础教育课程改革纲要（试行）》强调，要培养学生"交流与合作的能力"，更是从教育政策层面促进了合作学习的推广。2001年之后的课堂教学中，教师经常通过组织学生进行合作来达成学习目标，组织学生共同完成教师分配的任务，或使学生共同活动最大限度地促进学习。经过国家的提倡和新课改的洗礼，合作学习已经成为现代课堂教学中普遍使

---

① 杨东平. 2014. 新课程改革的得失和深化——兼与王策三教授交流. 当代教育科学，（6）：10-14.

用的一种教学方式。在2001—2010年的课堂教学实录中基本上都能看到合作学习环节，主要通过小组合作的方式来实现，这种小组合作也反映在课堂教学桌椅的空间形式上，详见图3-23至图3-25①。

图3-23　"剧场式"空间

图3-24　"小组式"空间

图3-25　"一体化"小组式桌椅

　　教室空间具有双重意蕴，既是物理场域，又是社会场域。班级授课制普及以后，教室作为集体教学活动的固定空间，其形式体现着教师和学生的角色和权力关系。教室分为讲台上下两个部分，讲台上是"展示区"，属于教师，教师负责"呈现和传递"；讲台下是"观众席"，属于学生，学生负责"听讲和接受"。教室被分成两个相对封闭的空间，即讲台上与讲台下，信息几乎只是单向流动，即从讲台上的教师流向讲台下的学生，学生之间不能随意交流，整个教室类似一种"剧场式"空间。新课改之后，随着合作学习理念逐渐深入人心，学生的桌椅被摆成了小组式，学生之间有了更多交流和对话的机会。

　　市场对学校教育需求的反应是敏锐的，"一体化"小组式桌椅的出现是合作学习理论有效传播的直接表现。但是合作学习并不是在任何条件下都是最佳的教学组织形式，学习是否有效，受学生的认知和心理发展水平、学习目标、学习任

---

① 该课例及图3-23至图3-25来自东北师范大学附属小学课堂教学视频案例库。

务、学习情境等因素的综合影响，因此，教师只有在充分理解合作学习和深入分析教学需求的基础上才能做出恰当的选择。

（二）趋向平等的师生关系在教学空间中的体现

后现代教育理论对以"教师为中心"的师生关系提出了尖锐的批评，倡导在课堂上建立一种平等的师生关系，在这种关系中，教师不是"权威"，而是"平等中的首席"。在教学过程中，"主张师生通过对话，围绕具体的问题情境给出自己的思考，最终达成和解而非一致"[1]。随着后现代主义师生观的浸润，教师渐渐放弃了"权威"的地位，让渡了讲台的特权。

讲台是教室前部高出地面一小截的一个平台，供教师站在上面讲课，是教室的中心，按照福柯知识产生权利的观点[2]，拥有知识的教师自然拥有许多不言自明的权利，包括课堂的话语主动权和对讲台的专用权，讲台有时甚至成为教师的"代名词"。在传统的课堂教学中，讲台是一道有形的空间阻隔，"这阻隔总是无形地散发着一种约束力：讲台下的人必须服从讲台上的人，至少在行为上、在表面上要服从"[3]。在这种服从下，教师有着极大的权威性，并且成为课堂教学的中心。

新课改理念强调以"学生为中心"，要实现这个中心的转移，就必须打破空间上的阻隔，实现讲台上下这两个空间之间的流动，因此学生逐渐被允许站上讲台，见图3-26[4]。

0个学生　　　　1个学生　　　　一组学生　　　　全部学生（轮流）

图3-26　学生逐渐有了更多机会走上讲台

---

① 余奇. 2016. "解构"与"建设"：我国后现代教育研究述评. 现代教育管理，（10）：61-66.

② 李孔文，王嘉毅. 2011. 福柯知识权利理论及其教育学意蕴. 华东师范大学学报（教育科学版），29（3）：1-9，32.

③ 石鸥. 1994. 试论师生关系中的阻隔与沟通. 教育评论，（3）：27-29.

④ 该课例及图3-26来自东北师范大学附属小学课堂教学视频案例库。

　　图 3-26 展现了 1988—2018 年讲台上的学生从无到有、从少到多的过程。1988 年，教师整节课都独自站在讲台上讲课，讲台下的学生也没有任何位置移动，此时的讲台是教师教学的"主场"，使用讲台是教师的专有权利。1998 年，教师邀请个别优秀学生到讲台上看图说故事，学生被允许短暂拥有讲台的使用权。2008 年，教师邀请各小组学生代表到讲台上呈现讨论内容，大部分学生得到了站上讲台的机会。2018 年，班级里的每位同学都到讲台上展示自己做的书册，讲台由教师专有变为允许学生有 20 分钟（半节课）的时间站在上面。教师逐渐"让渡"讲台权利是 D 小学积极践行新课改理念的结果。学生站上讲台，暂时获得和教师一样的权利，这是以"学生为中心"理念的外部表现形式。这种空间权利的让渡是师生平等互动、教学重心向学生转移的重要表现。

第 四 章

核心素养时期（2011—2017年）：
素养落地的课堂实践

　　随着教育改革的持续推进，我国的语文教育发生了巨大的变化。近年来，教育研究者对核心素养的相关理念的进一步阐释为语文教学的沿革提供了新的动力及方向。伴随着2011年语文课程标准的颁布与实施，我国的语文课堂教学实践出现了新的变革与发展。课题组通过对当前相关研究成果进行搜集与筛选①，分别以（语文教学）实验、改革、应用、案例、模式、方式、品评、札记、设计、实录、反思、"例"等词条进行逐一检索，最终下载并阅读文献共计8186篇，目的是从整体上把握语文课堂教学实践的动态。

　　此外，为了更清晰地描摹出一线语文教师的课堂教学实践样态，透视核心素养时期语文课堂教学实践样态的特点，课题组深入一线课堂，进行大规模听课并做课堂观察。为了保证搜集到的数据具有可回溯性，我们对课堂教学的全过程进行了录像，对教师上课的教案进行了搜集，并对一些特殊的情境拍摄了照片，力求还原最真实的语文课堂。由于搜集到的课堂教学视频较多，这里我们不一一列举，详见附录。

---

① 检索数据库涵盖了中国知网、全国报刊索引、读秀及大学的图书馆馆藏书目系统，含硕士学位论文、博士学位论文和期刊文献。检索时间为2018年4月。

第一节　历史背景：时代描摹，社会发展

2011年以来，我国无论是在社会价值观念取向方面还是在教育改革进程方面都已经取得了长足的进步，而这些变化将会引领语文课堂教学观念及操作实践的转变。随着科技的进步和社会的发展，我国越来越注重对公民思想意识与价值观的引领，社会主义核心价值观的提出不仅丰富了我国社会主义体系，并且在教育领域也产生了较大的影响。愈演愈烈的基础教育课程改革逐渐步入人们的视野，成为学科专家讨论的焦点。

一、核心价值取向的社会定位

2006年10月，党的十六届六中全会首次明确提出建设社会主义核心价值体系。2012年11月，党的十八大报告对社会主义核心价值观的内涵做了进一步的阐释和说明，提出"三个倡导"，即"倡导富强、民主、文明、和谐，倡导自由、平等、公正、法治，倡导爱国、敬业、诚信、友善"，这是对社会主义核心价值观的进一步概括。社会主义核心价值观是中国特色社会主义的本质体现。

（一）社会主义核心价值观的内涵及意义

价值观反映的是人们对某一事情的价值取向和追求，以及判断事物价值大小的标准和尺度。作为一种社会意识和形态，价值观能够反映社会的政治、经济、文化等情况，也能够体现出人们对于物质、精神文明的追求，以及对于生活的认识和期待。社会主义核心价值观是社会主义核心价值体系中起决定性作用的指导理念，是我国社会主义建设的根本原则和基础观念，指导着我国社会主义实践的方向和路径。我国社会主义核心价值观分别从国家、社会、个人3个层面规范和确立了社会的发展需要与公民的价值诉求，具有重大的理论和现实意义。第一，以"三个倡导"为主要内容的社会主义核心价值观是对马克思主义价值和道德理

论的丰富和发展。①马克思主义作为我国社会主义的指导思想，帮助我们认识和改造客观世界，丰富和充实我们的主观世界，是科学的世界观和方法论。党的十八大报告提出的社会主义核心价值观便是对马克思主义中国化的具体阐述，也是对其理论的完善和发展。第二，社会主义核心价值观的提出对进一步促进国家主流价值观的形成、凝聚全国人民的思想共识将产生巨大的作用。②近年来，随着我国社会结构、经济体制、教育领域的变革，人们的思想意识的多样性逐渐增强，再加上经济全球化、教育国际化的影响，人们对于外来理念的接纳度和认同度越来越强。在这种情况下，只有大力倡导社会主义核心价值观，才能促进我国主流价值观的形成，才能凝聚全国人民的价值追求，产生思想共鸣。第三，社会主义核心价值观对于建设中国特色社会主义文化有重大意义。当前，我们处在一个文化交流、思想碰撞的大熔炉中，先进文化、外来文化、传统文化和落后文化共存，我们要取其精华、去其糟粕，确定主流价值观的同时也要发展先进文化理念，并将我国优秀的传统文化与之结合，形成符合当前社会发展的中国特色文化。

（二）社会主义核心价值观对语文教育的影响

社会主义核心价值观不仅影响着人们的价值追求和生活理念，对教育领域的政策和实践也形成了较大的影响。2014年4月，教育部下发《关于培育和践行社会主义核心价值观 进一步加强中小学德育工作的意见》，该文件中提到"培育和践行社会主义核心价值观、加强中小学德育是推进中国特色社会主义事业的必然要求，是深化教育领域综合改革、促进学生健康成长的现实选择"。因此，为落实社会主义核心价值观，针对当前新形势的要求，要将立德树人作为教育的根本任务，进一步增强中小学德育的时代性、规律性和实效性。在中小学教育内容方面，要加强中华优秀传统文化教育、公民意识教育、生态文明教育和心理健康教育；在德育实施载体方面，要改进课程育人、实践育人、文化育人和管理育人。

社会主义核心价值观发布以来，在教育领域引起了极大变革，其对在语文教育中有效融入价值观有着积极的意义。由于语文教学具有工具性和人文性两者不可偏废的重要属性，其承载对学生知识、能力、文化素质、价值观培养、行为逻辑、思考逻辑和传统习得等诸多功能，因此，语文教学与弘扬新时期社会主义核

---

① 韩振峰. 2012. 社会主义核心价值观的基本内涵与重大意义. 思想政治工作研究，（12）：11-13.
② 韩振峰. 2012. 社会主义核心价值观的基本内涵与重大意义. 思想政治工作研究，（12）：11-13.

心价值观有先天无法割裂的亲密联系。[①]同时，社会主义核心价值观融入语文教学的同时，也能够帮助落实语文课程的三维目标，即知识与技能、过程与方法、情感态度与价值观，发挥语文教育的育人功能。语文作为培养学生价值观的阵地，需要有指导性的主流价值取向作为引导，让学生在学习语文课本知识的同时，得到思想境界和精神的提升。

二、教育改革的持续推进

中华人民共和国成立70多年来，基础教育已经进行了8次改革，每一次教学改革都成果斐然、见效显著，对于促进我国政治、经济、科技、文化等各个方面的发展做出了巨大贡献。教育改革的持续推进，也为语文教育发展带来了良好的契机。

（一）教育综合改革的深化与语文教育的发展

随着教育改革的推进，各地涌现出了诸多好的经验及做法，成果显著，我国的教育事业发展也迎来了新的契机。

党的十八大报告对社会的方方面面、各行各业都做了基本总结和未来展望，其中对教育领域综合改革也提出了具体要求，表现在"全面贯彻党的教育方针，坚持教育为社会主义现代化建设服务、为人民服务，把立德树人作为教育的根本任务，培养德智体美全面发展的社会主义建设者和接班人"。这就明确了教育的目的和任务，有助于一线教师确立工作方向，并且要求教育符合社会主义现代化建设的要求，满足人民的需求。要想达到"全面实施素质教育"，就需要在教育体制等方面进行整体性、综合性改革。具体的关注点在于"着力提高教育质量，培养学生社会责任感、创新精神、实践能力。办好学前教育，均衡发展九年义务教育，基本普及高中阶段教育，加快发展现代职业教育，推动高等教育内涵式发展，积极发展继续教育，完善终身教育体系"。由此可以看出，党的十八大报告对教育内容的要求更加宏观和综合，从教学内容方式、考试招生制度、质量评价制度等的改革进一步拓展为教育领域的综合改革，还强调教育的阶段化，即从学前教育到义务教育再到高等教育的连贯发展，特别强调职业教育的现实需求，对终身教育也提出了新要求。同时，党的十八大报告对于教育公平和教师队伍的建设问题也予以重视和强调。

---

① 尤藐难. 2014. 高中语文教学与社会主义核心价值观培育的契合度研究. 考试周刊，(55)：36.

为了顺应时代的潮流、响应国家的号召，为了满足人民的需求、发展中国的教育事业，我国于2011年发起了一场基础教育课程改革。这次改革一方面借鉴美国、英国、日本等国的教育改革经验，另一方面结合我国国情和社会发展需要，立足实践完善教育制度、制定课程标准。

随着教育综合改革的深入，一种以课堂为依托、以实践育人为旨归、以师生课堂交往质量为焦点的课堂变革正在稳步推进之中。此次课堂变革主要表现在两方面：一方面，课堂教学中摒弃传统的应试教育，提倡素质教育，改变教学中培养学生"双基"和注重成绩的模式，开始关注学生的身心健康、个性发展、思想道德素质的发展，培养学生成为德智体美劳全面发展的人。语文教学中材料丰富，思想教育功能比较强，有利于培养学生的审美情趣和思想道德品质。因此，语文学科是进行德育教育的重要途径，也是实现素质教育的必要手段。另一方面，语文学科的人文性赋予了生命教育以深刻内涵和宽广外延，语文教学关注学生生命个体的发展与培育，注重学生生命价值观的养成。

（二）2011年语文课程标准的颁布与实施

基础教育课程改革从2001年到2011年开展了十年，经过长期探索与实践，取得了显著成效，建构了能够体现新时代教育理念与特色的基础教育课程体系。为贯彻落实《国家中长期教育改革和发展规划纲要（2010—2020年）》，适应新时期全面实施素质教育的要求，深化基础教育课程改革，教育部决定对各个学科的课程标准进行修订和完善，在这样的背景下，教育部颁布了《义务教育语文课程标准（2011年版）》（以下简称2011年版语文课程标准）。

随着全球文化的交流和融合、信息化社会的飞速发展以及网络用语的巨大变化，我们需要不断地深化基础教育改革，迎接新时期提出的新挑战。2011年版语文课程标准就是在2001年《全日制义务教育语文课程标准（实验稿）》的基础上修订、完善而成的，以不断适应社会发展的进程和满足人们的需求。

2011年版语文课程标准中的社会主义核心价值体系融入体现出以下几个特点：第一，强化社会主义核心价值观的思维导向，将其融入课程的功能和性质、课程基本理念、课程的目标和内容等。[①]第二，突出语言文字的运用，明确语文课程的本质属性。语文课程的性质不仅仅是工具性与人文性的统一，还体现在运用语言文字进行人际交往和情感交流的过程中。第三，课程目标设定更加具体，操

---

① 胡根林. 2012. 2011版语文新课标的"不变"与"变". 中国教育学刊，（6）：60-64.

作性更强。将"阶段目标"更改为"学段目标"，一方面符合语文学科阶段性不强的特点，另一方面将目标和内容设定得更加细致和优化。

三、核心素养体系的建构发展

2014年，教育部发布《关于全面深化课程改革 落实立德树人根本任务的意见》，该文件对课程改革的深化发展给了了高度关注："教育部将组织研究提出各学段学生发展核心素养体系，明确学生应具备的适应终身发展和社会发展需要的必备品格和关键能力"，"修订课程方案和课程标准。依据学生发展核心素养体系，进一步明确各学段、各学科具体的育人目标和任务，完善高校和中小学课程教学有关标准"。这一文件的下发意味着"核心素养"不再是陌生词汇，它已深入国家、社会、学校的政策方针中。2016年9月，中国学生发展核心素养研究成果最终落地，我国基础教育正式进入核心素养时代，由此实现了学科育人目标从"知识本位"向"核心素养"的转变。

（一）我国关于核心素养的相关讨论

当今世界上著名的核心素养研究框架都指向21世纪信息时代公民生活、职业世界和公民自我实现的特点和需求，认为在新的时代背景下，人们在实际生活和社会发展过程中经常会面临一些困难和挑战，个人需要具备解决这些挑战和困难的素养和能力，所以核心素养的提出不仅是为了应对21世纪信息时代对教育提出的挑战，也是想要凸显出人们在解决复杂情境和问题时所需要的素养。我国主要是通过以下几个文件对核心素养的内涵进行界定的：2014年，教育部发布《关于全面深化课程改革 落实立德树人根本任务的意见》，提出"研究制订学生发展核心素养体系"，并指出核心素养的内涵，即"学生应具备的适应终身发展和社会发展需要的必备品格和关键能力"，要求核心素养体系应"突出强调个人修养、社会关爱、家国情怀，更加注重自主发展、合作参与、创新实践"。2016年3月，《中国学生发展核心素养（征求意见稿）》发布。2016年9月13日，中国学生发展核心素养研究成果发布会在北京师范大学举行。中国学生发展核心素养以科学性、时代性和民族性为基本原则，以培养"全面发展的人"为核心，分为文化基础、自主发展、社会参与3个方面，综合表现为人文底蕴、科学精神、学会学习、健康生活、责任担当、实践创新六大素养，具体细化为国家认同等18

个基本要点。[①]

核心素养的提出和研究顺应了国际社会人才培养的基本趋势，体现和完善了我国教学改革的方向与路径。核心素养在备受关注的情况下推动着课程与教学的改革，促进着教师的专业发展，引领着学生素养的走向。专家学者和研究小组从文化基础、自主发展和社会参与3个方面来界定学生需要具备的人文底蕴、科学精神、学会学习、健康生活、责任担当、实践创新六大素养。这些素养一方面描述了未来社会对于人才规格的要求，另一方面成为深化基础教育改革、推进课程建设的切入点。从"双基"到"三维目标"再到"核心素养"，这一系列教学目标的变化体现出教学观念和价值的更迭与变迁。为适应现代社会的技术发展、培养创新型国际人才，先前的"双基"目标已经不足以满足社会发展的需要，因此，"素质教育""核心素养"的理论就应运而生了。

目前我国关于核心素养的研究还处于起步阶段，整体上看，国内学者关于核心素养的认识基本上是对经济合作与发展组织（Organization for Economic Co-operation and Development，OECD）和欧盟观点的进一步解读。其中比较有代表性的研究者及其研究成果主要集中在两大研究群体：一是以北京师范大学的林崇德、辛涛等为代表的研究群体，该研究团队从目标、性质、内容、培养、评估、架构等方面来阐释核心素养的内涵和框架，认为核心素养是知识、技能和态度等的综合表现，并且超越知识和技能的内涵，更加完善和系统地反映了教育目标和素质教育的理念[②]；二是以华东师范大学钟启泉、崔允漷等为代表的研究群体。钟启泉教授将我国核心素养及其形成的概念框架设想成由4个层次构成的同心圆结构：①核心层：价值形成。知识、技能是受制于价值观的。所谓"价值观"，是每一个人的人格，由信念、态度、行为等塑造而成。因此，诸如信仰、责任、尊重、宽容、诚实、协作等价值观的形成，应当置于核心素养的核心地位。②内层：关键能力。诸如信息处理能力、反省思维能力、沟通协同能力、革新创造能力等。③中层：学习领域。诸如语言学科群、数理学科群、人文科学与艺术学科群、跨学科领域。④外层：支持系统。即体制内外的政策性、技术性支持系统。[③]

除此之外，张华、姜月、谢凡等学者也都对此进行了研究。张华教授在比较

---

① 郑昀，徐林祥. 2017. 从"双基"到"三维目标"，再到"核心素养"——新中国成立以来语文学科教学目标述评. 课程·教材·教法，（10）：43-49.

② 林崇德. 2015. 学生核心素养的研究. 中国心理学会第十八届全国心理学学术会议摘要集——心理学与社会发展：2.

③ 钟启泉. 2016. 基于核心素养的课程发展：挑战与课题. 全球教育展望，（1）：3-25.

研究了OECD、欧盟、美国等提出的主流核心素养研究框架后，提出了21世纪核心素养"4C's"模型，包含协作素养（collaboration）、交往素养（communication）、创造性素养（creativity）、批判性素养（critical thinking）。其中，协作素养和交往素养属于非认知性素养，创造性素养与批判性素养属于认知性素养，呼应了美国著名经济学家列维和莫奈提出的"复杂交往"与"专家思维"两大核心素养。[①]姜月以教师自主专业发展为内核，将教师专业发展核心素养划分成三类，即基础性素养、专业性素养和发展性素养，其中基础性素养又叫文化底蕴，分为人文素养和专业知识；专业性素养又称教学能力；发展性素养即学习能力，包括终身学习能力、广泛获取和处理信息的能力。[②]谢凡、陈锁明在中国教育学会上勾勒出未来教师的新形象，从学科知识素养、情感素养、创新能力素养等方面来阐明教师应具备的核心素养。[③]此外，张景彦在研究中提到，核心素养应当分为以国家和社会为背景的宏观核心素养观和以个人发展为目标的微观核心素养观，宏观泛指大的方面或总体方面，如全球、国家、时代和社会。[④]张华教授界定了21世纪信息时代核心素养的内涵：核心素养是适应信息时代对人的自我实现、工作世界和社会生活的新挑战而诞生的概念，是人解决复杂问题和适应不可预测情景的高级能力与人性能力。从时代和社会的宏观层面出发，核心素养的别称即"21世纪素养"或"21世纪技能"，随着信息通信技术的迅速发展和全球化进程的推进，人们需要培养核心素养来更好地迎接机遇和挑战。[⑤]作为微观层面的个体应该具有协作、交往意识以及批判性思维和创造性。中国儿童、青少年发展核心素养体系是为了推进素质教育，把核心素养作为促进素质教育发展的途径，就从侧面说明了发展核心素养的重要性。[⑥]

（二）语文核心素养的提出

从20世纪末到21世纪初，"核心素养"的框架和内涵逐渐被各国专家学者所关注，各国专家学者开展了相关的教学实践。教育部发布《关于全面深化课程改革 落实立德树人根本任务的意见》以来，"核心素养"就受到高度重视，成为深化课程改

---

① 张华．2016．论核心素养的内涵．全球教育展望，（4）：10-24．

② 姜月．2016．基于培养学生核心素养的教师专业发展．教育导刊，（11）：59-61．

③ 谢凡，陈锁明．2020．赋能·综合·质量：中国小学校长的年度关注——来自中国教育学会小学教育专业委员会2019年学术年会的讨论．中小学管理，（1）：48-50．

④ 张景彦．2018．基于核心素养的课堂教学方法转变．科教导刊（上旬刊），（4）：94-95．

⑤ 姜月．2016．基于培养学生核心素养的教师专业发展．教育导刊，（11）：59-61．

⑥ 张景彦．2018．基于核心素养的课堂教学方法转变．科教导刊（上旬刊），（4）：94-95．

革的重要任务。就语文学科来说，要深入推进高中语文课程改革，做好迎接教育转型的严峻挑战，当然也绕不开"语文核心素养"这一焦点问题。因此，教育部在《普通高中语文课程标准（2017年版）》中正式提出了"语文学科核心素养"的概念，搭建并阐述了"语言建构与运用""思维发展与提升""审美鉴赏与创造""文化传承与理解"的框架和具体内涵，这是顺应国际素质教育发展要求的必然选择。[①]

语文学科具有基础性、人文性、综合性的特点，因此语文核心素养应该体现出语文学科的多元性质。我们需要明确语文核心素养最终指向的是育人价值，不仅能够让学生在语文课堂中得到情感的熏陶、树立正确的价值观、塑造良好的品格，还能够让他们在日常生活中获得精神上的满足和提升。根据语文课程标准中对于核心素养的阐述，核心素养归纳为以下几个方面：主要包括社会参与、自主发展、文化修养三大领域，主要涉及国家认同、国际理解、沟通与合作、学会学习、主动适应与创新、语言符号与表达、人文与审美等，最终指向"全面发展的人"。[②]

第二节　教学目标：重视语用，均衡发展

教育部2001年发布的《基础教育课程改革纲要（试行）》拉开了我国新一轮基础教育课程改革的帷幕，新课改突出强调了"三维目标"的教学理念。经过十年（2001—2011年）的研究和实践，三维目标更加体系化，应用更加广泛。2011年版语文课程标准的颁布，标志着我国新一轮语文课程改革正式启动。较之原有的语文课程改革，此次语文课程改革更加重视人的发展，面向全体学生，在课程目标上强调知识与能力、过程与方法、情感态度与价值观3个维度的整体性和统一性，而不是将其割裂为并列的三类目标或者三项目标。2014年，教育部又发布了《关于全面深化课程改革　落实立德树人根本任务的意见》，对"核心素养"进行了详细阐释，并提出了构建学生"核心素养体系"的命题。核心素养是在三维目标的基础上，为适应社会发展、顺应时代潮流、呼应个体诉求而产生的。[③]2017年，语文界对于培养学生"语文核心素养"的关注和讨论持续升温。这一年，在理论

---

① 中华人民共和国教育部. 2018. 普通高中语文课程标准（2017年版）. 北京：人民教育出版社，4.

② 张华. 2016. 核心素养与我国基础教育课程改革"再出发". 华东师范大学学报（教育科学版），（1）：7-9.

③ 张晓初. 2018. 从"三维目标"到"核心素养"——对语文教学目标沿革与发展的探究. 语文教学通讯·D刊（学术刊），（9）：13-15.

研究方面，语文界讨论的重点集中在"语文核心素养基本价值导向的研讨和语文核心素养构成要素与模型建构"的分析上；在实践探索方面，学者和一线教师重点研究语文核心素养如何在语文课堂上落地生根；在教学目标方面，2017年以后相关研究者主要关注核心素养背景下的一般教学目标或具体教学目标的研究，教学目标的内容与结构从立体走向多元，从三维目标走向核心素养目标。

一、重视学生语言文字运用能力的培养

（一）语文课程标准对学生的语用能力高度重视

2011年版语文课程标准中提出，"语文课程应特别关注汉语言文字的特点对学生识字写字、阅读、写作、口语交际和思维发展等方面的影响，在教学中尤其要重视培养良好的语感和整体把握的能力"[①]。从课程目标的表述来看，这版课程标准对学生语用能力的培养高度重视，"《课程标准》（笔者注：指 2011 年版语文课程标准）中认定语文课程是一门学习语言文字运用的综合性、实践性课程，强调语文课程致力于培养学生的语言文字运用能力，提升学生的综合素养，为学好其他课程打下基础；为学生形成正确的世界观、人生观、价值观，形成良好个性和健全人格打下基础；为学生的全面发展和终身发展打下基础"[②]。

《普通高中语文课程标准（2017年版）》中对于"语文素养"的表述是：学生在积极的语言实践活动中积累与构建起来，并在真实的语言运用情境中表现出来的语言文字运用方式及其品质；学生在语文学习中获得的语言知识与语言能力，思维方法和思维品质，情感、态度和价值观的综合体现。其中提到关于语言文字的运用能力是培养学生语文素养的最基本能力，也是学生语文素养的直观体现，这是国家政策和文件中对语用能力的硬性要求和表述。同时，这版课程标准在"语文学科核心素养"中归纳总结的4个维度也再一次说明了语用能力的重要性，提出核心要素的关键内容包括"语言建构与运用""思维发展与提升""审美鉴赏与创造""文化传承与理解"4个方面。其中，"语言建构与运用"是根基、是起点，是"思维发展与提升""审美鉴赏与创造""文化传承与理解"实现的途径，后三者的实现过程须在"语言建构与运用"的基础上才能达成。所以，培养学生语言运用能力是在国家纲领性文件的引导下的结果，同时，教育界对学生语

---

① 中华人民共和国教育部. 2012. 义务教育语文课程标准（2011年版）. 北京：北京师范大学出版社，3.

② 郑昀，徐林祥. 2017. 从"双基"到"三维目标"，再到"核心素养"——新中国成立以来语文学科教学目标述评. 课程·教材·教法，（10）：43-49.

言运用能力的关注也迎合了语文核心素养的建构。①

（二）学生语言文字运用能力提升成为语文教育研究者关注的焦点

新课改以来，专家学者对于语文课程的核心价值进行了激烈讨论。受语文学科中语言文字的多义性、情境性和人文性等的影响，语文课程的核心价值更多地趋向语言运用、言语思维等，同时学界也开始对语用能力加以关注。追溯到20世纪60年代，叶圣陶先生首次提出"语文"这个概念的时候是这么解释的："什么是语文？平常说的话叫口头语言，写到纸面上叫书面语言。语就是口头语言，文就是书面语言。把口头语言和书面语言连在一起说，就叫语文。"②这段话表明，"语文"就是学习运用语言的学科，这也是语文课程的本体价值，总体来说，语文课就是让学生学习、研究和运用语言的课程。

王学东在《语言：语文课程的本体价值》一文中这样论述："要探讨语文课程的本体价值就要找到语文与其他学科的本质的不同之处，也即语文课程所独有的具有明显的排他性的价值，这样的价值才是语文课程的本体性价值。"他提出学习语言、研究语言和运用语言在语文课程中占有举足轻重的地位。他认为，首先，语言知识是对语文规律的科学概括和语文学习方法的科学总结，对于指导和规范语文实践具有不可忽视的重要作用，也是形成语文课程的基础。其次，在语文课堂中学习说明类、论述类、文学类、实用类等作品时，都是以语言文字为基础组成的，我们需要研究这些作品的情感态度价值观是如何通过语言表达出来的。所有知识的学习，最终都是为了运用。最后，语言的运用主要就是指向听、说、读、写，通过听、说、读、写的基本训练，让学生形成驾驭并运用语言的能力。③

张彬福在《我之语文课程价值观》一文中提到："教习学生正确理解和运用祖国语言文字，使之从中获得精神品格的滋养，获得运用语文能力学习其他学科乃至以后生活、工作的本领，是语文课程价值的本质。而德育，以及探究、审美能力培养，自主学习能力培养，团队合作精神培养等，语文课程不仅要与其他课程共同承担，而且必须立足于本课程的价值追求进行。"④

刘光成在《语文课应培养学生的语用能力》一文中阐述语文课程具有促进学

① 中华人民共和国教育部. 2018. 普通高中语文课程标准（2017年版）. 北京：人民教育出版社，4-7.
② 叶圣陶. 1980. 叶圣陶语文教育论集. 中国教育科学研究所编. 北京：教育科学出版社，138.
③ 王学东. 2015. 语言：语文课程的本体价值. 中学语文教学，（3）：4-7.
④ 张彬福. 2015. 我之语文课程价值观. 中学语文教学，（3）：8-10.

生发展、传承文化、推动文明进步等多重功能价值，但其核心价值就是培养学生的语用能力，亦即正确理解与运用祖国语言文字的能力。他分别从基础教育的性质、语文教育的特质、语言学习的规律3个方面进行了说明。[①]荣维东在《语文教学通讯》撰文，提出建构基于语用的语文核心素养模型，一是要从"语言"到"语用"——"语用能力"是语文核心素养中的核心；二是要从"表达"走向"交际"——语文核心素养的转向；三是语文能力是语用交际、语用审美、语用文化的统一。以上三者中，语用交际是基础，语用审美是提升，语用文化是目标，这三者又都可以统一到"语用"这个核心目标上来，分属于语用交际、语用审美和语用文化的学习。[②]从以上专家学者的论述中可以看出，语言文字作为语文学科的基础，语用能力已经成为语文核心素养中至关重要的一环，是语文价值的核心，因此，语文课教学要成为训练学生语言文字运用的过程，让学生在语言文字构成的文本中体味情感、把握思想，将语用能力作为教学目标之一。

（三）重视学生语言文字运用能力的相关实践探索

语文课程的根本特点是语言文字的理解与运用，因此，一线教师应当将语言文字运用作为语文教学的基本立足点，把训练学生语言文字运用的技能和提高学生的语言文字素养作为语文课程的基本目标和任务。我们在对大量的文献资料以及所搜集上来的课例做进一步整理与分析后发现，一线教师在教学之初，特别是在教学目标的选择上就已经将教学关注点集中在学生语言文字能力的培养层面。

安徽省合肥市南门小学上城国际分校的李霞老师在访谈中提及，她在讲苏教版五年级上册第二单元的《金蝉脱壳》这篇课文时，主要是想让学生理解文中语言文字的运用。她认为：

> 这一单元以"自然的奥秘"为主题，教学目标是让学生认识到观察的重要性，培养学生仔细观察的习惯。《金蝉脱壳》一文脉络清晰，紧紧扣住"神奇有趣""奇特动人"的特点，将蝉脱壳的过程写得非常细致、生动。对于五年级的学生来说，透过文字感受作者的仔细观察不难，难的是体会作者仔细观察后，如何用文字生动再现情景。这是本文教学的重点，也是难点。

李霞和杨立新指出以下3个关键点：

> ①抓住文中的三个感叹句，感受作者的情感，回顾课文脉络。②抓住

① 刘光成. 2015. 语文课应培养学生的语用能力. 中学语文教学，（3）：11-13.
② 荣维东. 2017. 语文核心素养构成要素与模型建构初探. 语文教学通讯，（13）：8-13.

"先""接着"等词语来感受作者描写之有序，抓住"抽搐""抽""像花椒籽一样"等词句来品味文章遣词造句之精妙。③拓展阅读法布尔的《蝉》，对比阅读，感受不同的表达、同样的精彩。

教学目标为：

1. 重点品读第4、5自然段，感受金蝉脱壳的奇特动人，体会文章描写有序、词句生动的特点，学习作者细致观察的习惯。

2. 借助多媒体的直观画面，在文字的多样品读后，试着复述第4自然段。

3. 对比阅读法布尔的《蝉》，体会不同表达方式的精妙。①

我们从教师设计的目标中可以看出，"体会文章描写有序、词句生动的特点""体会不同表达方式"都指向学生语言文字的训练能力，这与教师在教学之初的教学设想有着很高的契合度。教师将重难点放在了对文中语言文字的品味上，也凸显了语文课程标准中对语文性质的定位。在教师这一目标的倡导下，学生在整个课堂教学中能够围绕文中的语言特点展开语文学习，学会品味语言，实现言意兼得。

在调研中，我们通过大量的课堂观察以及对所搜集上来的材料的分析，发现目前一线教师十分关注对学生语言运用能力的培养。为了更加清晰地呈现教师的教学目标设置情况，我们在这里呈现部分教师的教学目标，具体见表4-1。

表4-1 一线教师教案中教学目标的设置情况一览表

序号	年份	课文名称	年级	教学目标设置
1	2014	《林海》	五年级	感受语言美，体会修辞方法的运用对表达所起的作用
2	2014	《月光启蒙》第二课时	五年级	1. 有感情地朗读课文，深入理解课文内容。 2. 凭借课文的语言材料，初步感受浓郁的母子亲情，体会作者对母亲终生难忘的感激、怀念和敬爱之情
3	2014	《荔枝图序》第二课时	五年级	1. 读懂课文。 2. 激发学生学习文言文的兴趣，对文言文有初步的感悟。 3. 体会文中用打比方的方法描写事物
4	2013	《西湖的绿》	四年级	1. 掌握本课10个要求会写的生字，理解字词的意思。 2. 抓住关键词语体会西湖的美。 3. 概括各自然段内容，体会西湖的"绿"
5	2013	《少年中国说》	六年级	有感情地朗读课文，背诵课文，体会本文句式整齐、气势磅礴的语言特点
6	2017	《晏子使楚》	五年级	通过朗读人物个性化语言，理解人物形象，感受不同身份的性格特点
7	2013	《第一次》	三年级	学会本课生字，能够有感情地朗读课文，理解文中不同人物语言的含义，并能说出自己的"第一次"

---

① 李霞，杨立新. 2016. 直击语文本体性 提升学生语用能力——以《金蝉脱壳》第二课时教学为例. 语文知识，(16)：53-56.

从教师教案中所设置的语文教学目标可以看出，当前的语文课堂教学中，语言文字运用是教师关注的主要问题，在目标的设置与实施过程中，教师逐渐引导学生发现语言的美并感受语言文字的美，理解文中语言文字表达特点的同时，使学生能够自觉运用语言。很多一线教师在访谈中也多次谈到语言运用重要性的问题，如有教师提到：

> 语文课程，它就是学习和运用语言的综合性实践活动，它就告诉你学什么，学祖国语言文字的运用。它就强调了它是一种语用，还是一门实践性、综合性的课程。这种实践性是指孩子要有操作能力。教材板块是按人文主题构成的，但是给学生讲的时候就要看你选哪个点，你想讲什么，怎样组织教学。其实最主要的还是要让小孩学会去用语言。①

学习和运用语言是语文课程学习的首要任务，这不仅是语文课程标准中反复强调的理念，同时我们还可以看出这一理念也扎扎实实地走进每一位研究者的心里，切实地落实到了一线的语文课堂之中。因此，教师应当结合学生的学情和教材的内容来设计教学目标，将语言文字表达和运用的目标落实到具体的教学行为上，让学生能够借助现代化的教学媒体，体会丰富多彩的教学内容。

二、工具性与人文性的相互促进与融合

20世纪，学界对于语文学科的工具性与人文性产生激烈的争论，形成了语文教育的"科学化"和"素质化"两大派别，两大派别彼此针锋相对、此消彼长。其实，不论从理论逻辑层面还是教学实践层面来看，这两者并不存在截然对立的必然性，它们有着共同的愿景——极力反对教学中的"公式化""概念化""题海战术"，重视学生学习的主体性等。2001年的《全日制义务教育语文课程标准（实验稿）》和2003年的《普通高中语文课程标准（实验）》中用"工具性与人文性的统一，是语文课程的基本特点"来界定语文学科的性质和功能。从此，工具性和人文性之争暂时平息，我国语文教育进入以培养语文素养为目标的"课程标准"时代。《普通高中语文课程标准（2017年版）》提出以"语文学科核心素养"为中心的理念，对当下语文学习背景和语文学习需求做出了积极的回应。语文学科核心素养已经扬弃了过去将"工具"与"人文"平行排列的机械、

① 王洋. 2018. 学生理解视域下的小学高年级语文阅读教学的个案研究. 东北师范大学博士学位论文，79-80.

平面的"二元对立"思维，而代之以多层面和互相促进的"融合论"。①

（一）工具性与人文性的辩证统一是语文教学的出发点和归宿

从古至今，语文界对于工具性与人文性的融合较为认可。"'语文'学科的'文'，既不是'文学'，也不是'文字'，它的含义是'书面语言'；'语文'是'口头语言'和'书面语言'的合称。语言是人类共有的一种社会现象。语言既是物质的又是精神的。语言的功能是表达思想感情、交流思想感情，传递人类文化。语言和思维、思想既是统一的，又是有区别的。"②语文学科的工具性与人文性各有其特殊属性，二者之间存在一定程度上的差异：工具性强调科学层面的语文知识技能训练，人文性则强调人文层面的情思启发与体悟，承认这一点是保持这两大属性独立的前提。与此同时，彼此独立的工具性与人文性之间又存在普遍联系，二者犹如"鸟之双翼，车之两轮"，统一于"语文学科"这个整体中。人文性价值的发挥以其工具性价值为基础，工具性价值则依靠人文性价值得以升华，正如陈日亮老师所说："没有语言训练的语文教育，和没有生命情感体验的语文训练，同样都是一种伪教育或伪圣教育。"③作为工具的语文，仅仅为人们适应生存和交流思想提供了载体，但不能为人们的交流提供思想内容。另外，语言也是人类文明传承的载体，学习者通过语言和对语言规律的掌握，了解了传承的文明、他人的经验和思想以及社会的规范与自身的行为标准，这同样是语文人文性的体现。从这个意义上讲，语文素养还应包含思维方式、思想修养、审美情趣以及适应当前社会环境的情感、态度、价值观等。④因此，在语文教育中，语文学科应当具有工具性与人文性的辩证统一。

（二）学界关于工具性与人文性促进和融合的相关讨论

语文课程的基本特点是工具性与人文性统一。语文的工具性毋庸置疑，指语文知识字词句篇和语文能力听说读写的训练。语文的人文性则需要我们将语言文字中寄托的思想情感传达给学生，而这只有引导学生全身心投入文章中，进行思考、体会、感悟，使学生的理解逐层深入，受到熏陶感染，与文本进行心灵对

---

① 郑桂华. 2018. 从我国语文课程的百年演进逻辑看语文核心素养的价值期待. 全球教育展望，(9)：3-16.

② 田本娜. 2002. 略论语文学科的工具性和人文性的统一. 天津师范大学学报（基础教育版），(2)：21-25.

③ 转引自：韩璐. 2016. 车之两轮鸟之双翼——语文学科是"工具性"与"人文性"的辩证统一. 科技资讯，(10)：150-151.

④ 彭艳红. 2017. 工具性与人文性统一视野下的语文有效教学. 文学教育（上），(6)：78-79.

话，才能水到渠成地体现语文教学的人文性。因此，开展语文教学，必须重视学生与教材的沟通，引导学生充分读书。①教师要在课堂教学中融入二者的统一，首先，从字词句的教学中实现二者的统一。比如，在识字教学中，识字教学不仅要关注基于"三会"的基础工具性的教学，更要关注语言文字特性下的母语思维方式、文化理解认同、情感表达的培养，即关注文字素养的培养。项平、丁青在《上海教育科研》撰文②，根据学生为主体、活动为主线、识字为主题的理念，通过对100多个班级学习活动设计案例的分析，总结了"玩转汉字"学习活动设计路径。小学语文"玩转汉字"学习活动设计，是以促进汉字素养为目标指向的教学设计。学生在教师的引领下，通过游戏、对话和探究等方式对汉字进行意义建构，从而形成一种学习汉字的良好状态，使他们的知识、能力、情感、思维、文化都获得全方位的调动和发展。汉字素养的获得离不开汉字文化的浸染，让学生在汉字文化浸染中丰盈语文素养。其次，在阅读教学中追求人文性和工具性的统一。学生进行朗读的过程不仅仅是掌握语言这个工具的过程，同时也是思想感情受到熏陶感染的过程。在这个过程中，人文性与工具性是统一在一起的。学生能入情入境地朗读，自然会在读中有所感悟，在读中逐渐形成语感，在读中受到熏陶感染。语文课本中设置最多的内容就是朗读课文并体会情感，在形式多样、文质兼美、内涵丰富的文章中，教师应重视指导学生有感情地读，读出音韵、读出意境、读出情味。③

（三）工具性与人文性融合的相关实践探索

目前很多一线教师关注到工具性与人文性缺一不可，偏向任何一方都会导致语文教学的失衡和缺失。因此，伴随着新理念的提出，语文课堂不再局限于烦琐、机械、重复的字词句篇的训练，而是发展出丰富多彩的课堂样态。一线教师也在做出很多尝试，将工具性与人文性有机结合起来，使二者相互促进、共同发展。

我们首先以《匆匆》④一课为例，对语文教学实践中的工具性与人文性融合情况做进一步说明。

① 梁超平. 2017. 以读促悟陶冶情操——浅谈语文教学工具性与人文性的统一. 青海教育，（Z1）：33-34.
② 项平，丁青. 2016. 素养指向的"玩转汉字"学习活动设计. 上海教育科研，（11）：88-91.
③ 于志华. 2015. 中学语文工具性和人文性的和谐统一. 学周刊，（12）：55.
④ 整理自吉林省长春市东北师范大学中信实验学校王俊杰老师的课堂教学实录。

师：跟老师一起读。我们在读的时候还要读出来词的意思。轻轻巧巧是指要小心一点，轻一点。好，往下读读看，还有没有。

生1：第四段有一个"赤裸裸"，还有一个是"白白"。

师：（老师板书）"赤裸裸"什么意思？"赤裸"对吧。我说"赤裸"好吗？我要说"赤裸裸"呢？好一点对吧？我要说"转眼间赤裸裸回去"好听吗？往下看有同学找到一个词，"白白"。往下看，为什么偏要"白白走一遭"呢？就是"白走一遭"。那我这么说，为什么偏要"白走一遭"呢？这不是一样的意思吗？

生2：不好听。

师：还有什么感觉？

生3：感觉太单薄、太单调了。

这节课上，教师首先带领学生在课文中寻找叠词，并且联系上下文分析该词的意思，还将词语的不同形式进行比较，如体会"茫茫然"与"茫然"、"白白"与"白"、"轻轻巧巧"与"轻巧"等多组词语的区别，让学生玩味汉字，理解词语的不同形式，从而体会语文的工具性的含义。当学生对词语的意思有了初步的掌握之后，教师借助叠词表情达意的特点来激发学生对于课文情感的共鸣。

师：语意有什么感受呢？"白"和"白白"给人一种什么不同感受？

生4：更体现重要的感觉。

生5：我认为是更无奈的感觉。

师：在读一个词语的时候，你能读出词语背后的情感，这是非常了不起的本事，除了无奈，你还有一种什么样的感觉？

生6：我认为有一种悲伤。

师：因为什么而悲伤啊？

师：通过"白"和"白白"的对比体现出一种心理的失望和绝望。

生6：我还看出一种疑问。他说时间一去不复返了，为什么一去不复返了？

师：好，为什么一去不复返了？有一种追问。追问的是谁？追问的是自己。反思的是谁？也是自己。我们再读读这些词。（领读叠词）

师：这些词语都是叠词，我们来看这些叠词之美，美在形式多样，语气强烈，同时还能表达出特殊的情感。就这篇文章而言，这些叠词让我们读出作者的无奈和悲伤。好，同学们，"匆匆"指的是什么匆匆啊？

融合工具性之后，教师用问题引导的方式让学生说出"白白"背后蕴含的情感，结合文章作者的经历和全文的基调，让学生在理解工具性的基础之上，进一步融合语文的人文性，感受时光逝去的无奈和悲伤，让学生在日常生活中能够对匆匆流去的时间加以重视，做到珍惜眼前美好的时光。这个案例很好地说明了在课堂教学的过程中教师如何将语文学科的工具性和人文性融合在一起。

在实际的语文教学中，人文性与工具性是无法分割的整体，正如一线教师在访谈中谈到的那样：

> 感受语言文字只是解决了会使用语言文字，这只是解决了语文工具性的一个层面，没有解决人文性的层面。人文性指的是什么呢？我觉得更多的是感知语言文字蕴含的这种情感，然后理解文学作品背后所承载的这种情感，从而感知中国的这种民族文化。人文素养有的时候是一种无形的东西，但是孩子能够在这种无形中呈现出不同的文学素养。其实入口是以人文为入口，在这个过程中捶打了一番，感受了一番，品味了语言文字一番，它的工具性得到了一种体现之后，它还是以人文为出口，就是在这篇文章中，他学会了表达，也一定是在这篇文章中提高了自身的文学素养，这是一个轮回。①

我们可以看出，目前的语文一线教师更多地强调要以工具性与人文性之间的融合作为培养学生语文素养的基本途径，并且这种融合不是简单的叠加，而是浑然一体的相辅相成，在体会、欣赏、感受文字魅力的同时激发读者的思想共鸣，并在文章传递出的情感中进行语文工具性的学习和运用。所以，教师在实际的一线教学中需要选择合适的教学材料，能够设计出学生易于接受的语言文字教学内容，且使学生在感悟语言文字博大精深的同时也能获得美的感受。

第三节 教学内容：关注学生，灵活创生

语文教学内容回答的是实际需要教什么的问题。2011年的《全日制义务教育语文课程标准（实验稿）》颁布与实施之后，人们在其指引下，对语文教学内容

① 王洋. 2018. 学生理解视域下的小学高年级语文阅读教学的个案研究. 东北师范大学博士学位论文, 80.

有了新的思索。语文教学内容既包括教师在教学中对现成教材的沿用，也包括教师对教材内容的"重构"——处理、加工、改编乃至增删、更换；既包括对课程内容的执行，也包括在课程实施中教师对课程内容的创生。"教学内容是在教学过程中创造的"，它逻辑地蕴含着教师参与课程研制、用教材教、教学为学生服务的理念。①随着语文课程改革的深化，教育工作者在教学内容的选择上更加关注不确定性及模糊性，倡导在教学过程中不断整合、重构，甚至是创生新的教学内容。语文教学内容不再被视为固化的、一成不变的，师生可以根据自己的理解生成新的教学内容。总体而言，这一时期的语文教学内容呈现出如下特点。

一、教学内容的选择上更加关注学情

语文教学内容是有效课堂的重要体现。教学内容可以分为不同的种类，如从学科的角度来讲，有一门学科共识的教学内容；从学生年段特点来讲，有各学段所确定的教学内容；从教师教学实践层面来看，又可以划分出专家和教师所公认的教学内容。对于教师来讲，最重要的还是要面临教学内容的选择问题。教师根据学生的学情选择的教学内容才是最适合的。

"学习是人和动物由于经验而引起的比较持久的能力或倾向的变化过程。学生的学习是指教育情境中学生的学习，这种经验是由于间接经验而引起的比较持久的能力或倾向变化过程。"②人的学习受原有经验的影响，"一切有意义的学习，都是在原有的学习基础上产生的。不受学习者原有认知结构影响的有意义学习，是不存在的"③。学生在学习新课之前受不同的学习动机、学习背景等因素的影响，会产生不同的学习需要，这些不同的需要会对学生的学习活动产生重要影响。学生是学习的主体，教学是以培养学生为最终目的的，因此教学内容的选择必须充分考虑学生的基本需求，学生的学习起点也成为教师教学内容选择的逻辑起点。目前的教师教学实践中，已经有越来越多的教师关注教学内容与学生需求之间契合度的问题，认为"教学内容必须吻合学习者需求才能够得到学生的关注，最终为学生所理解、接受和内化，满足学生的成长需要。教育要从学生的已知出发，这是教育的基本要求"④。

---

① 王荣生. 2015. 语文课程与教学内容. 北京：教育科学出版社, 22.
② 沈德立. 2003. 小学儿童发展与教育心理学. 上海：华东师范大学出版社, 149.
③ 韦志成. 2001. 现代阅读教学论. 南宁：广西教育出版社, 39.
④ 黄秀玲. 2018. 资源整合：基于学习者需求的教学内容重构. 教育理论与实践,（22）：61-64.

　　一位教师在备课时说道："用《背影》上公开课的很多，教案也很多，反而体现它的难度。怎样突破？我根据自己的人生历程和平时对学生周记和习作的批改得出：父爱并不总是无私的，每个个体应该都对生命、人生、社会有自己独特的体验。虽然《背影》课文后面的'研讨与练习'中的问题，个个都是指向文本的，充分体现了语文课的语文性本质特征，但过分简单……这几个问题的答案，学生早就'心里有数'了。所以为了这篇课文，我把着力点放到了——哪些是学生自己能够弄懂和预习后就可以弄懂的，哪些是学生如果没有教师或资料的帮助，就永远无法弄懂的——上面。"[1]

　　从这位教师的言语中可以看出，该教师对教学内容该如何选择做了深入的思索。每个个体对生命、人生、社会的体验不同，对每一篇课文的学习需求也不同。显然，在授课之前，有些知识是不需要教师去讲，学生自己就"能够弄懂和预习后就可以弄懂的"，但是有些知识是学生必须依靠"教师或资料的帮助"才能弄懂的。因此，前者是不需要教师教的内容，而后者才是语文教师选择教学内容的关键，也是教学内容的重中之重。这也能够反映出新时期教师对学生学习需求的高度重视。

　　王荣生提到，"以前，我们也总是强调在备课时不仅要备教材，更要备学生，但是往往真正在做的时候却又总是从自己的角度考虑，关心更多的往往是'我要教哪些内容'，而很少去研究这节课中，学生学习的兴奋点在哪里，障碍点又在哪里，缺少切实的研究，使得教师在教学过程中才发现自己的预想与学生的反应相差甚远。显然，这样的教学设计会影响到课堂教学的效益"[2]。

　　在以往的教学中，虽然教师也多次强调自己在备课时应努力关注"备学生"，但是在实际的操作过程中，教师仍将目光集中在教者的角度。随着新课改的推举，新时期的教师在教学内容的选择上有了更为清晰的认识，逐渐将教学内容的学习者与课堂教学的整体收益密切联系起来。

　　目前在实际的一线教师教学过程中，关于教学内容已经做出了大胆的尝试，体现出当今教师的教学变革意识。我们在实际的听课过程中也观察到了这样的案例，下面我们将做出具体说明。

　　例如，在《燕子》一课的教学中，为了更好地了解学生对这篇课文的基本学习需求，教师在课前对学生做了小调查，要求学生写出自己不认识的生字、生词，对课文整体内容的概括情况，读完课文后的感受是什么，想听老师讲什么，

---

① 王荣生. 2007. 语文教学内容重构. 上海：上海教育出版社, 35.
② 王荣生. 2007. 语文教学内容重构. 上海：上海教育出版社, 66.

不想听老师讲什么等内容（图4-1）。

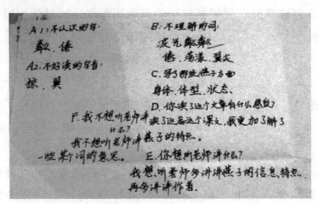

图4-1 《燕子》一课课前调查试卷样例

其实这篇课文开始我也不知道怎么讲，讲哪些内容，后来我想还是从学生出发吧，我收上来学生写的调查卷，受到了学生的启发。很多学生不理解"波光粼粼"的意思，我就重点讲一下。看看他们需要我讲什么，我就讲一下。[①]

从以上教师的话语中可以看出，在教学设计之初，教师就已经充分考虑到了学生的基本需要，学生的需求成为教师教学内容选择与确定的第一诉求。

语文教学是一个线性过程，其中蕴含着先教什么、后教什么的逻辑顺序的问题。教学内容的选择并不是完全由教材中的某一个要素所决定的，这里面主要涉及的是学生的基本需求问题。2011年以来，特别是伴随着新课改的持续推进和关于语文核心素养讨论的持续推进，一线教师开始更多地关注教学内容选择与学生实际需求之间的关系问题。教学内容的选择不再是教材有什么就讲什么，或是教师认为应该讲什么就讲什么，而是从学生的基本学习需求出发重新定位教学内容的实际价值。

二、教学内容的设计上关注教学内容的合理重构

随着新课改影响的进一步深化，一线教师对教学内容的选择与确定有着更为理性的认识与思考，教师已经不再拘泥于教材规定的内容，更多的是出现教师敢于打破教材规定的固化内容，根据自己对教学文本、学生状态、教学情境等诸多

① 摘自《燕子》一课授课教师访谈。

因素的考量，在教学实践过程中对教学材料进行处理，有效地重构教学内容，使其更好地服务于教师的教学，为提升语文教学效益、提高学生的语文阅读素养奠定了良好的基础。教学内容的重构既体现了新时期教师对语文课程标准的贯彻与执行，也是对学生个性学习的观照，更体现出新时期教学表现形态的多样性。[①]教师在对教学内容进行建构时对现有的教学方案及教学策略的合理性和可行性进行反思，根据自身对课程的构想，结合所教授班级学生的学习情况，对所教授的内容重新进行谋划，进而形成具有教师自我理解性的教学内容。[②]

（一）教学内容的整合

近年来，一些教育研究者立足核心素养的基本导向，对语文教学如何发挥其功能及优势的问题做出了进一步探索。教育研究者认为教什么、选什么教、教什么最好是教学中首先应该考虑的问题。当前的教学内容不应仅局限于教材内容，更应对教材进行巧妙的处理，更好地、更充分地利用课文，如"整体处理、短文细教，难文浅教，浅文趣教，美文美教，一课多篇，选点精度，穿插引进，比较阅读，课文联读，专题研讨，一课多案……教材处理的着眼点，是如何对教学内容进行精选、整合并充分有效地运用课文"[③]。

例如，清华大学附属小学积极探索的"单篇经典阅读、群文阅读、整本书阅读、主题实践活动"[④]教学课群的开展，成为语文立人及实现培养学生核心素养的教育目标的关键契合点。

> 主题整合多种资源，依托《朝花夕拾》整本书，从经典单篇《少年闰土》中拓展，选择了经典单篇《阿长与〈山海经〉》，群文"鲁迅笔下的儿童""他人笔下的鲁迅"，并在优化整合国家教材的基础上，补充了《朝花夕拾》、亲近鲁迅主题实践活动。以原汁原味的鲁迅文学、绘画等丰富的样态，尽可能还原鲁迅热爱故乡、关爱亲友、善良温柔、可亲可爱的"人间鲁迅"形象，更重要的是让学生发现了鲁迅、鲁迅作品与自己的紧密联系。
> 单篇经典《阿长与〈山海经〉》《少年闰土》等名篇教学，定位在表达驱动的阅读教学。《阿长与〈山海经〉》这节课，运用"情感坐标"的

① 杨建英．2018．试论合理重构小学语文教学内容的意义及其有效实现．江苏教育研究，（25）：54-57.
② 甄晓兰．2001．中小学课程改革与教学革新．台北：元照出版有限公司，132.
③ 余映潮．2018．小学语文教学艺术30讲．北京：中国人民大学出版社，79.
④ 窦桂梅．2016．我们的童年与鲁迅的童年相遇——主题教学课群，迈向核心素养的新探索．语文教学通讯，（36）：55-56.

工具，撬动学生对文本的学习感悟，体会作者"丰富的情感，复杂的表达"，最终达成"美好的思念"的主题。从经典文本的原生价值，挖掘儿童的学习价值。①

在语文教学中，通过不同的主题对资源进行整合，可以打破原有知识的边界，将知识间的联系有效地建立起来。主题教学要从生命的层次，用动态生成的观念重新全面认识课堂教学，整体构建课堂教学。简单地说，它是围绕一定的主题，充分重视个体经验，通过与多个文本的碰撞交融，在注重过程的生成理解中实现课程主题意义建构的一种开放性教学。这样就将语文教材零碎散落的，甚至单一的内容统整起来了。②

此外，还有研究者通过课程资源的扩充来进一步实现教学内容的整合。

新一轮课程改革首次提出了"课程资源"的概念。2011 年版语文课程标准指出，"语文课程资源包括课堂教学资源和课外学习资源，例如：教科书、相关配套阅读材料、其他图书、报刊、工具书、教学挂图，电影、电视、广播、网络，报告会、演讲会、辩论会、研讨会、戏剧表演，生产劳动与社会实践场所，图书馆、博物馆、纪念馆、展览馆，布告栏、报廊、各种标牌广告，等等"③。这一概念的提出对于语文教学内容的构建具有重大的指导意义。这也意味着，新时期语文教学内容将打破原有教学内容僵化的格局，大大增加教学内容的内涵及外延。教师更多的是以语文教材作为依据，利用和整合相应的多种课程资源对教材予以补充及拓展，立足于现有的语文教材又超越现有的语文教材。语文教学与生活是紧密地联系在一起的，语言文字的学习也要根植于学生的生活之中。教师在教学中应注重对学生生活经验的激发，引导学生将所学习的知识应用到生活中去。教师在教学中通过让学生将所学内容与生活进行对比，来深化学生对文本的理解，促使学生个体经验、文本生活经验与社会生活进行多层次、多角度的碰撞和交流④，深化学生个体体验，不断拓展学生的视野。教师应把学生的语文学习"置于社会文化的大背景下，引导学生积极参加丰富的语文实践，带领学生体察风土人情，感受生活的真、善、美，丰富学生的生活体验，开阔学生视野，扩展

---

① 窦桂梅. 2016. 我们的童年与鲁迅的童年相遇——主题教学课群，迈向核心素养的新探索. 语文教学通讯，(36)：55-56.

② 窦桂梅. 2004. 主题教学的思考与实践. 语文教学通讯，(16)：18-20.

③ 中华人民共和国教育部. 2012. 义务教育语文课程标准（2011 年版）. 北京：北京师范大学出版社，3.

④ 曹明海，潘庆玉. 2002. 生活：语文教学的源头——论刘国正语文生活观. 课程·教材·教法，(6)：24-28.

学生思维，使学生在阅读时更易与作品情感相通，多角度审视文本"①。例如，一位教师在教学中做出了如下尝试：

> 教学初始时注意有目的地选择一些能引起学生注意、能引起学生好奇的文章给学生阅读，就名著《西游记》来说，可以推荐学生看日本电视版的，再与中国版的进行比较，在看完影视之后，教师可提出富有争议性的问题，要求学生看文学版的《西游记》，看有何不同，并提出个人的见解。再如《三国演义》，也可以利用影视版的（只放一集），或教师评论三国里的几个重要人物（点评要有独到之处），再让学生带着问题去阅读，看有什么发现。一段时间后，可以在形式上有所突破，可以让学生互相推荐自己读到的好文章，老师把关，然后在全班推广阅读，让学生评出最受欢迎的文章。开始以小篇幅为主，一般不宜超过五千字，这样既可快速阅读，又可完整地总体把握文章内容，从而达到阅读的目的，最终养成自主阅读的习惯。②

从以上案例中可以看出，就目前的教学而言，教师已经开始重视课程资源的开发及运用，课程资源的开发已经不仅仅是课程管理者的主要任务，教师也积极投身于课程资源开发的浪潮之中。教师在教学中开展了形式多样的语文教学实践活动，通过各种资源的整合来提高学生的语文素养。

（二）注重教学内容的创生

传统的语文教学中，教师习惯于作为一种知识管理者的角色出现，教师将"课程知识原原本本传递给学生，并保证知识信息在传递过程中的安全，而衡量安全与否的标准尽在教参中；教师以知识或真理的化身的形象出现，或者视自己为作者的代言人，自己是知识的旁观者"③。此时的教学内容就是固定于教科书、教师教学参考用书中的既定内容，是一种静态的、封闭的内容。这种教学内容呈现的一个基本假设为教师是传递教学内容的工具，学生不能自主地获得知识，只是接受教学内容的"空的容器"。伴随着改革浪潮的推进，教学内容的创生也得到了广大教育者的高度重视。越来越多的研究者意识到"语文教学中教师以文本作为依托，在课堂中围绕文本的相关内容、学生的理解情况来组织教学内

---

① 曹明海. 2007. 语文教学解释学. 济南：山东人民出版社，288.

② 李东良. 2011. 在资源的整合中挖掘综合阅读的深度——以《与杜甫的心灵对话》教学案例为例. 吉林省教育学院学报（学科版），(2)：151-152.

③ 邓友超. 2004. 论教育的理解性. 华东师范大学博士学位论文，76.

容，文本的内容是教师基本的教学内容。学生在理解文本时又会带着自己的已有经验，根据自己的视野不断地与文本的视野融合产生超越文本视野的新的观点，这种新的观点在被其他人所接受的过程中又成为一种新的教学内容被创造出来。这类教学内容的创造者是学生，转化者却是教师。由此可见文本理解过程中生成新的教学内容已经超越了文本本身，逐渐走向多元化发展"①。教学内容不再是既定的、固化的、一成不变的内容，而是在教师的教学过程中，在师生与生生之间的交流与互动中不断被赋予新的生命力。"课程是教学内容的载体，教学内容是课程内容的外化形式，即教学内容是课程内容的教学化。以后现代主义课程观关于课程生成性的观点为指导，必然使教学过程成为教学内容不断生成，不断创生的过程。"②

语文教材中的课文是语文教学内容的重要载体。语文教学内容往往是由教材中的一篇篇选文和语文知识两部分构成的。③这意味着对于语文教学而言，其教学内容存在着某些已经确定的教学内容。有学者认为，教学内容既包括教师确定的教学内容，同时也应存在教学过程中所引发的未确定的教学内容，即"一是按照教师课前预设的教学内容，以完全正确的信息及传播渠道，在课堂教学的真实的教学环境内，借助课堂教学组织，通过言语信息或媒体中介的传播而呈现出来的教学内容；二是因课堂教学中的某个诱因引发的，不在教学预设之中，但又对教学目标的达成起正面影响的教学内容"④。

这里引用一段D小学课堂记录做进一步的说明。

学生"惊人之语"带来的课堂精彩⑤

我们在观察中发现学生在课堂上回答教师问题时总会出现一些"惊人之语"⑥，这种惊人之语恰恰能够体现出学生的一种个性化理解。在教学中教师将某一位学生的这种个性化理解看作是一种新的教学资源，生成一种新的教学内容，使阅读教学内容保持一定的弹性及开放性。在《秋天的怀念》一

---

① 王洋. 2018. 学生理解视域下的小学高年级语文阅读教学的个案研究. 东北师范大学博士学位论文，121.

② 李德才. 2008. 教学内容创生多维性的探析. 黑龙江高教研究，（10）：153-155.

③ 王荣生. 2015. 语文课程与教学内容. 北京：教育科学出版社，151.

④ 张秋玲，张华杰. 2012. 语文教学内容的四种形态. 语文建设，（Z1）：29-32.

⑤ 王洋. 2018. 学生理解视域下的小学高年级语文阅读教学的个案研究. 东北师范大学博士学位论文，120.

⑥ 曹明海先生将"惊人之语"界定为不同于常人、也不同于原我的创造性见解。

课的学习中，师生共同分析文中母亲的形象，一位同学答道："我联系了第七自然段。黄色的花淡雅，如同母亲美丽的身影。白色的花高洁，如同母亲高贵的性格。紫红色的花热烈而深沉，好像母亲的笑脸一般泼泼洒洒。秋风中正开得烂漫。"当该名同学回答结束后，教室里响起了掌声。此时教师叫起班级的另一位同学问道："你为什么为他鼓掌啊？"学生说道："老师我觉得他把花与母亲联系在了一起。"教师顺应学生的思路，继续引导学生分析为什么文中写母亲时要穿插进花的描写。

在《风》一课教学中也出现了类似的情形。教师问道："这样贫寒的家里为什么他们觉得面前的日子也是热烘烘的呢？"有同学站起来说："老师我忽然想到一句话：你若安好，便是晴天。"教师转身将这句话写到黑板上，进一步追问道："为什么想到这句话，你来说说。"该名同学进一步解释："因为父亲和儿子都热哄哄（笔者注：热烘烘），就代表父亲和儿子心里总是特别安静，特别安宁。你若安好，便是晴天吗！安好就是父亲和儿子都是安好的，那他们面前的日子都是晴天。"教师夸赞道："说得真好，大家给他点掌声。找学生来读这句话（指'你若安好，便是晴天'一句）。老师告诉大家学语文是让大家的语言变得更优美，我们的表达更具有语文味。"

我们可以看出，教师的教学内容是在教师的教学过程中与学生的理解过程中不断地被创造出来的。在做课后反思时，W老师坦言："我没想到小孩能从花的特点出发来分析母亲的形象，但这是很好的一种生成啊！"学生的惊人之语成为W老师新的教学资源，同时又生成了一种新的教学内容。在《风》一课的教学中，学生提出的"你若安好，便是晴天"又是惊人之语。教师要求学生做出解释，我们也能看到学生基本上呈现出一种"只可意会，不可言传"的状态。在这个过程中，学生的视野超越了文本的视野，提出了师生都没有想到的观点，得出了与众不同的答案，而这样的答案也生成了一种新的教学内容。教师由学生的回答进而引导学生理解什么才是"学语文"，这部分内容已经超出了学生文本理解的范围，扩大到对其他学生观点的理解，这成为新生成的阅读教学内容之一。

我们继续以《琥珀》①一课为例，对课堂教学实践中学生创生教学内容的情况做进一步说明。

师：好，那一个琥珀这样一个小东西，它的价值在于哪呢？

① 该课例来自东北师范大学附属小学课堂教学视频案例库。

生1：文中说了大概在一万多年前，这块琥珀已经变成了化石，而那两只小虫还在里面，还是清晰可见的。所以我认为它的价值在于这里。

师：一万年的时间。我们可以说是时间悠久。这是一点，它的价值还在哪？

生2：我认为它的价值还在于它的完整性。因为有些恐龙化石现在已经破碎了。而这两只小虫子和松脂合在一起变成琥珀，还是非常完整的，所以我认为它的价值在于完整性。

师：请坐。在于两只虫子躯体的完整性。还在于哪？

生3：我认为还在于这个琥珀的稀少性。因为在文中也有说，19自然段说这是很少见的，证明这个东西是非常稀少的。

生4：还在于它的坚固性。它在水里，动物喝水可能会踩到它，所以我认为很坚固。

师：表扬生4，我们大家能听明白他想说什么。我们一起帮他补充。

生5：老师我认为可能是由于板块运动海水已经退潮了，琥珀继续留在沙滩上，一些动物经过，会把它踩到。

生6：我认为还有可能可贵在巧合上。他说刚好落在树干上。树脂也有可能不落在树干上，落在别的地方。

生7：我认为琥珀的珍贵在于你可以通过小小的琥珀推断两只昆虫当时挣扎的详细情形。

师：可以推测万年以前发生的事情。

生5：不仅可以看到万年以前的生物，还可以采取DNA样本与现在的苍蝇作对比，看它们在进化中发生了什么事情。

师：生5说得多好。可以推测一万年以前生物的变化。

生8：老师我不认同生5的观点。因为那只苍蝇和蜘蛛已经死了，所以DNA已经不是完整的。

生5：我认为它是完整的。它被包裹在琥珀里了，刚才生4已经说了琥珀是非常坚固的。没有什么能够破坏它，所以它还是完整地保留着。

上课伊始，教师向学生们展示琥珀的图片，同时抛出"琥珀珍贵在哪里"这样的问题，目的是想让学生在阅读课文之前，结合自己的生活实际谈谈想法。针对这个问题，不少学生发散思维，积极发表看法，从而给出了"时间悠久""完整性""稀少性"等回答，这样的开放性问题特别能够激发学生的发散性思维，使整个课堂处于学生不断创生的氛围中，使教学内容在预设和创生的结合中变得不断丰满与完善。

当教师听完学生的回答之后，并不是简单地带过，而是对每位学生的发言做出评价，并且做出适当的引导，使得学生之间产生思维碰撞的火花，用辩论补充的方式继续拓展延伸，使学生对这个问题获得更加全面的解释和分析。

在教学中，教师以文本作为依托，在课堂中围绕文本的相关内容、学生的理解情况来组织教学内容，文本的内容是教师基本的教学内容。学生在理解文本时又会带着自己的已有经验，根据自己的视野不断地与文本的视野进行融合，以产生超越文本视野的新的观点，这种新的观点在被其他人所接受的过程中又成为一种新的教学内容被创造出来。这类教学内容的创造者是学生，转化者却是教师。由此可见，文本理解过程中生成新的教学内容已经超越了文本本身，逐渐走向多元化发展。

目前的语文教学中不断强调教学内容的创生，实现学生的核心素养的发展成为语文教学不变的价值追求。因此，研究者提出，在实践中"首先，教师在灵活处理语文教学内容时，必须与预设的教学目标和教学主体有某种内在的联系，或拓展，或深化……其次，语文教学内容应该是积极的、有意义的……语文教学不仅要关注学生显性知识的获得，还应关注学生意志和探索精神的培养及人格的完善"[①]。

三、教学内容的呈现由精准化走向开放性

由"教学大纲"到"课程标准"不仅仅是名称的变化，这也意味着其内涵发生了改变。课程标准是对学生学习结果的行为描述，而不是指向教学内容的基本规定，这一点与教学大纲有着明显不同。同时，这一称谓的转变也意味着教师的职能由教师是教科书的执行者逐渐转变为教学方案（课程）的开发者，更多地应该体现"用教科书教，而不是教教科书"。课程标准中不再对教学内容做出精确的说明和要求，对教师职权的赋予使得新时期的语文教学内容逐步由过去的精准化向开放性转化。2011年版语文课程标准颁布以来，教师对相关理念有了更多的理性认识与思索，并逐步付诸实践。在调研期间，一位教师曾这样对我们说道：

课程标准说得特别笼统，所以每节课教什么都是老师自己去定，这个都

---

① 杨清. 2008. 论语文教学内容的确定性与不确定性. 语文建设，（1）：31-32.

是根据某一篇文章确定的。语文教学就是根据课标，然后你去修订教材，依据教材的内容教学生，就是看你是教教材还是用教材教，我现在更多的就是用教材教。

教材中的选文是固定的，但是教师在实践教学中会根据自己的理解和意见来调试教学内容。语文教材只是教师进行教学的基本凭借，但是教材中的内容不是教学中的唯一内容，教师在教什么的问题上依然要留有可开发的空间。

人作为这个世界上的经验的存在，不是可知的对象。①教学过程中的教师和学生都具有一定的主动性，因此在教学过程中发挥人的主动性也必然会导致教学内容的开放性及不确定性。尤其是教师在课前认真准备一堂课时，要进行充分的预设，每一个环节都要精心考虑，但是要想适应千变万化的课堂情境，教师在课堂教学中就不能拘泥于预先设定的一成不变的模式，应善于捕捉一些意外的生成。我们在课堂中听课的时候发现，目前一线教师很注重学生在课堂中的自主生成，能够将学生的这些生成创生出新的教学内容。我们来看一下长春某小学的课堂案例：

师：《风》这篇文章比《秋天的怀念》好读一些，但是它其中的深意比《秋天的怀念》更难懂，读了这篇文章你有什么问题？

生1：第四段说壶是瓷的……我觉得这是地板的图案，作者应该不用写。（学生笑）

师：表扬生1，在学习中能发现自己的问题。能发现问题就好比淘金者挖到了金矿。提问题是一种非常好的思维方式。

生2：这段是描写水壶的。

生3：我认为壶应该是瓷的，白地上有……这地不是指地板，也不是指地面，指的是壶本身的颜色。

师：来看我们的展墙，它是什么颜色？

生4：绿。

师：绿，对吧？它这个不是指地板。好，那看看这个语文书封皮，什么底？

生4：蓝底。

师：这回明白了？表扬生1。这个确实是一个问题。还有谁有问题？有

---

① 雅斯贝尔斯. 1988. 智慧之路：哲学导论. 柯锦华，范进译. 北京：中国国际广播出版社，45.

问题的人是会动脑思考的人，有问题的人是会学习的人。还有谁有问题？那能够解决问题的人更是本事大的人。

生5：在第十四自然段，父亲心里涌起了一种情绪，这种情绪是什么？

师：这是一种怎样的情绪呢？我们都标上问号，可能现在我们解答不了，随着文章的深入，我相信生5一定能够找到这个问题的答案。

生6：我想知道这篇文章的作者，我在网上也有查，可惜查到的是诗的作者。

师：好，坐下。老师告诉大家，王老师就是长春教材的编写者之一。有一些文章老师们花了很多心思去找它的作者，但是没有找到它的作者。那这样作者不详的文章，我们有的时候如果给他命名的话就是（板书：佚名），而这个文章可能是因为年代的关系已经找不到它的作者了。

生7：我不明白第四自然段和第五自然段。我不明白为什么父子俩不愿意把壶卖出去。顾客花了很多价钱，他们为什么不愿意把壶卖出去？

师：（板书：为什么不卖热水壶）

生8：我想问一下，文章为什么以风为题？我认为这里主要讲了一个父亲和儿子贫苦的生活，为什么要以风为题？

生9：我不明白的是在第四自然段的最后一句话"风很大……"我不明白身子透出一股强劲来，它要表达的是一种什么意思？

生10：老师我有点不明白就是第一自然段，父亲和儿子到底是什么意思？

生11：第十三自然段，我想问问他做的是什么梦？还有第十七自然段为什么要说这个梦境？

师：这些问题我们都标注好，一会儿来解答。你有现在能解答的吗？我们一同回顾这篇文章，看看文章能不能解答这些问题。再读一遍文章可能你会找到一些答案。（找学生读课文，学生纠错，第五段不好读，学生再次自己读课文，教师找学生读。）接下来进行多音字"血"的学习。

师：刚才提出了好多问题，大家最想研究哪个问题？你能解决那个问题了吗？举手来说一说。

生11：我能解决黑板上的第二个问题：为什么不卖热水壶？大家看第五段："有一次一个人看了这壶……你问我儿子吧。"因为前面说了，儿子没有它大，父亲也没有它大，他们两个都没有这个壶大，而且那个人愿意出这么高的价钱，父亲和儿子一辈子都挣不出来的，这个壶是个宝贝。在第二段，父亲和儿子日子很贫寒，我感觉没有这个热水壶，他们一定会寒风刺骨，所以他们一定要留着这个热水壶。

师：好，首先总结生11的发言，是因为它时间长久，所以宝贵。还有一种观点是什么？

生12：因为第二自然段说道：日子很贫寒，好在有一个暖脚的热水壶……我认为这说明父子俩对这个壶有一定的情感。[1]

这节语文课并不是按照传统教学中教师问学生答的方式进行设计的，而是由学生对课文的困惑和疑问构成整节课的主体。从课堂的导入中我们可以看出，教师非常看重不同学生对课文的理解，注重培养他们发现问题和解决问题的能力，使他们在质疑课文的过程中不断地反思文章的内容，可以说，每当学生提出一个有价值的问题时，他们就离文章的中心更进一步。

此外，我们也可以发现，课堂并不是绝对按照教师的预设发展的，而是由学生的提问、活动等所构成的。因此，教师要在教学过程中重视指导学生质疑，鼓励学生提出自己的问题并且发表不同意见和独创性见解。因此，教师对学生在学习过程中提出的问题应该加以重视，尤其不能轻易否定，应尽可能让学生在课堂上生成与众不同的思维和见解，培养他们的创新能力，因为这些是学生自主学习的表现，甚至是激起学生学习兴趣的"灵丹妙药"。[2]教学内容不应是一成不变的知识体系，教学应该是一个教师与学生共同探索新知的过程。在教学中，教师可以根据自己的理解，结合学生的基本情况，灵活把握课堂教学的基本走向。教师拥有充分的自主权，在"确定"的教学内容的基础之上，从自己的视角出发对文本进行解读。教师作为教学主体，在理解课程内容和学生基本情况的基础之上，根据不同的文本、学生、教学实际情境，对教学内容进行选择及调整。学生可以从自己的经验出发，运用经验形成自己对文本内容的独特理解与认知，在接纳新信息时，同样可以进行自主选择。在教学中，学生并不是教学内容的被动接受者。在教学中，教师应将学生当成是一种经验的存在。学生与教师一样能够根据自身的经验去建构教学内容。在教学内容的选择上，要赋予教师自主权，同时也要关注学生经验在教学内容构建层面上的作用。学生具有一定的主动性，在课堂教学中，学生会积极地参与到教学活动中来，根据自身已有的经验理解文本、理

---

[1] 摘自东北师范大学第三附属小学教师课堂实录。

[2] 朱礼旺．2013．让"生成之花"开得更绚丽——略谈语文课堂教学的生成与预设．小学教学研究，（8）：52.

解教师的观点及理解其他学生观点，同时生成一种属于自我、新的言说内容，这部分内容是学生依据自我经验建构出的内容，也应作为阅读教学内容中的一部分。在教学中，应赋予学生自主选择学习内容的权利，重视学生的主体地位，让学生可以根据自己的关注点、兴趣选择不同的学习内容，从这个层面上来说，学生自主选择的学习内容也是阅读教学内容的重要组成部分。选择是人的一种存在方式，也是人的自主性的表现，进行自觉和自主的选择体现着人的自由。人的本质在于人有自由自觉的选择意识。①让儿童学会选择，实为让儿童学会运用自由。学会运用自由应成为教育的一个基本目的。②

一位一线语文教师在做课后反思时说道："课的价值是在过程中实现的，因此，课的成败是无法预设的，特别是在开放式的课堂探究性学习课型中，在师生彼此陌生的情况下，更会有难以预料的情形出现，而这恰恰为执教者创设了拓展自己、提升自己、挑战自己的机会，也可以让执教者努力践履'学习的空间让学生说话'的教育圭臬。"③

从教师的表述中可以看出，在一线教师看来，教学内容的不确定性没有给教师的教学实践活动带来阻碍，相反，这种未确定性的、开放性的教学内容为教师提供了更为宽广的上升空间。有学者认为，当前语文教学内容呈现出的开放性的趋势往往也"意味着课堂上师生互动生成的不可预见性、情境性、流动性、突变性。语文教学内容是教师课前预设和师生课堂互动生成的产物……随着新时代的进步和新课程的改革，在新课程背景下，学生成为学习和发展的主体，语文教学在师生平等对话过程中进行，语文教学是学生、教师、教科书编者、文本之间的对话，是思想碰撞和心灵交流的动态过程"④。

第四节 教学方法：合作探究，创新技术

20世纪90年代以来，随着科技的进步、经济的繁荣，教育领域的发展与改革也如火如荼地进行着，世界各国都把教学方式的转变视为课程改革的重要内容。从学科教学上来看，语文教学方法和手段也得到了革新和进步。从总体趋势

---

① 王守纪. 2002. 重视选择，学会选择：后现代主义选择观给我们的启示. 中国教育学刊，（4）：32-34.
② 夏正江. 2001. 教育理论哲学基础的反思. 上海：上海教育出版社，44.
③ 王荣生. 2007. 语文教学内容重构. 上海：上海教育出版社，294.
④ 姚永峰. 2010. 论语文教学内容的不确定性. 语文教学通讯，（35）：7-9.

来看，教学方法更为多样化，提倡小组合作学习、探究式学习；教学手段更为现代化，多媒体手段使得教学内容的呈现更加丰富多彩。在多元课堂中，传统教学与现代化教学得到了紧密融合。

一、自主、合作、探究学习方法的进一步推动与深化

从现代社会对人才的需求来看，20世纪90年代以来，社会生活方式的变迁以及科学技术的突飞猛进，对每个社会成员都提出了全新的挑战。在可持续发展理念的影响下，每个社会成员均具有终身发展的愿望和终身发展的能力，具有自主获取新知识的能力。

从我国新一轮课程改革的发展趋势来看，《基础教育课程改革纲要（试行）》提出了变革学生学习方式的任务，提倡合作、探究的学习方式，而真正的合作学习和探究学习一定是自主学习。因此，大力倡导学生学习方式转变为"自主、探究、合作"的新型学习方式成为首要任务。

从教与学的关系来看，教学方式与学习方式是相互关联的，学生的自主学习离不开教师的指导。因此，研究促进学生学习方式的转变具有较强的现实意义，能促进教师教学方式的改革。

从先前课堂教学存在的问题来看，传统学习方式把学习建立在人的客体性、被动性、依赖性上，从而导致人的主体性、能动性和独立性被不断销蚀。过去，课堂教学沿袭满堂灌、满堂问的教学模式，使学生的学习变成一种在外力强制下的被动行为、他控行为。学生常常在盲目、"无我"的状态下进行学习和写作业，很少能独当一面地从事完全自控的学习活动。这种缺乏能动性、自觉性的被动学习，完全丧失了促进主体成长和发展的长远价值与意义。①

（一）学习方法变革成为当下教学方法革新的主要特征

我国的课程改革顺应世界课程改革的发展趋势，围绕着教学方式的转变设置了一系列合作探究类的课程。我国先后颁布了《中共中央国务院关于深化教育改革全面推进素质教育的决定》《国务院关于基础教育改革与发展的决定》。为全面落实以上两个决定，2001年，教育部颁布了《基础教育课程改革纲要（试行)》，提出"改变课程实施过于强调接受学习、死记硬背、机械训练的现状，倡

---

① 孔卫予. 2012. 高中语文运用合作学习方式的实践研究. 杭州师范大学硕士学位论文，4-5.

导学生主动参与、乐于探究、勤于动手，培养学生搜集和处理信息的能力、获取新知识的能力、分析和解决问题的能力，以及交流与合作的能力"。2003年，《普通高中语文课程标准（实验）》发布，其中指出"高中学生身心发展渐趋成熟，已具有一定的阅读表达能力和知识文化积累，促进他们探究能力的发展应成为高中语文课程的重要任务"①。《普通高中语文课程标准（实验）》中积极倡导自主、合作、探究的学习方式，语文教学应为学生创设良好的自主学习情境，帮助他们树立主体意识，根据各自的特点和需要，自觉调整学习心态和策略，探寻适合自己的学习方法和途径。随着新一轮教育改革的深入开展，教学方式由被动变为主动，由单一变为多元，关注学生实际的发展与需要，强调以学生为主体开展课堂教学。2018年，教育部等五部门印发《教师教育振兴行动计划（2018—2022年）》，提出要"充分利用云计算、大数据、虚拟现实、人工智能等新技术，推进教师教育信息化教学服务平台建设和应用，推动以自主、合作、探究为主要特征的教学方式变革"。随着现代技术的蓬勃发展，教学方式更加丰富、多元。

（二）国内关于自主、合作、探究学习的相关讨论

在国内，由于新课标的提出，学者对自主学习、合作学习、探究学习这3种学习方式的研究比较普遍，基本上已经将它们的含义阐释清楚了。例如，北京师范大学教授肖川在其著作《成为有智慧的教师》中提出，自主学习应具有以下几个方面的特征：①学习者参与并确定对自己有意义的学习目标，自己制定学习进度，参与设计评价目标；②学生能积极主动地发展各种思考策略和学习策略，在解决问题中学习；③学生在学习过程中对认识活动进行监控并做及时的调适。②

对于合作学习，卜中海的《做专业的合作学习》一书做了比较详尽的探析。该书指出：

　　合作学习是指学生在小组或团队中为了完成共同的任务，有明确的责任分工的互助性学习。必须贯彻这样的要素：积极地相互支持、配合，特别是面对面的促进性的互动；积极承担在完成共同任务中个人的责任；期望所有学生能进行有效的沟通，建立并维护小组成员之间的相互信任，有效地解决

①　中华人民共和国教育部. 2003. 普通高中语文课程标准（实验）. 北京：人民教育出版社，2.
②　肖川. 2012. 成为有智慧的教师. 长沙：岳麓书社，196.

组内冲突；对于个人完成的任务进行小组加工；对共同活动的成效进行评估，寻求提高其有效性的途径。合作动机和个人责任，是合作学习是否有效的关键。合作学习将个人之间的竞争转化为小组之间的竞争，有助于培养学生的合作精神和竞争意识；有助于因材施教，弥补教师难以统一面向学生差异的问题，真正实现使每个学生都得到发展的目标。在合作学习中，由于有学习者的积极参与、高密度的交互作用和积极的自我概念，教学过程远不只是一个认知的过程，更是一个交往与审美的过程。①

在综合层面，上海市教育科学研究院普通教育研究所的张文周对于小组合作在研究性学习中的作用进行了探讨：

> 研究性学习是对传统的接受式学习的一种改革，是培养创新精神与实践能力的新教育观念在教学领域的体现。它具有学科综合程度高、与社会生活联系紧密、学生自主性强的特点；学习活动不再局限于学校课堂和已有教材，而是让学生走出课堂、走出学校、走向社会，开展社会调查、现象观察，广泛收集信息，去发现问题，寻找问题的解决方法与答案；"小课题研究"、"研究性专题作业"、"开放性问题解决"等是其经常采用的方式。因此，传统的程序化系统化的课堂教学组织形式已与之不尽适应。研究性学习需要更为灵活、开放同时也更为有效的教学组织形式，需要在更大的时空范围内将个人学习、班级集体学习以及小组合作学习合理地穿插结合，而小组合作学习则成为最基本的教学组织形式。②

吴立新指出，"在语文教学中，我们倡导合作交流，因为没有沟通就没有合作也就没有教学。教学活动中的教与学不仅形成了教师与学生之间一对一的关系，也形成了学生与学生之间的关系，教师与学生群体之间的关系等多重的网状关系，而教学活动就是在这种网状关系中进行的"③。

曹明海对自主、合作、探究的学习方式做了详细的解释，其中自主学习是指学习主体有明确的学习目标，对学习内容和学习过程具有自觉的意识和反应的学习方式。倡导自主学习，要帮助学生提高学习的自觉性，逐步掌握学习方法，养成良好的学习习惯，提高学生自我监控、自我指导、自我强化的学习能力。合作

---

① 卜中海. 2019. 做专业的合作学习. 北京：阳光出版社，65.

② 张文周. 2000. 小组合作——研究性学习的基本组织形式. 上海教育科研，（1）：12-16.

③ 吴立新. 2003. "自主探究—合作交流—操作实践"三步一体语文课堂教学模式探索. 教育实践与研究，（3）：21-22.

学习是指学生在学习群体中为了完成共同的任务，有明确责任分工的互助性学习。合作学习能够让学生在活动中相互支持、相互配合，遇到问题能协商解决，能通过有效的沟通解决群体内的冲突，对个人分担的任务进行群体加工，对活动的成效共同进行评估，通过合作，提高学习效率，增强合作精神。自主学习是基础，合作学习是过程，探究学习则是新学习方式的归宿。探究学习是指学生独立地发现问题，获得自主发展的学习方法。在探究学习中，学生自己发现问题，探索解决问题的方法，通过各种学习途径获得知识与能力、情感态度和价值观的发展，特别是探索精神和创新能力的发展。探究性学习的主要特征是问题性、实践性、参与性和开放性。[1]

综上所述，对于新课改下语文学习方式和教学方式的转变，国内的研究非常多，对于自主、合作、探究学习的概念阐述非常具体和详细，对于三者的融合与发展也做了进一步的阐述，接下来我们对具体的课例进行分析和说明。

（三）自主、合作、探究学习的相关实践探索

从前文的讨论中我们可以看出，教育研究者将研究的焦点定位在学生学习方式的变革上，对不同学习方式的价值与意义已经做了深层次的理论探索。与此同时，我们也发现，伴随相关理念及理论的提出与探讨，众多一线教师也已经开展了大量关于自主、合作、探究学习的实践探索。走进当今的学校和课堂里，我们可以发现，新的学习方式的变革促使平淡的语文课堂变得丰富多彩。教师开始有意识地根据学生的学习能力，给他们安排不同的学习任务，给予他们独立思考的空间。通过小组合作，学生互相帮助、互问互答，既能够使学生进行独立学习，又能够促使学生间的交流与合作，使学生真正成为学习的主人。同时，教师在课堂上基于学生的实际学习情况，围绕学习任务与学生展开平等对话、共同探讨，师生关系从权威服从走向参与及引导，这样的演变也有利于促使课堂教学中的各种因素产生相互作用，共同促进学生的学习。总之，在新的教学理念的引领下，课堂教学改变了以往教师问学生答的单向输出模式，自主、合作、探究的学习方式在当今的中小学语文课堂中得到了广泛运用，并取得了一定成效。

以我们目前搜集到的视频录像及课堂实践观察为例，统计结果表明，有14节课的视频录像涉及自主、合作及探究学习的相关实践活动，本书选取部分视频录像中学生学习方式的具体应用情况，展示在表4-2中。

---

[1] 曹明海. 2007. 语文新课程教学论. 济南：山东人民出版社，60.

表 4-2　学生学习方式的具体应用情况统计表

序号	年份	课文题目	年级	学习方式	出现频次（次）	学习任务	所用时长
1	2011	《自然界的时钟》	三年级	自主	5	1. 回忆课文每个自然段的内容	30秒
						2. 默读课文，思考第二自然段每句话写的是什么	30秒
						3. 默读第二自然段，试着画出表示花开放的词语，感受作者的用词	43秒
						4. 默读课文，思考第三、四自然段每句话写的是什么	40秒
						5. 画出第三、四自然段中哪些词语用得很巧妙	25秒
				合作	2	1. 重新排列第二自然段中的句子，有什么新发现	2分钟
						2. 小组长带领组员试一试把打乱的句子连接成一句话，同时想一想，句与句是怎么连接成段的	1分钟
				探究	4	1. 向大家介绍为什么这样将每句话重新排列	3分20秒
						2. 仔细体会，作者为什么用这些词描写花的开放	56秒
						3. 介绍为什么将第三、四自然段这么排列？句与句是怎么连接成段的？（教师随时指导）	6分40秒
						4. 想一想，除了总分总的顺序，课文还有没有其他的连接顺序	3分9秒

在这些语文教学实践中，教师十分关注学生学习方式的变革。一改以往的教师讲学生听的教学方式，教师更多地开始在课堂上采用自主、合作、探究的学习方式来提升学生在课堂上的参与度，使学生能够积极地参与到课堂中来，真正成为学习的主人，成为课堂的主体。

第一，在以上3种学习方式的使用频率上，教师在课堂中会高频次地使用不同的学习方式。如表4-2所示，教师带领学生进行了4次探究学习。由此可见，教师在具体的操作实践中会使用多种学习方式促进学生的学习，同时这些学习方式的使用频率较高。

第二，在学习方式的使用类型上，教师不再拘泥使用一种方式来组织教学。教师在教学过程中往往是多种方式并用，交互进行。如在《自然界的时钟》中，学生在教师的引导下进行了5次自主学习和 2次合作学习，对课文段落里句与句的排列方式等问题进行了4次探究学习。此外，在《神笔马良》一课中，学生自主学习1次，合作学习2次，探究了3个与课文内容密切相关的问题。由此可以看出，教师更倾向于使用多种方式进行教学。

第三，在学习方式的选择上，在这些教学实践中，教师会根据不同的教学内容选取不同的学习方式。如果所学的内容是学生有能力结合已有经验进行独立思考的，教师就会要求学生进行自主学习。例如，在《自然界的时钟》这一课的教学中，教师要求学生自读课文，画出感受到花朵开放的词语，感受作者用词的巧妙，并把自己的感受记在心里或写在书上。这个任务是学生可以通过自读课文就能完成的，并且对于课文中的词语，每个学生都有自己独特的感受，教师应该给学生留出独立思考的空间，再在全班进行交流，分享各自的独特体会。如果面对需要学生进行体验交流或面临有一定难度的学习任务，教师倾向采用小组合作或探究学习的方式。此外，在《荔枝图序》一课的教学中，学生首先在教师的帮助下解决生字词问题和课文朗读，接下来，教师要求学生在小组内结合书下注释和自己的理解按照顺序翻译文章，针对有问题的地方进行讨论，并将解决不了的问题写在白板上。五年级的学生初识文言文，准确地将文言文翻译成现代文对于学生来说存在一定的难度，而教师逐句讲解又容易使课堂教学变得枯燥无味，这时可以采用合作学习的方式，小组内的同学集思广益、互相帮助，解决彼此的问题，将文章翻译通顺，最后将核心问题留给教师或其他小组解决。2011年版语文课程标准开篇就提出"现代社会需要公民具有合作意识"，这说明小组合作不仅仅是一种学习方式，更是教学目的之一。教师通过合作学习可以切实提高教学效率，为课堂增添生机和活力，同时，通过课堂里同学间的合作交流，可以初步培养和提高学生的合作意识和合作能力。

第四，在这3种学习方式的使用时间上，不管是组织学生进行小组讨论还是进行问题探究，教师都会为学生观点碰撞与交流留出充足的时间。例如，在《神笔马良》一课里，教师组织了2次合作学习，分别要求学生探索交流"马良""大官"的人物形象，对人物形象的分析是比较简单的，但是答案可以是多样的，每个学生都有自己的切入点，如果教师这时单独叫同学来回答，只能得到个别学生的反馈。在小组合作之前，学生已分别透过文中对两位人物身上发生事件的描写总结出自己心中的"马良""大官"的形象，已经有了自己独立的思考。这时，教师安排学生在小组内与成员交流自己的看法，让每一名学生都有充分表达自己想法的机会，再经过成员之间的交流，总结出小组成员一致认可的观点，使"马良""大官"的人物形象在学生心中渐渐丰满。两次的小组交流过程，教师分别给学生留出了6分钟和8分50秒的时间，以保证每一名学生都能发表自己的看法并得出结论。为了使小组间的合作学习达到预期的效果，还有教师在小组讨论开始前提出要求，对学生如何进行小组讨论进行具体的指导，如组长带领大家朗读词语，帮助组员巩固不会的词语，组内成员依次说出自己的想法后再进行讨论，以避免出现个别学生滔滔不绝、其他成员默不作声的现象。

我们以吉林省长春市东北师范大学附属小学繁荣校区的王语老师讲授的《狐狸阿权》一课为例做进一步说明。为了更好地呈现课堂中学生在课堂上的合作与讨论情况，我们截取了其中一个影像，如图4-2所示。

图4-2 《狐狸阿权》一课视频截图

图4-2是王老师讲授《狐狸阿权》第二课时的影像。在这一课的教学中，王老师以两张学习任务卡片作为整堂课的教学线索，使学生在主动探究、小组交流的过程中体会整个事件中阿权的心情变化，最终了解到小狐狸阿权的性格特点。观看教学录像时可以看出，学生在认真地填写完学习卡片后，围绕以上两个任务展开了热烈的讨论。在学生讨论的整个过程中，教师一直充当着引导者的角色，并且在倾听学生讨论的过程中记录下学生思维中的亮点以及在讨论中出现的问题，教师还会根据实际需要为学生提供适时的指导。学生在讨论的过程中能够有秩序地表达和交流自己的想法，小组成员之间配合默契，通过小组合作，学生解决了自己能够解决的问题。

第一次合作学习教学实录

师：那么，看见送葬队伍之后，阿权的心情有了什么样的细微的变化？这就是我们这节课要理清的问题。请一位同学读学习指南一（想想阿权看到了哪些场景，画出描写阿权想法的句子，体会阿权的心情。完成学习卡片一）。

师：学习指南一的内容有点多，老师提示大家一下，第二场景和第一场景不太一样，有好多是直接写出阿权的心情的，在读的过程中关注这些内容会非常有助于你体会阿权的心情。

（学生自主阅读后进行小组讨论）

师：好了，刚才同学们不仅在自己的小组内进行了讨论，还听了其他组同学的讨论，这个习惯非常好。我们接下来全班交流一下，分享自己小组的想法。是派代表还是都来？（派代表）先说自己的还是先说大家的？

生：这个是我们组某某某的。他所填写的是阿权看见有人在梳头，他认为阿权的心情是很开心的，以为要举行活动、庆祝秋收什么的。

师：他说到的时候你对应你的卡片到课文里找一找，有没有这样的描写。

生：他又看到葬礼，阿权的心情是他觉得很奇怪。

师：具体说一说。

生：他这个奇怪就是他不知道谁死了。接下来阿权看到兵十的妈妈死了，阿权很后悔。（学生继续对小组成员的任务单进行汇报，有部分内容省略）

生：我还对阿权的心情有一个补充，他可能很害怕，被兵十抓到会惩罚自己。

师：你自己发现了。他说得不到位的地方，小组可以站起来补充。

师：这就是你们小组讨论的情况，但是方才你有没有发现，你们小组有一些相似的地方，有一些不同的地方，你能不能再归拢归拢，归纳一下，都看到了什么？大家都写了什么？

生：大家都写了黑牙齿、送葬队伍和兵十的妈妈死了，但是我认为这个没看到。

师：小组内有没有补充的？他都说得很全面了是吗？

（《狐狸阿权》课堂实录选摘）

我们以王老师第一次组织学生进行小组合作时的教学实录为例，学生的学习任务为填写学习卡片一（阿权看见的场景以及对应的阿权的心情），并与小组内的成员交流自己的看法，这两个环节持续了15分钟。在整个学习的过程中，教师耐心引导，组织恰当，如在学生读完学习指南后，由于自学内容较多，教师给了学生这样的提示："学习指南一的内容有点多，老师提示大家一下，第二场景和第一场景不太一样，有好多是直接写出阿权的心情的，在读的过程中关注这些内容会非常有助于你体会阿权的心情。"由于自主学习和小组讨论两个过程是连续进行的，并长达15分钟，有些学生可能不能在这期间按照完全正确的思路进行学习，教师则一直在一旁认真观察记录每个小组的学习情况，适时而恰当地对学生的学习情况进行补充提示，小组之间的讨论也非常热烈，学生们主动投入，可以看到有些进度快的小组还认真倾听了其他小组的想法，进行全面互动。在小组合作学习结束后，教师及时对学生的合作学习情况进行了总结："好了，刚才同学们不仅在自己的小组内进行了讨论，还听了其他组同学的讨论，这个习惯非常好。"接下来，进入全班汇报交流阶段，在选择小组汇报之前，教师会提问："我们接下来全班交流一下，分享自己小组的想法。是派代表还是都来？"在小组代表上前汇报时，教师也会提示"先说自己的还是先说大家的？""他说到的时候你对应你的卡片到课文里找一找，有没有这样的描写""具体说一说""他说得不到位的地方，小组可以站起来补充"。通过教师的这些语言，可以看出教师非常注重小组成员以及全班同学的全部参与，以培养他们的合作意识，并对此进行了细致指导。在学生汇报结束后，教师又提出"你们小组有一些相似的地方，有一些不同的地方，你能不能再归拢归拢，归纳一下，都看到了什么？大家都写了什么？"这是提示学生对小组的想法进行归纳。同时，教师没有忘记给其他组员表达想法的机会，教师在小组代表结束发言后说道："小组内有没有补充的？他都说得很全面了是吗？"经过两三个小组的汇报展示，学生暴露出他们不能理解或是理解错误的共性问题，教师再进行有针对性的指导。由此可见，通过教师恰当地组织和运用自主合作的学习方式，教学效率得以提高，而学生在加深对课文内容的理解、提高自学能力、养成合作意识等方面的进步也是不言而喻的。

二、"互联网+"兴起与教学方式的变革

随着科学技术的发展与变革，教师与学生的课堂教学又对教育技术的发展有了新的要求。2014年，教育部发布《关于全面深化课程改革 落实立德树人根本任务的意见》，提出充分利用现代信息技术手段，改进教学方式，适应学生个性化学习需求；采取多种方式，构建利用信息化手段扩大优质教育资源覆盖面的有效机制；加强信息技术教学应用展演交流，促进优质教学资源开发和应用。通过现代信息技术，优质资源的流动成为可能。2018年，教育部等五部门印发的《教师教育振兴行动计划（2018—2022年）》中也提到，要充分利用云计算、大数据、虚拟现实、人工智能等新技术，推进教师教育信息化教学服务平台建设和应用，推动以自主、合作、探究为主要特征的教学方式变革。在政策文件的推动下，"互联网+"逐渐走进人们的视野，走进中小学的课堂，将课堂教学变革推向

新的发展阶段。"互联网+"的兴起，改变了传统课堂中强调控制、传递和整齐划一的教学方式，师生角色由教师主宰变为学生主体，教学内容表现更加多样化，教和学的方式更加丰富，教学时空得以延伸和扩展，学生可以根据自己的兴趣和爱好对学习内容进行选择。目前，"互联网+"在语文课堂教学中也得到了广泛运用，并且一线教师付诸实践，取得了不错的效果。

（一）微课程在语文教学中的应用

20世纪70年代，微课程作为一种新型的课程形式正式进入美国课程改革中。美国北爱荷华大学的勒罗伊·麦克格鲁（LeRoy A. McGrew）教授提出了"60秒课程"（60-second course），英国纳皮尔大学的凯（T. P. Kee）提出了"一分钟演讲"（the one minute lecture，OML）。"60秒课程"和"一分钟演讲"虽然是微课程的雏形，但是与我们现在意义上的微课程存在一定的差异。2008年秋，美国圣胡安学院的"一分钟教授"戴维·彭罗斯（David Penrose）首创了影响广泛的"一分钟的微视频"，正式提出了"微课程"（microlecture）的概念。目前，影响较大的微课程资源平台包括可汗学院和TED等众多微视频网站。

1. 微课程的国内外研究

从中国知网上进行文献研究和统计可以发现，我国微课程研究最早开始于2011年，至2012年、2013年开始引起社会各界的广泛关注，成为各界学者研究的焦点。其中，围绕微课程的研究主题主要可以分为以下几点：第一，介绍微课程的定义和特点，如《微课程的内涵、特征及应用研究》[1]；第二，介绍微课程的设计制作方法和设备，如《如何开发微课程——基于一篇文章的八集微课程的开发过程》[2]；第三，介绍微课程的发展和作用，如《微课程：教师成长新途径》[3]；第四，微课在中小学学科教学中的应用，包括小学语文、数学、英语，高中地理、物理、化学等。其中微课程在语文学科中的应用主要体现在策略和价值问题等。在国内，对微课程研究比较深入的是广东省佛山市教育局信息网络中心的胡铁生。胡铁生陆续发表了9篇关于微课程发展的论文。这些论文主要探讨了微课程的概念[4]、微课程的制作[5]、微课程在区域的开发及其注意

① 周青政. 2013. 微课程的内涵、特征及应用研究. 课程教育研究，(31)：255-256.

② 李玉平. 2013. 如何开发微课程——基于一篇文章的八集微课程的开发过程. 基础教育课程，(Z1)：96-99.

③ 马朝宏，刘溜. 2012-10-10. 微课程：教师成长新途径. 中国教师报，第14版.

④ 胡铁生. 2011. "微课"：区域教育信息资源发展的新趋势. 电化教育研究，(10)：61-65.

⑤ 胡铁生. 2017. 微课设计的六种实用技巧. 中国信息技术教育，(23)：8-10.

事项等相关问题①，还分析了国外主要微课程资源平台和国内微课资源平台的特点，总结了国内微课程发展的策略、方法和途径②。

2. 微课程在语文教学中的实施案例

2011年版语文课程标准中明确指出，要"引导学生丰富语言积累，培养语感，发展思维，初步掌握学习语文的基本方法"③。因此，在信息技术飞速发展的今天，利用微课辅助课堂教学、提高教学效率已成为大势所趋。微课程作为一种新型的教学模式和学习方式，打破了语文课堂教学的时空限制，创设了更为客观真实的教学情境，通过课内微小视频的播放，帮助学生理解课文内容、解决课文疑难、明确文章主旨、感受诗歌意境、培养写作兴趣等，能充分发挥学生的主体性和教师的主导性，提高教师的教学水平和学生的学习效率。此外，在语文教学中，微课程能极大地集中学生的课堂注意力，提高学生的学习参与度，这对于提高语文教学质量、全面提高学生语文素养有很大的帮助，可以说，微课程对语文教育十分重要。因此，在新环境下，微课程在语文教育中有十分广阔的应用前景。

例如，在教学《苏州园林》一课时，教师要让学生了解苏州园林的设计特点："务必使游览者无论站在哪个点上，眼前总是一幅完美的图画。""但是很多学生甚至教师都没有去过苏州园林，无法对上述特征加以分析；而且课本上没有插图，满足不了教学的要求。那么巧妙借用《苏州园林》的微课程，就可以生动地向学生展示出亭台轩榭的布局、假山池沼的配合、花草树木的映衬、近景远景的层次、角落门窗的设计等，与视频图画相搭配，同步插入教师解说词，解说词运用文中的语句，融画文于一体。学生一边听着缓慢的配乐解说，一边欣赏各式各样的园林图画视频，研究它们的布局、色彩、搭配、雕刻等。由于强化了对园林景色的实体感受，又经过分析、解说等过程，学生终于体会到苏州园林画意美的特点，领略了设计者及工匠们的智慧和我国园林艺术的高超。"④

再如，利用微课程教学初中语文《白雪歌送武判官归京》一课时，教师要考虑到诗词的独特性，以及这节课的重难点在哪里，《白雪歌送武判官归京》为一

---

① 胡铁生，詹春青. 2012. 中小学优质"微课"资源开发的区域实践与启示. 中国教育信息化，（22）：65-69；詹春青，胡铁生. 2013. 中小学微课建设与应用发展研究. 软件导刊（教育技术），（11）：60-62；胡铁生. 2014. 微课建设的误区与发展建议. 教育信息技术，（5）：33-34，70.

② 胡铁生. 2014. 推进中小学微课的健康发展. 上海教育，（12）：5.

③ 中华人民共和国教育部. 2012. 义务教育语文课程标准（2011年版）. 北京：北京师范大学出版社，1.

④ 赵世波. 2014. 微课在初中语文课堂教学中的运用. 中国教育技术装备，（5）：47-48.

首送别诗，让学生在学习中了解诗人的情感表达是这节课的重点，又因为这节课是以微课程来开展的，因此在微课程的录制中，该诗的朗诵情感就显得尤为重要，让学生在短短的阅读中体会到该诗的精妙之处也就成了这节课的学习难点。教师在设计这节课的过程中，不宜在视频中展现太多内容，但内容必须精致，因此，朗读该诗与进行基本分析就必不可少。教师提前准备好上课需要的微课程视频，上课之前提前告知学生这节课需要掌握的内容与知识，另外通过播放视频，让学生自主寻找答案，进行主动学习，激发学生的学习积极性与兴趣，促进形成浓厚的课堂学习氛围。下面是对这节课进行的导学案的基本设计，其主要是为了使这节课能够顺利开展，是这节课能顺利进行的首要前提。

在《白雪歌送武判官归京》的学习中，学生需要学习的内容包括作者简介、作诗的背景以及诗人的情感把握，加上基础的词语练习，学生在学习视频时便需要注意视频中所涉及了哪些内容，并作出相应的解答，在微课视频播放的过程中，所涉及的内容将会被一一呈现，该微课视频所涉及的内容如下：首先在视频开始的时候，会进行本诗的情感朗读，配以相应的动画展示，使学生更易理解与想象本诗的画面与场景，朗读完本诗之后，所为学生呈现的便是本诗的作者简介与作诗的背景，让学生理解作者的情感表达基调，接下来便是对本诗的一个基本赏析。本节微课的设计大概在10分钟以内，既能充分抓住学生的眼球，也能对本节课有一个完全的介绍，这便是微课存在的价值之处，用最少的时间，来完成最高的效率。①

（二）慕课在语文教学中的应用

慕课的英文是MOOC，是massive open online course的缩写，中文意思是"大规模网络开放课程"②。慕课是一种网络课程形态。网络课程是指运用数字化技术和大型数据库，将教师讲授知识的视频、学习内容、在线测试题以及其他课程资源压缩并存储在互联网云端的数字课程，也称为数字化课程、云课程等。在移动"互联网+"技术支持下，教室在云端，学校在云端，课程与学习资源在云端，学生拥有的是数字课程、电子教材等网络学习资源，可以反复学习短小实用且极具个性化的课程视频或云课程。课程一旦数字化，就意味着真正的优质课程

① 孙东云. 2018. 微课在初中语文课堂中的应用研究——以《白雪歌送武判官归京》为例. 软件导刊（教育技术），(2)：37-39.
② 贺斌. 2014. 慕课：本质、现状及其展望. 江苏教育研究，(1)：3-7.

会脱颖而出，进而被无阻碍、无界限地共享，同时课程资源建设必然要面临优胜劣汰的残酷竞争，但在数字化课程的竞争中真正受益的无疑是学习者自身。[①]

1. 慕课国内外的相关研究

慕课的出现契合了当代教育发展国际化、信息化、个性化三大主题，针对大众人群，不受种族、国界、文化背景的限制，任何职业和年龄阶段的人都可以在线分享优秀的课程资源，并且学习者可以从实际需求出发，从海量的学习资源库中自由挑选课程，真正实现学习的个性化。慕课是最主要的网络化教育载体，它打破了教室的限制，翻越了院校的围墙，使知识成为对所有人开放的公共物品。2012年，美国 Udacity、Coursera、edX 相继成立，很快成为非常有影响力的慕课平台供应商。2013年5月21日，北京大学、清华大学在同一天加入 edX，在该平台上发布自己的慕课。国内高等院校迅速跟进，上海交通大学、复旦大学、同济大学等"985工程"学校，还有台湾大学和香港大学等都在同年陆续加入慕课三大平台之一。国内的慕课平台也陆续上线，如网易云课堂、清华大学的学堂在线、过来人公开课、好大学在线等，2014年，爱课程与网易联袂打造的"中国大学MOOC"平台正式上线。以微视频为主要形式的微课程也是发端于美国，经由可汗学院和 TED 的网络推广，迅速成为慕课环境下的基本学习单元。[②]

慕课的引入与本土化构建，丰富了在线教育资源。慕课平台构筑的网络课堂，其突出特性主要表现在以下三方面：一是开放性，体现为课程设置的开放性、学习门槛的开放性和教学师资的开放性；二是即时性，包括内容更新的即时性、学习活动的即时性、学习效果反馈的即时性以及交流互动的即时性；三是个性化，海量的课程资源以及零门槛让学习者可以根据需要选择课程，学习者可以根据自己的学习计划或者兴趣偏好决定学习的快慢、深度。[③]

2. 慕课在语文教学中的实施案例

传统的教学模式针对的是课堂教学，慕课改变了这样的教学模式。以慕课平台上的《沁园春·长沙》一课来看，这篇课文共两课时，每节课为15分钟左右，通过图表框架的结构让学生直观理解文本的大体脉络。

① 蔡宝来，张诗雅，杨伊. 2015. 慕课与翻转课堂：概念、基本特征及设计策略. 教育研究，（1）：82-90.

② 周雨青，万书玉. 2016. "互联网+"背景下的课堂教学——基于慕课、微课、翻转课堂的分析与思考. 中国教育信息化，（2）：10-12，39.

③ 周雨青，万书玉. 2016. "互联网+"背景下的课堂教学——基于慕课、微课、翻转课堂的分析与思考. 中国教育信息化，（2）：10-12，39.

学生课前学习课文中一些知识性的、框架性的内容，课上再对某些问题进行深入探讨，这很好地贯彻了新课程改革所提出的培养学生思维能力的理念。同时，"先学后教"首先对学生提出比较高的要求，即课前要充分内化教学内容，这是在课堂上开展研讨深层次问题的前提，而事实上每个学生的学习能力与动机各不相同，所以学习的结果各有差异，因此，教师要根据学生学习的情况做出教学计划和调整。①

慕课在应用于语文教学中时，将教学内容由课内向课外拓展，根据学生自身的学习情况，选择适合学生的学习内容，用更加生动形象、直观的方式去接触和了解拓展的语文知识。教师在课堂上的角色由教书匠向引导者和开发者转变，学生由聆听者向参与者转变，学生在学习的过程中不仅仅要接受教师传授的知识，更要在学习的过程中主动进行探索和创造。

（三）翻转课堂在语文教学中的应用

1. 翻转课堂相关研究

翻转课堂作为一种新的教学模式最初在美国兴起。最初，萨尔曼·可汗（Salman Khan）为了帮助在异地的侄女辅导数学，在网上放上一些练习以检查侄女的学习效果，但是之后越来越多学生的学习需要促使他制作了简短的教学视频，并放到网站上供大家一起学习，这就是翻转课堂教学模式的雏形。翻转课堂正式在学校实行是在2007年，美国林地高中的化学教师乔纳森·伯格曼（Jonathan Borgman）和亚伦·萨姆斯（Aaron Sahms）为了帮助那些因为路程太远而耽误了正常上课的学生补上落下的课程而录制了教学视频，后来他们意识到这种教学模式可能对学生复习和课堂教学有益，于是大胆地对传统课堂教学模式进行了改革，使翻转课堂教学模式首次出现在美国的课堂教学上。②在我国，2011年以来，重庆市聚奎中学校、江苏省昆山市培本实验小学、山东省昌乐第一中学等中小学纷纷参与到翻转课堂的实践之中。

国内对于翻转课堂走进中小学的课堂做了积极的尝试，很多专家学者对翻转课堂做出了概念界定。张金磊认为，在翻转课堂上，知识传递和知识内化两个过程颠倒，不同于传统课堂，翻转课堂上的知识传授是通过信息技术的辅助在课后

---

① 沈志斌，韦冬余. 2015. 论"慕课""翻转课堂"给中小学语文教学带来的影响. 中学语文教学参考，(18)：8-9.

② 胡亚青. 2015. 翻转课堂教学模式在小学语文阅读教学中的应用研究. 福建师范大学硕士学位论文，7.

完成的，而知识内化则是在课堂上经老师的帮助与同学的协助完成的，是一种改变传统教学中的师生角色并对课堂时间的使用进行重新规划的新型教学模式。[1] 钟晓流等在马秀麟等所给出的定义的基础上，提出翻转课堂就是在信息化环境中，课程教师提供微教学视频为主要形式的学习资源，学生在上课前完成对教学视频等学习资源的观看和学习，师生在课堂上一起完成作业答疑、协作探究和互动交流等活动的一种新型的教学模式（表4-3）。[2]

表4-3 语文翻转课堂与传统课堂差异性分析[3]

项目			传统课堂	翻转课堂
教师角色			以教为主	以导为主
教学顺序			先教后学，以学评教	以学定教，先学后教，教学相长
教学环节	课前	教师	熟悉教材；确定教学任务；课件制作；做好上课准备	熟悉学情、课情、教情：确定教学目标和课堂设计；制作微课：在平台上发布与课程相关的教学视频资料；做好学生家长的课前指导培训工作
		学生	熟悉教材；预习知识要点	明确教学任务并在指导下进行任务分解；熟悉课程内容，观看教学视频资料；在线检验学习结果；带着疑问上课
	课中	教师	讲授、提问、答疑	解决学生课前疑问；创造教学情境，深化课内知识；主导课堂研讨；提炼课程知识精华；一对一答疑
		学生	听课、研讨、答题	明确疑问、交流研讨、巩固理解
	课后	教师	布置作业	发布作业；网络在线指导；平台交流；批改作业；总结反思
		学生	复习、巩固	在线研讨、交流，完成作业，及时在平台上反馈学习效果
教学支持			教室、教学用具和实验场所等教学辅助设备设施	社会开放性网络教学平台：校园网络学习空间；教师微课、慕课等教学资源和视频资料的制作与运用；学生家庭网络学习工具设备的支持等

2. 翻转课堂在语文教学中的实施案例

翻转课堂让学生通过学习材料和网站在课前完成自学，课上通过角色扮演将课文中描写的故事场景进行真实还原，一方面可以使学生在排演时深入理解人物性格，理清故事发生的来龙去脉及背后深意；另一方面也可以考查学生的临场反应能力、判断力和逻辑思维能力。学生需要在理解、掌握全文知识内容的基础上

---

[1] 张金磊. 2013. "翻转课堂"教学模式的关键因素探析. 中国远程教育，（10）：59-64.

[2] 钟晓流，宋述强，焦丽珍. 2013. 信息化环境中基于翻转课堂理念的教学设计研究. 开放教育研究，（1）：58-64.

[3] 李伟. 2016. 翻转课堂模式下语文课堂教学设计与教师角色转变——以《鸿门宴》课案为例. 中小学教师培训，（2）：60-64.

认真揣摩课文中涉及的多个人物的心理状态，了解他们在当时情境下所做所言的动机和原因，并适时做出符合人物性格和历史背景的改编行为。

目前有很多教师开始做翻转课堂的教学尝试，翻转课堂让学生成为学习的主体，学生可以根据自身的问题及其对知识掌握的程度，任意选择自己喜欢的方式和节奏来进行课前的学习、思考和研读，在自主学习的氛围中进行发现和创造。同时，教师也能够在翻转课堂的模式中更好地进行因材施教，检测学生课前自主学习的效果，把握学生准备工作的缺陷和不足，针对每个学生出现的问题进行适时的指导和知识补充。

接下来，我们以《南宁的冬天》为例做进一步的说明。从教学视频实录《南宁的冬天》中可以总结出翻转课堂的特征。首先，在课前预习阶段，学生通过观看教师提供的《寻冬之旅》微视频和习作要求进行自学。上课伊始，教师在投影上出示问题以检查学生的自学情况。由此可以看出，学生课前的学习状况有利于学生后续的课堂参与。其次，整个课堂是借助多媒体进行的，并且每个学生面前都是一台平板电脑，与教室前面投影的画面一致，学生的电脑上可以根据课文内容出示相关内容，方便学生写作，作文也会直接呈现在教师的电脑屏幕上，如图4-3所示。[①]

图4-3 《南宁的冬天》教学视频截图

在翻转课堂模式下，学生在课前收集资料、查阅相关信息，对课文有比较透彻的把握，教师在进行课前提问和作文展示时，学生的积极性就会被调动起来，同时，教师在课堂上可以通过教学技术了解学生的参与度情况，把握学生的学习状态，针对学生的反馈结果调整上课进度和内容。

（四）电子书包与语文教学的结合

在课堂教学过程中，教师可以利用电子书包展示电子课本，用多彩的动图激发学生的阅读兴趣；也可以利用电子书包创设学习情境，启迪学生积极思考，丰

---

① yasy51.（2016-03-24）.翻转课堂案例——小学语文课《南宁的冬天》. https://play.tudou.com/v_show/id_XMTUwOTcxMDY1Mg==.html.[2023-08-10].

富学生的想象力，提高学生的感悟能力；同时还可以利用电子书包优化教学环节，活跃课堂氛围，提高学生的实践运用能力。例如，小学生对游戏式教学法很感兴趣，也愿意参与到"游戏任务"中来，愿意在"游戏任务"中完成对知识的学习。随着电子书包在课堂教学中的普及，小学语文字词、文学常识、教学评价等知识均可以由教师借助电子书包这一资源平台进行游戏式教学，教师可以利用电子书包和多媒体平台进行资源的有机整合，为学生设置科学合理、形式多样、趣味生动、层次分明的小游戏，让学生参与到对知识的理解和感悟过程中来，通过过程体验使学生轻松解决学习过程中的疑难问题，并能够进行有效运用。

　　当前的语文教学实践中，很多学校已经走在了改革的前沿，尝试运用电子书包与语文课堂相融合的方式来进行语文课堂的教学实践活动。我们在调研中发现，东北师范大学中信实验学校就做了一系列尝试。下文以东北师范大学中信实验学校《疯狂动物城》教学设计为例，来说明电子书包如何与低年级语文学习重点——识字写字相互融合与促进，以激发学生的兴趣。

　　在《疯狂动物城》一课的教学中，其中一个环节如图4-4和图4-5所示，要求学生会写"兔"字，掌握"老"字的笔顺，认识"狮、狐狸、鼠、骆驼、虎、鹿、熊猫、蛇"11个生字，这属于知识与技能方面的目标。在后续的教学过程中，教师要求学生遵循构字规律，在情境中认识汉字（图4-6）。在整个教学设计中，如何发挥电子书包的作用，将电子书包与识字写字结合起来是教师的主要关注点。

图4-4 《疯狂动物城》电子书包指导写字环节

图4-5 《疯狂动物城》课程片段视频截图

图4-6 《疯狂动物城》电子书包生字检测环节

利用电子书包的学习优势，该课创设了在疯狂动物城中，学生和兔子警察一起帮助梅花鹿找珍珠项链的探案情境，设计了3条破案线索，通过图片、音频、动画让小动物动起来，学生更愿意学、更主动学。自主识字环节，学生以闯关的形式自学生字，获取案发地的线索；指导学生写字环节，学生帮助兔子警察写一张名片；口语交际训练环节，通过"我来说你来猜"的游戏，教师指导学生描述大熊猫的样子，获取嫌疑人的线索；生字检测环节，学生做连线题，巩固所学知识，获得案件视频资料的线索，梅花鹿和熊猫有一条一样的项链，原来这是一场美丽的误会。4个学习环节与获取案件线索联系在一起，环环紧扣，激发了学生的学习兴趣，满足了一年级学生探奇的心理，充分调动起学生的求知欲。学生在玩中学，在学中玩，整个课堂充满活力。

2011年版语文课程标准指出，学生是学习的主体。[1]学生利用电子书包自主学习生字环节，打破了以往教师教、学生学的传统教学模式，尊重学生的自主权，对于8只动物的名字，学生可以根据自己的兴趣，自由选择学习的顺序。

电子书包提供了图文声像并茂的学习资源，以《对联》一课为例，学生学习循序渐进，由浅入深地完成对对联的任务，新的学习方式能让学生做到学以致用，图的设置能进一步激发学生探究对联的兴趣，发展学生的个性，激发他们的想象力与创造力，提高其对对联的技巧和能力。另外，不同层次学生的接受能力不同，一致的教学内容不能给学生提供个性化教学。电子书包提供的分层学习任务，满足了不同学生的需求，增大了课容量，学生根据自身情况，有目的地选择要完成的任务，这样可以使每位学生都能在课堂上施展自己的才能，真正达到智慧学习的教学目标。[2]

第五节　教学评价：开放多元，注重过程

教学评价是学校教育教学活动的重要环节，它是依据一定的教学目标和标准，采用定量与定性相结合的方法，对教与学的效果进行的价值判断，以确定教学目标的达成度，是对"什么样的教学是好的教学"的判定。教学过程是一个复杂的过程，涵盖的因素非常多，由此教学评价涉及的范围也很广。一般而

---

① 中华人民共和国教育部. 2012. 义务教育语文课程标准（2011年版）. 北京：北京师范大学出版社，2.
② 吕靖，陈明，郝晨希，等. 2014. 电子书包环境下的好课创设——初中语文《对联》教学设计. 中国信息技术教育，（13）：60-62.

言，教学过程是由教师教的活动和学生学的活动构成的，教学评价应该包括对教师的教（如教师的教学表现、课堂教学质量等）和学生的学（如学生的学业成绩等）两方面的评价。随着课堂中学生主体地位的凸显，教学评价也强调学生的学习效果和学习发展，开展自评与他评相结合。从教学过程组成环节来看，教学评价既包括对教学设计的评价，也包括对教学过程的评价，还包括对教学效果的评价，贯穿于整个教学过程中，并且评价是动态的、非线性的多维评价，对教学发挥着导向、诊断、反馈、改进、激励和管理等作用，对教学质量起着重要的保障作用。①

2011年之后，为延续新课改对教育评价体系的改革，国家出台了一系列政策文件以指导评价实践改革。2014年，《国务院关于深化考试招生制度改革的实施意见》提出，"建立规范的学生综合素质档案，客观记录学生成长过程中的突出表现，注重社会责任感、创新精神和实践能力，主要包括学生思想品德、学业水平、身心健康、兴趣特长、社会实践等内容"。在高考改革之际，该意见提出建立学生综合素质档案，不仅针对学生的学业成绩进行评价，更多的是关注学生的全面发展。2017年9月，中共中央办公厅、国务院办公厅印发了《关于深化教育体制机制改革的意见》，"强调要建立以学生发展为本的新型教学关系。改进教学方式和学习方式，变革教学组织形式，创新教学手段，改革学生评价方式"。课堂评价的转型表现为从关注教师到关注学生，以学生为主体。

一、强调学生的主体性和发展性，开展自评与他评相结合

我国传统的课堂教学评价观在很大程度上是以教师自身的经验为基础的，没有系统的、专业化的理论知识为指导，甚至生硬地套用外国理论。很多教师缺乏心理学、教育学、教育科研方法等专业理论知识，也谈不上对已有的教学评价理论做研究，仅仅是以自身的教学经验和对观课、评课的感性认识为评价依据。导致对教学评价的作用和功能认识不足。在传统的评价观念里，课堂教学评价的主体是教师，看一堂课成功与否，主要是看教师的表现，忽视了学生在课堂上的收获和表现，没有以学生为主体。21世纪以来，学生核心素养成为当前世界各国教育领域关注的热点话题，受到联合国教科文组织、OECD、欧盟等国际组织的高度关注。同时，我国专家学者对"核心素养"开始进行研究，制定了我国学生

---

① 朱丽. 2018. 从"选拔为先"到"素养为重"：中国教学评价改革40年. 全球教育展望，（8）：37-47.

发展核心素养体系，对学生发展核心素养的内涵、表现、落实途径等做了详细阐释。核心素养可被看作对素质教育的深化，其更加详细地提出了"培养什么样的人"的要求，因此教学评价也应该具有导向作用，做出相应的变革。从我国新一轮高考改革来看，除了学生学业外，这次改革同样关注学生素养。《教育部关于加强和改进普通高中学生综合素质评价的意见》对综合素质评价做了明确的界定："综合素质评价是对学生全面发展状况的观察、记录、分析，是发现和培育学生良好个性的重要手段，是深入推进素质教育的一项重要制度。全面实施综合素质评价，有利于促进学生认识自我、规划人生，积极主动地发展；有利于促进学校把握学生成长规律，切实转变人才培养模式；有利于促进评价方式改革，转变以考试成绩为唯一标准评价学生的做法，为高校招生录取提供重要参考。"

综合素质评价内容分为思想品德、学业水平、身心健康、艺术素养和社会实践5个方面，包括写实记录、整理遴选、公示审核、形成档案、材料使用5个程序，注重考查学生的行为表现，特别是通过学生在有关活动中的具体表现来反映其全面发展情况和个性特长。通过实施综合素质评价，引导学生全面综合发展。①

（一）语文教学评价更关注学生的主体性和发展性

学生的主体性是指学生成为课堂的主人，发挥他们的主观能动性，在课堂中展现自我；同时在每一堂课或者评价活动中，教师对学生进行引导，促进学生的成长与发展，在学生暂时达不到规定水平的情况下给予学生一定的时间去改进，要善于运用等待的艺术。在等待的过程中，要凸显和引导学生的主体性，让学生的长处得以发挥，增强他们的自信心，提升他们学习的欲望，进而使其朝目标努力前进。

以教为中心的课堂教学评价观是传统课堂教学下的产物，是我国长期学习苏联"一堂好课"的教学评价模式的结果，强调教师以及教师的教在课堂教学中处于绝对主体地位，重视教师教学能力的发挥和教学效果的显现。以教为中心的课堂教学评价，就是以教师在课堂内的教学活动及相关反应为对象，按照指标体系对教师的授课能力、水平和效益进行价值判断，从而为教师本人改进工作、为管理部门决策提供依据的过程。在以教为中心的课堂教学评价观的引导下，课堂教学评价的定位局限于对教师教的行为的评价这一方面，但是长久下去容易使评价

---

① 朱丽. 2018. 从"选拔为先"到"素养为重"：中国教学评价改革40年. 全球教育展望，（8）：37-47.

成为评价学生获得知识多寡、提高成绩和分等划级，以及教师绩效考核、职称升迁、获得名誉的工具，导致重教师教的结果而轻学生学的意义，重教师的知识权威而忽视学生的主体价值。为了探寻课堂教学评价的发展性价值和教育性意义，以教为中心的课堂教学评价观逐渐转变为教学并举的课堂教学评价观。教学并举的课堂教学评价是对课堂教学这一价值事实进行评价，即评价参与课堂教学的教师与学生所从事的一节课的教学活动满足价值主体需要的程度及状况。[①]这样的评价更加注重学生的主体性和发展性，将关注点转移到学生的学习活动和学习效果上，针对效果的评价更能够客观地阐述教师教学中的不足和有待改进之处，也有利于学生自身的发展。

伴随新课改的持续改革和推进，价值理性引领下的负载发展价值的课堂教学评价功能定位得到发展并逐渐成为主流。传统的课堂教学评价过分强调评价的甄别与选拔功能，忽视改进与教育功能；只重视结果性评价，忽视过程性评价；单一追求数量化和形式化，忽视课堂教学评价的质量和内涵等。针对我国目前课堂教学评价中存在的问题，新的课堂教学评价观提出了发展性课堂教学评价理念，该理念是当前新课程评价研究领域中最新理念的体现。发展性课堂教学评价承认学生的个体差异，重视学生的个性发展，相信学生的判断能力，承认学生在课堂教学中的独立价值，尊重学生各方面的发展需求，尽管偶尔也会使用一些必要的奖惩手段，但它的本质特征是发展的而非奖惩的。多元智力理论承认学生的差异和发展的不平衡性，因而发展性评价就要求人们关注评价的激励、导向和发展功能，关注学生的语文综合素养和个体差异，发现并发展学生各个方面的潜能，宽容对待每一个学生，把每个学生当作个性鲜明的个体来看待，尊重学生的差异；了解学生在语文学习中的发展需要，帮助学生树立信心、认识自我，全面考查学生的语文素养，促进学生知识和技能、过程与方法以及情感态度和价值观等方面的形成与发展。

（二）学生自评、他评相结合

课堂评价应当是学生的自评、他评和多渠道评价的结合。自评是指向外部的，自我意识与外界评价之间的关系是相互依存、相互作用、相互促进的。实施鼓励性评价能使学习差的学生正确认识和评价自己，形成积极的自我评价，进而为争取新的成功提供源源不断的内动力。他评是针对不同水平的学生实施

---

① 刘志军，徐彬. 2018. 我国课堂教学评价研究40年：回顾与展望. 课程·教材·教法，（7）：12-20.

分层评价。以往教师在衡量所有的学生时使用统一的标准，注重横向比较，使一些后进生一直处于落后状态，不利于他们进步，也会影响其积极性的发挥。教师应改进评价方法，实施分层评价，对不同水平的学生制定不同的学习目标，使每个学生在自己的能力范围内争取获得好的成绩。教师在评价时要采取纵向比较与横向比较相结合的方法。①长期以来，一直由教师充当评价学生的唯一人选，这既增加了教师的工作量，又使教学的评价、反馈环节无法发挥重要作用，因此，应鼓励采用多渠道评价，如师生的相互评价、学生集体的相互评价、学生个体的自我评价等。例如，笔者在作文批改中增加了学生自改、学生互批等形式，既使写作者受到一次严格的审核，又使批改者通过学习批评他人作文受到一次读、写的训练，并借此机会与自己的作文进行对照，分出优劣，达到取长补短的效果。

图4-7为《红楼梦》的小读者记录自己在阅读过程中摘抄的好词佳句、概括的主要内容，并写出了自己对主人公的印象和感受。我们可以看出，这名学生笔迹干净整洁，并写满了整张记录单。仔细品味他的读书记录，可以看出在内容概括上，该生的概括并不完整，在对主人公印象上也大多是摘抄了原著中的一些词语，这与学生的知识水平有关；在最后的学习感受里，小读者对林黛玉的命运发出了自己的感慨，并表达了自己的美好期许。这一系列都能说明尽管该生认知水平有限，但是他的学习态度非常认真，在自评中，他也给了自己同样的评价语，这说明他对自己有清楚、客观的认识。自我反思能力在一个人的成长过程中的重要性不言而喻，只有不断地反思，才能有成长和进步，这名学生同时也对自己的作业进行了反思，争取下一次做得更好。

图4-7 学生读书笔记示例

① 纪冬梅. 2018. 新课程标准下的语文教学评价. 文学教育（下），（12）：42-43.

　　图4-8向我们展示的是同学之间互评的学习方式，有3名学生对W同学的读书报告单进行了评价，3名学生非常认真，分别从不同的角度对自己同伴的读书报告单进行了评价，并全部为正面评价。事实上，与老师或家长的评价相比，学生更乐于得到同伴的表扬或是接受同伴提出的意见，这会对他们产生更大的鼓舞作用。给出该生评价的3名学生在阅读该同学的读书报告单时，也一定是经过了认真阅读和独立思考，总结出该同学所写内容的优点和不足之处，从而得出最终的评价语的。通过这个过程，评价的同学既能学习他人的长处，又在无形中培养了自己观察和总结能力，也可以说是收获满满。同学之间自评反映了师生平等，师生相互作用，使教学发挥出最好的效果，达到了课堂教学的理想状态。如今，广大一线教师已经对此有了越来越清晰的认识，课堂评价不再仅仅是以教师为主导，学生间的评价也成为教学评价的一种重要形式。

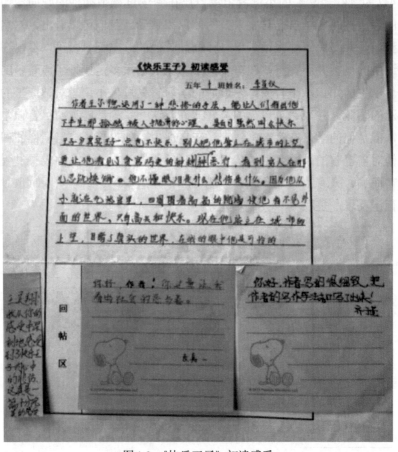

图4-8　《快乐王子》初读感受

在我们搜集的教学实录中，同样有学生互评的精彩瞬间，如下面的《船长》一课。下面这一片段之前的学习任务是学生自主完成学习卡片，对哈尔威船长的心理状态进行补白，经过独立填写后，在小组内讨论，完善自己的卡片，接下来，教师组织学生进行了全班交流。

师：好了，时间到了，我们来一起交流一下。刚才老师在巡视的过程中发现，有许多同学都补白得非常好，小组交流之后使自己的卡片更完善了，那谁能把自己的卡片分享一下，说说你是如何补白的？我要多叫几个没有举过手的。好，你来。

生：哈尔威船长把枪拿了起来，高举到头顶，并放了一颗子弹，严肃地说："哪个男人胆敢走在女人前面，我就打死他！"

师：你们认不认同他说的？他说得好不好，谁愿意评价一下？好，你来。

生：他（说得）很切合实际，就是在以前每个船长都会配一把枪，有的时候船员就会很乱，船长就会把枪高举头顶，放一颗子弹，使他们安静下来；然后他还用了"严肃"这个词，关注到了细节。

师：也是关注到了神态对不对，评价得非常好，太棒了，还有吗？

生：哈尔威船长走向那些男人，严肃地说："哪个男人胆敢走在女人前面，我就打死他！"

师：你关注他的动作，还有他指向的对象，很好，还有补充的吗？

生：哈尔威船长严肃而又沉着地站在指挥台上，用手指着人们，心想：如果救不出船上的人们，我就不是一个负责的好船长。于是他说："哪个男人胆敢走在女人前面，我就打死他！"

师：你们觉得补白得好不好？

生：好。

师：好在哪？谁来说说？

生：我来评价一下ZH的发言，我想ZH的发言好是好在他把哈尔威船长心里所想的和他的神情都加在里面了。

师：这样你在他的补白之后，脑海里就会浮现出船长那种舍己为人、忠于职守、沉着冷静的形象是不是！谁还说？

生：哈尔威船长右手指着那些男人，左手又指妇女说的那句话。

生：我发现书里下面有一句话，是一个相同的背景，就别再用这个说了

（与上面所说重复了）。

师：那你接受他对你的意见吗？

生：接受。

（《船长》课堂教学实录选摘）

在上面的教学片段中，教师每次建议大家对其他同学的发言进行评价时，学生都非常踊跃地举手，积极表达自己的想法。教师的这一做法充分调动了学生学习的积极性。小学生正处在争强好胜、乐于表现自己的年龄段，当在课堂上对其他同学的表现进行评价的发言权也能够属于他们的时候，这更能吸引他们跟紧教学节奏。另外，通过评价给予学生更多说的机会，可以直接发展他们的语言表达能力，正如上面教学片段中发言的3位学生，他们都努力地在这个过程中组织好语言，使自己的观点被认可。最后，多主体的评价也会为课堂增光添彩，使语文教学充满活力，更具魅力。

也有教师发现，学生在语文课上更希望得到其他同学的评价。例如，2014年，有教师曾专门做过一项关于学生之间评价的调查。该老师选择了C市某小学中3个班级的135名学生进行了问卷调查与访谈，经过对问卷调查的结果进行统计分析发现，有118名小学生在语文课上希望得到同学给出的课堂评价语，占总数的87.4%，这些学生对同学之间相互评价的方式很是接纳和认可。他们认为同学之间互相评价既可以将自己的优点展现给大家，受到同学的重视，又可以让同学帮助自己指出错误，有助于提高自己的学习成绩。其中，也有16名学生不愿意在课堂上采用互评的方式：一方面，他们担心小伙伴看见自己的缺点，会影响自己的威信；另一方面，还有同学认为同龄人的评价没有老师的评价权威，不愿意采纳同学的意见。表4-4和表4-5为此次调查的结果。

表 4-4　学生希望得到同学之间的课堂评价语的情况[①]

类别	人数（人）	百分比（%）	有效百分比（%）	累积百分比（%）
希望	118	87.4	87.4	87.4
不希望	16	11.9	11.9	99.3
既希望又不希望	1	0.7	0.7	100.0
总计	135	100.0	100.0	

---

① 刘丽书. 2014. 小学语文课堂评价语的现状调查及其策略研究——基于A校的个案分析. 东北师范大学硕士学位论文, 59.

表4-5　学生喜欢对同学使用课堂评价语的交叉程度表[①]

类别		学生喜欢对同学使用课堂评价语的程度				总计
		不喜欢	一般喜欢	很喜欢	非常喜欢	
三年级	人数（人）	18	15	8	6	47
	占比（%）	38.3	31.9	17.0	12.8	100.0
四年级	人数（人）	13	13	13	9	48
	占比（%）	27.1	27.1	27.1	18.8	100.0
五年级	人数（人）	8	15	10	7	40
	占比（%）	20.0	37.5	25.0	17.5	100.0
总计	人数（人）	39	43	31	22	135
	占比（%）	28.9	31.9	23.0	16.3	100.0

由表4-5可以看出，不喜欢在语文课堂上对同学进行评价的学生人数随着年级的升高而逐渐减少，占比呈逐渐降低的趋势。大多数学生喜欢在语文课堂上评价同学，针对同学的课堂表现和回答情况等发表自己的观点，给出意见和建议。[②]因此，在教学过程中，以学生为主体的评价是有必要的。

二、评价更为精准，评价的效果追求学生的知识与能力的发展

（一）教师评价语言更为精准，多以肯定语言为主

评价的精准性首先体现在教师评价语言方面。我们选取部分统计数据做具体说明。

从表4-6中可以看出，目前教师的评价语言更加丰富，同时评价的内容更有针对性，也更为精准。有少数教师会通过一些相对缺乏针对性和个性的正面课堂评价语来反馈学生的答案，从而帮助学生加强对知识的学习，调动他们的学习积极性，如《绝句》中的"嗯，非常好""哎哟，你可真棒""真棒"，又如《爬山虎的脚》中的"没错""对呀""真棒"等，这种评价语是比较容易操作的。有更多的老师会针对学生在回答问题中究竟哪里有可取之处进行评价，如《爷爷一定有办法》一课中，老师对学生的表扬为："这么长的一句话，他说得这么清楚，

---

① 刘丽书. 2014. 小学语文课堂评价语的现状调查及其策略研究——基于A校的个案分析. 东北师范大学硕士学位论文，60.

② 刘丽书. 2014. 小学语文课堂评价语的现状调查及其策略研究——基于A校的个案分析. 东北师范大学硕士学位论文，60.

真棒""咱们班同学真了不起，不仅要让我知道能改成什么，还得让我明白应该怎么做才能成功"；还有《春望》一课中，学生朗读古诗节奏鲜明，停顿恰到好处，老师表扬道："刚才他在读的时候，老师觉得他的停顿读得特别好。"更有一些老师使用的评价语妙语连珠，不仅会对学生的学习方式产生指导作用，对全班学生的学习也会起到辐射作用，如《最后一片银杏树叶》一课中，学生在复习生字读音时，忘记了一个字的字音，但他马上看了看书中的词语，准确地认读了这个生字，教师对他评价道："同学们知道他怎么会的吗，他不认识这个字，但是他迅速到词语里面去找，结合词语回忆生字的读音，这是一个好的学习方法。"又如《秋天的怀念》一课的教学中，教师与学生一起探究作者双腿残疾之后的心情，有一名学生表达了自己的想法，根据作者与妈妈的对话感受到了作者当时的绝望和愤怒，回答过程条理清晰，完整流畅。教师说："表扬他！他能根据人物对话的提示语揣摩人物的心情，还能联系上下文，这个方法不错。"这种评价语不仅鼓励了回答问题的学生，也向全班同学推广了一种有效的学习方法，说明教师不仅仅关注学生的学习结果，而且将注意力放在了全体学生的学习过程上。这种情况下，教师需要对学生的认知情况有深刻的理解。还有教师会利用评价语对教学中的某个问题进行归纳和总结，起到提炼主题的作用，为下一个教学环节做铺垫，如《风》一课的教学中，教师让学生猜测作者使用的写作手法，在几名学生回答后，教师进行了总结性评价："好，请坐。有的同学说风代表一种苦难，对吧，有的同学说风表示作者在借景抒情。其实，这里的风是一种象征手法。"在《欢乐颂》一课中，学生用不同的形式表达自己的欢乐之情，教师随即说道："他唱得好，他读得好，你看这就是不同的演绎形式的魅力所在。"

表 4-6　《绝句》一课中教师评价语使用情况统计示例

教师的问题	学生的回答	教师评价语
你有哪些好办法记住"绝"这个字？	我是用加一加的方法，绞丝旁加个色就念绝	这个办法不错，用了加一加的方法
你有哪些好办法记住"绝"这个字？	我有一个问题，我想知道"绝"是不是一个会意字	老师表扬你，总能提出很好的问题。你再仔细观察观察，是这样吗？
那这个"绝"是一个形声字还是会意字？	会意字	嗯，非常好，这个是一个会意字
谁能试试读这首诗？	朗读《绝句》	读得挺好的，有一个字读得不够准确
大家一起再读一遍"泊"	读"泊"	他的声音还是很洪亮的，有同学想给他纠正读音，应该是圆唇音
齐读《绝句》	全班齐读	你们的声音如果再洪亮一点就更好了，我们再来试一试

　　另外，我们还可以看到，在我们统计的20节课例中，教师所用的否定性评价语较少，即使少部分学生对其他同学的回答提出了异议，教师也能在诊断的同时指出问题或给出建议，针对学生的个人情况进行反馈和评价，帮助学生及时意识到自己的错误，进行调整和完善。例如，在《爬山虎的脚》一课的教学中，学生在回答时有些紧张，语速稍快，没有表述清楚自己的想法，教师马上说："哎，慢一些，你就回答得更清晰了，好孩子。"当学生的朗读感情不够时，教师则对学生在朗读上出现的问题进行细致的指导："读的时候，几个动词都是一个调值，感觉不到在动，没有感情。"在《白鹅》一课的教学中，学生在课前介绍自己通过预习所了解到的作者信息，一个学生仅仅说出了丰子恺的主要头衔，不够全面，这时教师说："我发现他有一个特长，擅长找一个作家的头衔还有荣誉。其实我们在寻找一些作家的踪迹的时候，不仅要看他的头衔，还要看他的作品、他的风格，因为是这些作品和风格才给他带来了这些头衔，知道了吗？"

　　总之，我们可以看出，在我们统计的数据里，几乎没有出现有消极作用或零作用的评价。这说明目前的教师评价不再是模棱两可的，而是非常具体、准确的，教师能够面对不同学生的不同问题，如哪些地方是需要肯定的、哪些地方是需要更正的，详细结合学生的回答和课堂表现给出评价。

　　此外，我们也对教师教学实践中使用的评价语的性质做了统计，结果发现，教师的评价以表扬、鼓励为主，会针对学生的表现给出不同程度的赞赏，如"挺好""厉害""很厉害""给掌声"。我们选取了部分统计数据，以小学教师评价语言为例来说明教师评价语言的使用情况，详见表4-7。

表 4-7　小学语文教师评价模式统计表

序号	年份	课文题目	年级	评价模式及次数（次）	
				肯定	否定
1	2015	《最后一片银杏树叶》	二年级	7	1
2	2015	《绝句》	二年级	15	0
3	2014	《爷爷一定有办法》	三年级	12	0
4	2017	《神笔马良》	三年级	9	1
5	2017	《爬山虎的脚》	四年级	24	2
6	2016	《牧场之国》	四年级	18	0
7	2015	《白鹅》	五年级	15	0
8	2015	《春望》	五年级	6	0
9	2015	《匆匆》	五年级	3	0
10	2015	《风》	五年级	8	3

续表

序号	年份	课文题目	年级	评价模式及次数（次）	
				肯定	否定
11	2015	《琥珀》	五年级	5	0
12	2016	《欢乐颂》	五年级	6	0
13	2015	《黄昏》	五年级	5	1
14	2015	《西门豹》	五年级	2	0
15	2016	《天上的街市》	五年级	3	0
16	2016	《秋天的怀念》	五年级	11	1
17	2016	《从军行》	五年级	7	0
18	2017	《舌尖上的美食》	六年级	8	0
19	2012	《小英雄的故事》	六年级	5	1

由表4-7可知，在19节课上教师所使用的179条评价语中，肯定性质的评价共计169条，占94.4%；否定性质的评价共计10条，占5.6%。由此可以看出，这一时期教师的评价大多为具体评价，教师能根据学生的表现有针对性地进行评价。使用评价语的目的以激励为主，其次是引导和诊断，以管理为目的的评价最少。学生的学习态度大多是在小学阶段形成的，这直接影响着学生最终的学业结果。要想使学生产生认真学习的动机和倾向，就需要他人的认可和鼓励。对于小学生来说，他们对教师有着一种特别的尊敬和依恋感，教师在他们心里有着别人比不了的绝对权威地位，他们会无条件地信服教师的话，哪怕是教师对他们小小的一点进步给予肯定，都可以大大地激发学生学习的积极性。因此，教师必须艺术性地启发学生，使这种评价产生激励作用，使学生兴致盎然地投入到学习中，让学生在学习中获得成功，享受成功的喜悦。现在，教师大多能意识到这一点，在对学生进行评价时采取正面评价的方式，相信通过教师的表扬和鼓励，学生会有不同程度的收获。

（二）通过评价强化学生知识与能力的发展

由于语文是工具性和人文性的统一，所以语文教学承载着教授知识、培养能力、塑造健康人格的重任。语文人格教育是语文教师在语文教学活动中有意识、有计划地结合知识传授、语文能力培养，对学生实施人格教育的活动。人是理性、情感和意志的统一体，一个人具有了真、善、美的判断能力，也就具有了形成健康的人格品质的基本条件。评价一堂语文课是否成功、是否有效，不能单从认知角度去评价，还需要从道德教化和审美体验的角度去评价。从语文本质上讲，学生在情感、态度、价值观、行为习惯等方面的学习与发展，比认知方面的学习与发展意义更为重要。语文学科与其他学科相比有着得天独厚的育人因素，语文教材中有着丰富的认知材料，涉及各个方面，要把这些素材充分挖掘出来，就需要在教师的指导下，运用阅读、理解、分析、审美等语文技能来实现。这其实也是在培养学生自主学习、独立思考、善于创新的能力。

我们通过对一线教师的课堂进行观察发现，教师对学生的评价涉及学生知识和能力两方面的发展，表4-8展示了我们所整理案例中的部分数据。

表 4-8　教师评价维度统计表

序号	年份	课文题目	年级	教师评价	
				知识	能力
1	2015	《绝句》	二年级	✓	✓
2	2015	《最后一片银杏树叶》	二年级	✓	✓
3	2014	《爷爷一定有办法》	三年级	✓	✓
4	2017	《神笔马良》	三年级	✓	✓
5	2017	《爬山虎的脚》	四年级	✓	✓
6	2016	《牧场之国》	四年级	✓	✓
7	2015	《白鹅》	五年级	✓	✓
8	2015	《春望》	五年级	✓	✓
9	2015	《匆匆》	五年级	✓	✓
10	2015	《风》	五年级	✓	✓
11	2015	《琥珀》	五年级	✓	✓
12	2016	《欢乐颂》	五年级	✓	✓
13	2015	《黄昏》	五年级	✓	✓
14	2015	《西门豹》	五年级	✓	✓
15	2016	《天上的街市》	五年级	✓	✓
16	2016	《秋天的怀念》	五年级	✓	✓
17	2017	《临死前的严监生》	五年级	✓	✓
18	2016	《从军行》	五年级	✓	✓
19	2017	《舌尖上的美食》	六年级	✓	✓
20	2012	《小英雄的故事》	六年级	✓	✓

从表4-8中可以看出，我们所统计的教学案例中，每位教师在对学生进行评价时都会考虑知识与能力两者的均衡，如下面的《秋天的怀念》一课中的片段。

师：很多同学自己在家都查了。什么叫"仿膳"呢？

生1：老师我觉得那个仿应该是模仿的意思，那个膳就是皇帝以前不都是用膳吗？可能是模仿皇帝吃什么，他就吃什么。

师：请坐，这是他的猜想。很好，敢大胆猜想。

生2：我为他补充。仿膳的意思就是原先为皇帝做饭的御厨，做出来的菜叫作御膳。然后清朝皇帝被打败以后，这些御膳就流落民间。然后他们自己开的饭馆做出来的菜叫作仿膳。

师：没错，给他点儿掌声。老师想问问你，你怎么知道这么多啊？

生2：老师，一开始我在预习的时候也是不明白这个词的意思，后来我在网上查了一下。

师：真好，你看这叫什么啊？一种学习的能力。当发现问题的时候，自己能找到解决问题的方法。

这一片段介绍是教师和学生共同探讨对"仿膳"一词的理解，第一名学生结合字面意思说出了自己的猜想，并且有理有据，老师马上表扬了他勇于猜想的精神。第二名学生在家进行了充分的预习，得知仿膳所代表的正确含义，教师首先针对他的答案给出了诊断性评价："没错，给他点儿掌声。"随后便问道该生是怎么知道的，这名学生表示自己是通过上网查阅资料得知的，教师马上对他这种发现问题后能自己解决问题的能力提出了表扬。

教师在进行评价的过程中，要进一步强调学生对知识与能力掌握的情况，用较为详细的指标进行判断和说明，这样就能对一节课中学生的参与度和收获情况有更为直观的表述，教师和学生也能根据教学评价中对于各个指标的评判进行改进，使得下一次上课取得更加完美的效果。

三、注重评价的过程，动态、非线性的多维评价体系

传统语文教学评价存在单一性。新课改前，语文教学评价只有一种形式，就是用语文基础、阅读、作文组合成的一张张试卷来考查学生。教学评价表现出单一性、静止性、绝对性特征，这束缚了语文教师的创造性教学和学生的创新性思维。语文学习具有情感体验和感悟的特点，因此，量化和客观化不能成为语文课程评价的主要手段。语文评价要突出语文课程的整体性和综合性，从知识与能力、过程与方法、情感态度与价值观等几方面进行评价，所以，通过语文教学过程性评价来体现以人为本的思想，关注个体的处境和需要，尊重和体现个体的差

异，激发个体的主体精神，以促使每个个体最大可能地实现其自身价值，已成为小学新课程实践语文教学评价的必然要求。过程性评价是21世纪以来逐步形成的一种评价范式。随着新课改的不断推进，过程性评价已成为新课改中一项重要的改革内容。过程性评价的"过程"是相对于"结果"而言的，具有导向性，过程性评价策略不是只关注过程而不关注结果的评价，更不是单纯地观察学生的表现。过程性评价是一种在课程实施的过程中对学生的学习进行评价的方式。过程性评价采取目标与过程并重的价值取向，对学习的动机效果、过程以及与学习密切相关的非智力因素进行全面的评价。过程性评价有如下两个重要特征：其一，关注学习过程。学生在学习的过程中会采取不同的学习方式。过程性评价关注学生学习过程中的学习方式，通过对学习方式的评价，将学生的学习方式引导到深层次的方向上来。其二，重视非预期结果。学生的学习过程是丰富多样的，不同的学生会有不同的学习经历，从而产生不同的学习结果。过程性评价将评价的视野投向学生的整个学习经验领域，认为凡是有价值的学习结果都应当得到肯定评价，而不管这些学习结果是否在预定的目标范围内。其结果是，学生的学习积极性大大提高，学习经验的丰富性大大增强。

成长记录袋也是过程性评价的方式之一。2001年以来的国家基础教育课程改革中，新颁布的语文、数学、科学、艺术等多个课程标准都在"评价建议"部分提倡创建和使用成长记录袋。学生成长记录袋作为一种新兴的开放性的质性评价方式，充分发挥了教育评价的导向、诊断、调节、激励、反思、记录等功能，是评价学生进步过程、努力程度、反省能力及其最终发展水平的理想方式。学生成长记录袋着眼于"立足过程，促进发展"的课程评价要求，体现新的教育评价观念。根据学科的特性而言，语文学科更适合于也更需要成长记录的评价方式。通过学生成长记录袋，教育者可以看到学生的成长和进步，可以看出学生的情感、态度与价值观，促进教师、家长与学生之间的交流，促进学生不断地反思自己的学习方式和学习成果，培养学生对自己成长负责的意识。①

重庆市巴蜀小学在语文学科素养评价的校本探索中，基于语文素养系统性和学生年段特征来构建学科评价体系，研发了《语文律动评价教师手册》《律动评价学生手册》等评价工具，面向学生自觉成长和综合素养提升，不断创新过程性评价和终结性评价。过程性评价重点关注学生的语文学科关键能力，注重学生在学习过程中的兴趣、创新、参与、知识的综合运用等，具体包括"快乐小书虫"

---

① 韩艳. 2014. 关于小班化"语文成长记录袋"的研究. 南京师范大学硕士学位论文，1.

"小小书法家""超级演讲家" 3 个方面："快乐小书虫"重点评价学生的课外阅读能力，"小小书法家"重点评价学生的书写能力，"超级演讲家"重点评价学生的表达能力。过程性评价使学生获得成就感，增强自信心，有效调控自己的学习过程，成为评价的积极参与者。终结性评价则包括学科知识综合运用评价和卷面评价，从教材要求掌握的基础知识、阅读理解能力、习作真情表达等方面对学生的语文学科素养进行评价。①

第六节 小 结

通过对 2011 年以来的语文课堂教学实践的梳理，我们能够看出在课堂教学改革的思潮中，我国的语文课堂教学实践呈现出巨大的变化。这些变革既凝聚了教育研究者的理论思想力量，同时也离不开语文教育工作者的多种尝试。语文课堂教学实践则在这两方面的共同推动中不断前行，在教师与学生共同创生的环境中展现多姿多彩的样态。整体来看，2011 年至今的语文课堂教学实践呈现出以下多方面特征。

一、理论研究与教学实践并行发展

在语文课程与教学体系的发展过程中，理论研究与教学实践是缺一不可、相辅相成的。理论来源于实践，是对实践的高度提炼和概括，同时理论由于高度的抽象性又高于实践，指导实践；但理论必须接受实践的反复检验，才能得到不断地成长与发展，从而更好地指导实践。

一方面，当前教育改革的研究者提出了很多前沿理论，这为一线教师的教学提供了方向，促进了我国教学实践的时代性发展。一线教师在进行课堂教学或专业发展的过程中，若没有专家的引领，没有先进理论的指导与带动，就难以突破多年教学经验垒筑起来的藩篱，容易陷入经验论的泥潭。因此，一线教师的教学实践离不开前沿的理论研究，需要开阔理论视野，强化自身的理论素养，把握教育教学改革的基本方向，这样才能在课堂实践中融合教学理论。比如，语文课程标准与核心素养理论经过多年的探索与研究，经教育部颁布相关文件受到关注，

---

① 吴倩，丁小彦，周龙芬. 2018. 以评价创新促进学科核心素养落地——重庆市巴蜀小学语文学科素养评价的校本探索. 中小学管理，（3）：37-40.

从而影响到课程目标的制定与实施。当课程体系中的课程计划、课程标准与教科书发生变动时，学校、教师需要重新制订和编排教学计划、教学目标与教学内容，教师在课堂教学中根据不同的内容来确定多元化的教学方法。我们从教师访谈中也能够看出他们对这些理念的认同，同时从实践中能够看出他们对这些理念的践行。

另一方面，一线教师的教学实践也充实了理论建构的框架与内容，增强了理论实施的可行性。教师在结合先进的教学理论来指导教学实践的过程中，会根据教材和学生的情况对理论的运用做出调整，使理论与实践二者达到契合。同时，我们在访谈中也会发现，很多一线教师由于地区的经济状况、文化的差异以及学生个体的差异，会将教学理论本土化，并且校本课程、社区活动的出现，会在一定程度上丰富教学理论的内容。

二、以学生语文语言运用能力的提升为导向

语文课程是一门综合性的实践课程。通过对2011年至今的语文课堂教学实践进行梳理可以看出，当前的语文课程教学实践基本上能够体现出以学生语文语言运用能力的提升为导向的特点。从前文的分析中我们能够看出，语文课程标准在目标的定位与选择上突出了学生语言文字运用能力的培养。首先从语文课程目标来看，语文课程是一门学习语言文字运用的综合性、实践性课程，强调语文课程致力于培养学生的语言文字运用能力，提升学生的综合素养，为学好其他课程打下基础；为学生形成正确的世界观、人生观、价值观，形成良好个性和健全人格打下基础；为学生的全面发展和终身发展打下基础。其次，专家学者开始关注语文课程的核心价值，受语文学科中语言文字的多义性、情境性和人文性等的影响，语文课程的核心价值更多地趋向语言运用、言语思维等。因此，语文教学过程要成为训练学生语言文字运用的过程，在语言文字构成的文本中体味情感、把握思想，将语用能力作为教学目标之一。我们通过对大量的文献资料和搜集到的课例做进一步的整理与分析后发现，一线教师在教学之初，特别是在教学目标的选择上就已经将教学关注点集中在学生语言文字能力培养层面，引导学生发现语言的美并感受语言文字的美，理解文中语言文字表达特点的同时，使学生能够自觉运用语言。

教师的教学内容主要以学生语言运用为核心，在确定教学内容时会从学生个体的角度出发，打破教材规定的固化内容，根据自己对教学文本、学生

状态、教学情境等诸多因素的考量，在教学实践过程中对教学材料进行处理，有效地重构教学内容，让学生对语言文字有更好的理解，在此基础上才能根据教材文本和教学内容生发出情感和感悟。教师在进行多篇课文整合时，同样也是以核心素养为基本导向，强调"语言建构与运用""思维发展与提升""审美鉴赏与创造""文化传承与理解"4个方面，其中"语言建构与运用"这个最基本的素养体现在学生与教师的课堂互动、与教材的平行对话，以及促进教学内容的整合与创生上。

"互联网+"的兴起也为学生更好地进行语言操作与训练提供了契机。2011年版语文课程标准指出，"语文课程的建设应继承我国语文教育的优良传统，注重读书、积累和感悟，注重整体把握和熏陶感染；同时应密切关注现代社会发展的需要。拓宽语文学习和运用的领域，注重跨学科学习和现代化科技手段的运用，使学生在不同的内容和方法的相互交叉、渗透和整合中开阔视野，提高学习效率，初步养成现代社会所需要的语文素养"①。因此，教师在当前语文课堂中应当多引进现代化的教学手段，如微课、慕课、电子书包等工具来辅助课堂教学，提高教学效率。新型学习方式能够打破语文课堂教学的时空限制，创设更为客观真实的教学情境，通过课内微小视频的播放，帮助学生理解课文内容、解决课文疑难、明确文章主旨、感受诗歌意境、培养写作兴趣等，这些语言操作和训练能充分发挥学生的主体性、教师的主导性，提高教师的教学水平和学生的学习效率。

三、聚焦学生为主体的教学实践将持续推进

语文教学具有工具性和人文性两个不可偏废的重要属性，承载着对学生的知识、能力、文化素质、价值观、行为逻辑、思考逻辑等进行培养的诸多功能，因此，语文课堂应以学生为主体，关注学生语文素养的发展。2011年版语文课程标准提出，"语文课程致力于培养学生的语言文字运用能力，提升学生的综合素养，为学好其他课程打下基础；为学生形成正确的世界观、人生观、价值观，形成良好个性和健全人格打下基础；为学生的全面发展和终身发展打下基础"②。

---

① 中华人民共和国教育部．2012．义务教育语文课程标准（2011年版）．北京：北京师范大学出版社，4.
② 中华人民共和国教育部．2012．义务教育语文课程标准（2011年版）．北京：北京师范大学出版社，1.

因此，一线语文教师应在课堂中持续推进学生中心式的教学实践。

首先，教学目标强调以语文核心素养理念为指引，以三维目标为整合，注重培养学生成为全面发展的人。2014年，教育部发布《关于全面深化课程改革 落实立德树人根本任务的意见》，提出研究制订学生发展核心素养体系，明确学生应具备的适应终身发展和社会发展需要的必备品格和关键能力，突出强调个人修养、社会关爱、家国情怀，更加注重自主发展、合作参与、创新实践。因此，在课堂教学实践中，教师应逐渐改变传统的"教师中心""教材中心"的教学模式，关注学生的个体发展，以学生的思维和活动为出发点创设教学内容，选择多元化的教学方法和现代化的教学手段，让学生真正成为课堂的"小主人"。

其次，教学内容的选择应充分考虑学生的基本需求，学生的学习起点也成为教师教学内容选择的逻辑起点。学生是学习的主体，教学内容是以培养学生作为最终目的的，目前的教师教学实践中，已经有越来越多的教师关注教学内容与学生需求之间契合度的问题，认为"教学内容必须吻合学习者需求才能够得到学生的关注，最终为学生所理解、接受和内化，满足学生的成长需要。教育要从学生的已知出发，这是教育的基本要求"①。2011年以来，特别是伴随着新课改的持续推进和有关语文核心素养的讨论的持续推进，一线教师开始更多地关注教学内容选择与学生实际需求之间的关联问题。教学内容的选择不再是教材有什么就讲什么，或是教师认为应该讲什么就讲什么，而是从学生的基本学习需求出发，重新定位教学内容的实际价值。

最后，现代化的教学方式和手段承载着以学生为主体的教学实践。随着新一轮教育改革的深入开展，教学方式由被动变为主动、由单一变为多元，关注学生实际的发展与需要，以学生为主体开展课堂教学。一线教师在课堂教学中采取更为灵活、开放也更为有效的教学组织形式，如小组合作探究式学习。小组合作学习的体验和技能，更有利于研究性学习的认知、情感和技能目标的均衡状态的达成；有利于全体学生主动参与研究性学习，开发每一位学生的创造潜能，提高教学效率，并且在这一过程中，学生的主体地位更为突出，更有利于培养学生的合作精神与人际交往能力。

---

① 黄秀玲. 2018. 资源整合：基于学习者需求的教学内容重构. 教育理论与实践，（22）：61-64.

附　录
APPENDIX

附表 1　2011—2017 年中小学语文教学实践相关文献统计表　（单位：篇）

文献类别	2011年	2012年	2013年	2014年	2015年	2016年	2017年
教学改革	456	321	196	156	116	20	91
核心素养	4	4	6	29	121	58	370
教案、实录	87	109	79	75	87	12	72
教学方法	103	96	75	79	72	17	85
教学价值	102	83	54	76	86	18	87
教学模式	89	105	76	55	63	14	93
教学目标	134	124	82	100	96	25	124
教学内容	146	122	101	92	89	29	139
教学评价	123	118	92	81	71	11	75
教学手段（媒介）	135	112	71	72	85	9	91
课程资源	116	83	66	63	87	14	94
语文本质、特性	150	77	99	85	71	21	54
语文核心素养	0	0	1	0	7	99	464
总计	1645	1354	998	963	1051	347	1839

附表 2 1982—2017 年小学语文课堂教学实录统计表

年份	年级	题目	录课类型	学校	授课教师
1982	小学一年级	《比一比，认一认》	公开课	广州市登峰中路第三小学①	肖娅燕
1982	小学一年级	《集中识字》	公开课	北京市景山学校	马淑珍
1982	小学一年级	《小壁虎借尾巴》	公开课	南京师范学院附属小学	斯霞
1982	小学二年级	《蓝树叶》	公开课	杭州市安吉路小学②	朱雪丹
1982	小学二年级	《狐假虎威》	公开课	上海市实验小学	袁瑢
1982	小学二年级	《萤火虫》	公开课	广州市越秀区旧部前小学	刘淑贤
1982	小学二年级	《森林爷爷》	公开课	青岛平安路第二小学	曲卫英
1982	小学三年级	《惊弓之鸟》	公开课	广州市越秀区旧部前小学	刘淑贤
1982	小学四年级	《一要具体，二要真实》	公开课	广州市荔湾区沙面小学	黄美兰
1982	小学四年级	《梅山脚下》	公开课	杭州市天长小学	宋寿朝
1982	小学五年级	《卖火柴的小女孩》	公开课	广州市先烈东小学	刘学昭
1982	小学五年级	《将相和》	公开课	北京市第二实验小学	霍懋征
1982	小学五年级	《在仙台》	公开课	北京市朝阳区和平街第二小学③	袁微子
1983	小学二年级	《上天入地下海》	公开课	青岛市上清路小学	姜秋燕
1983	小学二年级	《小八路》	公开课	青岛文登路小学	陈振华
1983	小学二年级	《狐假虎威》	公开课	青岛市丹东路小学④	艾幼筠
1983	小学三年级	《放风筝》	公开课	青岛平安路第二小学	曲卫英
1983	小学三年级	《珍贵的教科书》	公开课	青岛市台东六路小学	王璀平
1983	小学四年级	《静态和动态》	公开课	青岛市普吉路小学	宋君
1983	小学五年级	《养花》	公开课	青岛市普吉路小学	宋君
1983	小学五年级	《冬晚》	公开课	青岛市江苏路小学⑤	蒋志远
1983	小学三年级	《三年级作文训练》	公开课	青岛市台湛路小学	陈玲
1983	小学四年级	《四年级说话课》	公开课	青岛市江苏路小学⑥	张兰芳
1984	初中一年级	《梁生宝买稻种》	公开课	北京市第八十中学	宁鸿彬
1984	初中一年级	《挖荠菜》	公开课	北京景山学校	魏而玲
1984	初中二年级	《故乡》	公开课	北京一零一中学	苏虹光
1984	初中二年级	《苏州园林》	公开课	北京第二十六中学⑦	黄维昭
1984	初中三年级	《怎样写分析笔记》	公开课	北京月坛中学	刘胐胐
1984	初中三年级	《作文讲评》	公开课	北京第十四中学	王序良

---

① 现更名为广州市越秀区小北路小学。
② 现更名为杭州市安吉路实验学校。
③ 现更名为北京市朝阳区和平街中心小学。
④ 现更名为青岛市北区实验小学。
⑤ 现更名为青岛市实验小学。
⑥ 现更名为青岛市实验小学。
⑦ 现更名为北京汇文中学。

续表

年份	年级	题目	录课类型	学校	授课教师
2011	五年级	《武松打虎》	常规课	东北师范大学附属小学	陈吉荣
2011	五年级	《武松打虎》	常规课	东北师范大学附属小学	黄春雷
2011	一年级	《动物识趣》	常规课	东北师范大学附属小学	—
2011	六年级	《蜀相》	常规课	东北师范大学附属小学	—
2011	五年级	《我家门前的海》	常规课	东北师范大学附属小学	
2011	二年级	《雨后春笋》	常规课	东北师范大学附属中学净月实验学校	左淑静
2011	五年级	《画里有话》	常规课	农安教师进修学校	王蕴枫
2011	一年级	《家》	常规课	东北师范大学附属小学	李晓航
2011	三年级	《自然界的时钟》	常规课	吉林省第二实验学校	张陆慧
2011	六年级	《伯牙绝弦》	示范课	吉林油田运输小学	张春雨
2012	五年级	《荔枝图序》	常规课	东北师范大学附属小学	杜娟
2012	六年级	《小英雄的故事》	常规课	东北师范大学附属小学	王贺
2012	四年级	《狐狸阿权》	常规课	东北师范大学附属小学	徐伟
2012	五年级	《报纸报道的比较阅读》	首席教师教研活动	东北师范大学附属小学	陈吉荣
2012	二年级	口语交际《相互打听对方的宝物》	首席教师教研活动	东北师范大学附属小学	柳耀华
2012	二年级	口语交际《相互打听对方的宝物》	首席教师教研活动	东北师范大学附属小学	闵威
2012	四年级	《狐狸阿权》	首席教师教研活动	东北师范大学附属小学	王语
2012	三年级	《绝招》	常规课	湖北省襄阳市枣阳市鹿头镇吉河小学	何艳玲
2013	一年级	《我说你画》	常规课	东北师范大学附属小学	—
2013	六年级	《跨越百年的美丽》	常规课	通化市东昌区第一实验小学	范云鹤
2013	四年级	《父亲的菜园》	常规课	吉林省松原市乾安县实验小学	刘晓庆
2013	五年级	《董存瑞舍身炸碉堡》	常规课	吉林油田钻井小学	孙晓菲
2013	四年级	《黄山松》	常规课	吉林油田运输小学	王魏
2013	六年级	《牧童》	常规课	梅河口市第四实验小学	郑慧颖
2013	六年级	《老人与海》	常规课	白山市第七中学	王永华
2013	二年级	《赠汪伦》	常规课	长春市北安小学	梁小涵
2013	四年级	《生命的药方》	常规课	长岭县太平川二小	宋丽莉
2014	一年级	《爷爷一定有办法》	常规课	东北师范大学附属小学	—
2014	一年级	《爷爷一定有办法》	常规课	刘艳平名师工作室	—
2014	二年级	《绝句》	第五届"青蓝杯"	东北师范大学附属小学	曹丹

续表

年份	年级	题目	录课类型	学校	授课教师
2014	四年级	《长城》	常规课	吉林省扶余市实验小学	胡立波
2015	三年级	《从军行》	常规课	东北师范大学附属小学	石巍
2015	三年级	《难忘的八个字》	常规课	东北师范大学附属小学	张春艳
2015	三年级	《照片里的故事》	常规课	吉林油田实验小学	曲恒阳
2015	二年级	《最后一片银杏树叶》	卓越教师工作坊	东北师范大学和南关进修学校	
2016	三年级	《从军行》	吉林省第五届小学语文教学大赛	东北师范大学附属小学	石巍
2016	六年级	《两小儿辩日》	吉林省第五届小学语文教学大赛	东北师范大学附属中学净月实验学校	牛元春
2016	五年级	《刷子李》	吉林省第五届小学语文教学大赛	抚松县外国语学校	韩治莲
2016	四年级	《田园诗情》	吉林省第五届小学语文教学大赛	四平市八马路小学	孙宏哲
2016	三年级	《我从山里回》	吉林省第五届小学语文教学大赛	松原市宁江区回族小学	王丽丽
2016	三年级下	《巧用妙招，让动作描写火起来》	常规课	敦化市实验小学	周宏伟
2016	二年上	《欢庆》	常规课	延吉市北山小学	谭秀秀
2016	五年级	《澳门》	常规课	东北师范大学附属小学	一
2016	六年级	《船长》	常规课	东北师范大学附属小学	一
2017	三年级	《亡羊补牢》	常规课	长白山池西区第一小学校	于艳
2017	六年级	《凡卡》	常规课	通化柳河-长青	陈雯
2017	三年级	《介绍我自己》	常规课	公主岭实验小学	李晓薇
2017	五年级	《临死前的严监生》	常规课	白山市浑江区实验小学	杨珺
2017	四年级	《生命生命》	常规课	集安市实验小学	丛刚义
2017	四年级	《渔歌子》	常规课	白山市外国语学校	刘云秀
2017	四年级	《搭石》	常规课	和龙市第二实验小学	胡玮
2017	五年级	《临死前的严监生》	常规课	通化市东昌区第一实验小学	姜海洋
2017	六年级	《闻官军收河南河北》	常规课	延吉市河南小学校	王冬莉
2017	四年级	《中彩那天》《万年牢》	课内整合课	白山市江源区实验小学	孙秋红
2017	四年级	《一只贝》	常规课	伊通县伊通镇第五小学	雷艳红
2017	六年级	《十六字令三首》	吉林省2017年度小学教学名师评优课例	松原市长岭县实验小学	汪俭怡
2017	五年级	《杨氏父子》	吉林省2017年度小学教学名师评优课例	通化市东昌区第三实验小学	高萍

年份	年级	题目	录课类型	学校	授课教师
2017	五年级	《晏子使楚》	常规课	白城市通榆县第二小学校	冯平平
2017	五年级	《藏羚羊跪拜》	常规课	双辽市第一小学	李春艳
2017	二年级	《孙悟空大闹蟠桃会》	常规课	公主岭市岭西小学校	李丽
2017	四年级	《望天门山》	常规课	四平市梨树县第二实验小学	刘月明
2017	五年级	《题西林壁》	常规课	洮南市实验小学	李蕊
2017	四年级	《触摸春天》	常规课	辽源市西安区实验小学	金杨
2017	四年级	《牧场之国》	吉林省2017年度小学教学名师评优课例	白山市实验小学	吴翠翠
2017	一年级	《风在哪儿》	常规课	前郭县哈萨尔路小学	金琪
2017	四年级	《去年的树》	常规课	汪清县天桥岭镇第二小学	徐筱惠
2017	三年级	《夏日的海鸥》	常规课	大安市长虹小学	史丽
2017	五年级	《小嘎子和胖墩儿比赛摔跤》	常规课	辽源市第二实验小学	崔莹莹
2017	五年级	《草原》	常规课	东丰县五道岗小学	宋琳琳
2017	四年级	《爬山虎的脚》	吉林省2017年度小学教学名师评优课例	吉林省东丰县第二实验小学	杨海霞
2017	五年级	《燕子》	常规课	公主岭市教师进修学校	欧宇峰
2017	六年级	《状物作文》	常规课	东北师范大学附属小学	怀雷
2017	六年级	《舌尖上的美食》	常规课	东北师范大学附属小学	史国辉
2017	六年级	《舌尖上的美食》	常规课	东北师范大学附属小学	辛艳
2017	六年级	《走进"舌尖体"》	常规课	东北师范大学附属小学	田佳鑫
2017	六年级	《走进"舌尖体"》	常规课	东北师范大学附属小学	王晓梅
2017	三年级	《出塞》	常规课	东北师范大学附属小学	石巍
2017	六年级	《舌尖上的美食》	常规课	东北师范大学附属小学	李莉
2017	五年级	《窃读记》	东师附小繁荣校区第十届"希望杯"课堂教学大赛	东北师范大学附属小学	李雪莹
2017	三年级	《神笔马良》	东师附小繁荣校区第十届"希望杯"课堂教学大赛	东北师范大学附属小学	孙韫涵
2017	五年级	《窃读记》	东师附小繁荣校区第十届"希望杯"课堂教学大赛	东北师范大学附属小学	杨柳